高齢者福祉概説

【第5版】

黒田研二／清水弥生／佐瀬美恵子
〔編著〕

明石書店

はじめに

　2000（平成12）年4月に介護保険制度が導入され、老人福祉サービスの多くは、それまでの行政の職権で支給が決定される措置制度から、利用者と事業者の契約によってサービスが開始される制度へ変わった。介護保険制度は施行5年後に見直しを受け、2006（平成18）年4月からは改正介護保険法が施行された。この改正によって地域支援事業、地域密着型サービスなど、新たな事業が創設された。介護保険法は2011（平成23）年とさらに2014（平成26）年にも改定が加えられた。

　日本の人口高齢化は急速な勢いで進んでおり、この社会変化に対応しうる制度づくりや地域社会の再構築が焦眉の課題となっている。これまでも、高齢者福祉の現場では、さまざまな取り組みが進められてきた。特別養護老人ホームにおけるユニットケアへの取り組み、地域福祉権利擁護事業やサービスに関する苦情解決の仕組みづくり、認知症高齢者グループホームの増設、地域密着型の小規模サービス拠点づくりなど、サービスの質を高め、利用者本位のサービスを実現しようとする動きが進められている。介護保険法の改正を踏まえながら、今後、さらに地域包括ケアの実質化に向けた取り組みを強化しなければならない。

　本書は、大学生向けの高齢者福祉のテキストとして編まれたものである。2007（平成19）年に社会福祉士及び介護福祉士法が改正され、社会福祉士国家試験の科目にも変更が加えられた。本書は従来の「老人福祉論」に代わる「高齢者に対する支援と介護保険制度」の国家試験出題基準をカバーする内容を盛り込んでいる。また、高校を卒業した人が容易に理解できる文章を目指した。このような編集方針とあわせて、本書は次のような特色を有している。

　第1は、高齢者福祉分野で急速に進みつつある変化を的確にとらえ、制度面でも実際のケアの面においても、その新しい動きを学べるようにしていることである。また、高齢者ケアのシステムについて、諸外国と日本の制度の比較ができるように、第9章でスウェーデン、ドイツ、アメリカの高齢者ケアの動向を紹介している。人口高齢化が地球規模で進んでいる現在、私たちの視野も地球規模であることが求められている。さらに、適宜、コラム欄を設けて、本文でふれた内容を補足し、重要な概念に解説を加え、理解が深まるように工夫した。

　第2は、執筆者についてである。執筆者はいずれも教育と実践を通じて高齢者福祉に深く関わってきており、社会福祉、保健、医学、介護、建築などの多様な

背景をもつ専門家によって構成されている。高齢者福祉の理解のためには学際的な広い視野が必要であり、そのような要請に応えられる執筆陣となっている。

　大学生のためのテキストという本書の性格にふれたが、実際は、高齢者福祉に関心をもつ人々、実際にその現場で働いている人々にとっても、高齢者福祉の新しい動きをとらえ直し、これからの方向性を考える上で、本書はきっと役に立つであろう。本書がさまざまな人に受けとめてもらえることを念願している。

2016年1月
編著者　黒田研二、清水弥生、佐瀬美恵子

目 次　　　　高齢者福祉概説【第5版】

はじめに　3

第1章　高齢社会と高齢者　11

第1節　少子高齢社会の到来　11
1．世界的規模で進行する人口の高齢化　11
　▶コラム「人口高齢化を考える際の主要な指標」　12
　▶コラム「日本人の生命表」　14
2．人口高齢化の要因　14
3．人口高齢化が及ぼす社会的影響　17

第2節　高齢者の生活実態　19
1．世帯構成　19
2．所　　得　20
3．住　　居　21
4．就業と社会参加　22
5．医療と介護　23

第3節　老化と高齢者　25
1．老化に伴う身体的変化　25
2．精神機能の変化と生きる意欲　26
3．高齢者にみられる疾病　27
　▶コラム「「認知症」――「痴呆」に替わる新たな用語」　31
4．介護保険制度における特定疾病　32
　▶コラム「日常生活動作（ADL）と手段的日常生活動作（IADL）」　34
5．介護予防の重要性　34

第2章　高齢者福祉の発展　37

第1節　老人福祉法の成立までの歩み　37
1．困窮者救済制度の確立――明治期以降、戦前まで　37

2．新たな社会福祉制度づくりの始まり
　　　——戦後の福祉三法体制から福祉六法体制へ　38

第2節　高度経済成長期、老人医療費支給制度、その後の「福祉見直し」　39
　　1．福祉ニーズの拡大と老人医療費支給制度　39
　　2．「福祉見直し論」から「日本型福祉社会」へ　40

第3節　老人保健法の成立と1980年代の政策　40
　　1．保健医療改革の推進——老人保健法の成立　41
　　2．急展開する福祉改革——ゴールドプラン策定　42
　　▶コラム「地方分権の推進——国と地方公共団体の関係」　42

第4節　1990年代の政策と介護保険法の成立　43
　　1．高齢者保健福祉施策の基盤整備　44
　　2．新たな介護システム構想——介護保険制度　45
　　3．介護保険制度導入の背景　45
　　▶コラム「高齢社会対策基本法」　46

第5節　社会福祉基礎構造改革と介護保険制度の見直し　47
　　1．社会福祉基礎構造改革——措置から契約へ　47
　　2．介護保険制度の見直しと2005年介護保険法改正　48
　　▶コラム「ユニットケア」　50
　　3．2011年および2014年の介護保険法改正　51

第3章　介護の理念と実際　55

第1節　介護の理念　55
　　1．「介護」とは　55
　　2．介護予防　58

第2節　介護過程　62
　　1．介護過程の意義　62
　　2．介護過程の概要　64

第3節　認知症ケア　71
　　1．認知症を取り巻く状況　71

2．認知症とは　72

　3．認知症の人への生活支援　74

　4．認知症の人の継続した暮らしを支える施策　79

　5．認知症の人に対する権利擁護の推進　87

第4節　高齢者福祉と終末期ケア　87

　1．高齢者支援の最終目標としての終末期ケア　87

　2．終末期ケアを支える視点　89

　3．終末期ケア（看取り）を支える制度　91

　　▶コラム「地域で死を考える──地域包括支援センター発
　　　エンディングノートの取り組み」　94

　　▶コラム「自宅でないもう一つの家のとりくみ──かあさんの家」　98

第4章　介護保険制度　99

第1節　介護保険法の概要　99

　1．介護保険制度の目的　99

　2．介護保険制度の仕組み　105

　3．費用負担の仕組み　117

第2節　介護保険法における給付サービス　123

　1．居宅サービス　123

　2．地域密着型サービス　126

　3．介護予防サービス・地域密着型介護予防サービス（第8条の2）　129

　4．施設サービス　131

第3節　地域支援事業と介護保険事業計画　132

　1．地域支援事業（介護保険法第115条の45）　132

　2．地域包括支援センター（介護保険法第115条の46）　137

　3．介護保険事業計画　140

　4．介護保険制度の今後の課題　141

第5章 老人福祉法と高齢者の医療の確保に関する法律　145

第1節　老人福祉法の概要　145
1．老人福祉法　145
2．老人福祉施策の体系と内容　148

第2節　高齢者の医療の確保に関する法律の概要　155
1．高齢者の医療の確保に関する法律　155
2．後期高齢者医療制度（別称：長寿医療制度）の概要　159
▶コラム「北欧の高齢者と日本の高齢者」　161

第6章　福祉用具と住環境　165

第1節　福祉用具　165
1．福祉用具の分類　165
2．福祉用具導入のポイント　168
▶コラム「福祉用具法」　169

第2節　住宅改修　170
1．わが国固有の住文化・住様式とそれに伴う住生活上の困難　170
2．住宅改修費の支給対象と改修のポイント　171

第3節　高齢者と住環境　173
▶コラム「バリアフリー新法（「高齢者、障害者等の移動等の円滑化の促進に関する法律」）」　176

第7章　高齢者を援助する専門職と保健・医療・福祉の総合的援助　179

第1節　高齢者を援助する専門職　179
1．社会福祉関係の専門職　179
2．医療関係の専門職　186
3．その他　189

第2節　高齢者を援助する組織　190
1．高齢者を援助する法人組織　190
2．高齢者を援助する機関・組織　192
3．その他の組織・団体　196

第3節　高齢者を支える活動としてのケアマネジメントと
　　　　チームアプローチ　198
1．ケアマネジメントとは　198
2．ケアマネジメントの実際　199
3．ケアマネジメントの留意点　200

第8章　高齢者の権利擁護と高齢者虐待の防止　203

第1節　高齢者の権利　203
1．わが国の高齢者のおかれている状況──エイジズム（高齢者差別）　203
2．高齢者の権利と子どもの権利　204

第2節　高齢者の権利擁護と諸制度　205
1．介護保険制度と権利擁護　205
▶コラム「高齢者のための国連原則」　206
▶コラム「身体拘束の例外3原則および身体拘束禁止の対象行為」　208
2．認知症高齢者の権利擁護　208
3．サービスの質の確保と権利擁護　211
4．尊厳のある高齢期を保障する専門職の役割と課題　213

第3節　高齢者虐待とその防止　214
1．高齢者虐待の防止、および高齢者の養護者に対する支援等に関する法律　214
2．高齢者虐待の実態　216
3．養護者による高齢者虐待への対応　221
4．高齢者虐待の対応力強化に向けて　223

第9章　諸外国にみる高齢者福祉の新しい動向　227

第1節　比較福祉国家研究の視点から
　　　　──スウェーデン、ドイツ、アメリカ　227

第2節 スウェーデンの高齢者介護 229

1．スウェーデンの介護保障——税財源を基盤とする普遍的・包括的な福祉 229

2．質の確保に向けて 234

3．まとめ 236

第3節 ドイツの高齢者介護 237

1．ドイツの介護保障——社会保険制度による連帯の仕組み 237

2．質の確保に向けて 243

3．まとめ 243

第4節 アメリカの高齢者介護 244

1．アメリカの介護保障——限定された公的保障と私的に購入する介護 244

2．質の確保に向けて 250

3．まとめ 253

4．おわりに 254

第10章 高齢者に対する相談援助活動 257

第1節 相談援助活動とは 257

1．相談援助活動の前提として——高齢者に対する援助者としての視点 257

2．高齢者への相談援助活動の視点 258

3．援助過程 260

第2節 相談援助活動の実際 261

1．要介護高齢者のボランティア参加を支援する 261

▶コラム「少し体が不自由になってもボランティア活動を続けたい」 263

2．高齢者虐待を未然に防ぐための支援 263

3．地域で高齢者を支える支援 268

▶コラム「民生委員の活動」 269

4．認知症高齢者の地域での暮らしを守る支援 271

5．見落とされがちな援助事例——65歳以下の人への援助事例 273

索引 277

執筆者紹介 282

第1章 高齢社会と高齢者

　高齢者とは何歳からをいうのか一定の定義はない。平均寿命がさほど長くない開発途上国では60歳以上を高齢者としているところが多い。日本では老人福祉法に「老人」の定義は書かれていないが、一般に65歳以上を老人とみなして老人福祉施策が実施されてきた。介護保険制度も65歳以上を第１号被保険者としている。しかし、後期高齢者医療制度（長寿医療制度）の対象は75歳以上である。このように国によって、あるいは施策によって、何歳からを高齢者とみなすのか一定ではない。

　社会が高齢者をどのように遇するか、あるいは人々が高齢者にどのようなイメージを抱くか。これも時代や文化によって異なってくる。現代の若者に「老人」という言葉から何を連想するかという質問をすると、要介護状態とか認知症など負のイメージが伴う言葉を答えることが多い。総合的な判断力、体験の豊かさ、時代の生き証人などのプラスのイメージを抱く若者が少ないのは、子ども時代に高齢者と接する機会が少なくなってきているせいかもしれない。たしかに祖父母と孫とが一緒に暮らす三世代世帯は減少してきているが、子どもや若年者が高齢者と接する機会が少なくなっている現代では、家族を超えたところで世代間の交流をはかり、お互いが学び合うことができるような新しい社会を構想することも必要になっている。

　本章では、第１節で人口の高齢化現象について理解を深め、第２節で高齢者の生活実態を世帯構成、所得、住居、就業と社会的活動、医療と介護の側面について統計的に概観し、第３節では老化について医学面から理解することを目指す。

第１節　少子高齢社会の到来

1．世界的規模で進行する人口の高齢化

　人口高齢化とは、総人口に占める高齢者の割合が次第に増大する現象である。1956年の国際連合の報告書は、65歳以上高齢者が総人口に占める割合（高齢化率、または老年人口割合という）によって、高齢化社会（Ageing society）と高齢社会（Aged society）を定義した。高齢化社会とは、高齢人口が増加して高齢化率が7

> *column*
>
> **人口高齢化を考える際の主要な指標**
>
> 　高齢化率（老年人口割合）のほかにも、人口高齢化を考える際に用いられる主要な指標に、従属人口指数、老年化指数などがある。従属人口指数は、人口全体を年少人口（14歳以下）、生産年齢人口（15歳以上64歳以下）、老年人口（65歳以上）に分けたときの、生産年齢人口に対する従属人口（年少人口と老年人口の和）の比率である。従属人口指数＝（（年少人口＋老年人口）／生産年齢人口）×100で表される。従属人口指数は、年少人口の比率と老年人口の比率に分解できるので、前者を年少人口指数、後者を老年人口指数とよぶ。老年化指数とは、老年人口を年少人口で割った値、すなわち、老年化指数＝老年人口／年少人口である。

％を超えた社会をいい、高齢社会とは高齢化率が14％以上となった社会をいう。

　日本の総人口は、2014（平成26）年10月1日現在の総務省推計で1億2,708万人、65歳以上人口は3,300万人、高齢化率は26.0％となった。1950（昭和25）年には高齢化率4.9％であったものが、1970（昭和45）年に7％を超え、1994（平成6）年に14％を超えた。高齢化率が7％から倍増して14％になるまでの年数（倍化年数）は24年であり、他の先進諸国と比べて著しく短いのが特徴である。西欧諸国の倍化年数はもっと長く、人口高齢化のスピードはゆっくりしている。フランスでは1864年に、スウェーデンでは1887年にすでに高齢化率が7％に達していたが、高齢化率が7％から14％になるまでに要した年数は、フランス115年、スウェーデンは85年であった。国連資料に基づき各国の高齢化率の推移と将来推計を図1－1に示す。

　第2次世界大戦後の日本では出生数が多かった時期が2つあり、第1のピークがみられた1946（昭和21）年から1949（昭和24）年を第1次ベビーブーム、そのとき生まれた女性が出産の時期を迎えて次に出生数が多くなった1971（昭和46）年から1974（昭和49）年を第2次ベビーブームとよんでいる。第1次ベビーブーム世代がすべて65歳以上になる2015（平成27）年には、日本の高齢化率は26.9％に達すると予測されている。日本の総人口は2005（平成17）年にピークを迎えたあと、減少に転じたが、高齢人口の増加は2042年頃まで続くと予想されている。しかしその後も年少人口、生産年齢人口の減少が続き、このため高齢化率は伸び続け、2035年には33.4％、2050年には38.8％、2060年に39.9％に達すると推計されている（国立社会保障・人口問題研究所「日本の将来推計人口〈平成24年1月推計〉（中位推計）」）。国民の2.5人に1人が高齢者という時代が到来するのである。

　今後の高齢人口の増加を前期高齢者（65歳以上75歳未満）と後期高齢者（75歳以上）とに分けてみてみると、後期高齢者の占める割合が年々増加し、第1次ベビーブームに生まれた人々が後期高齢者になる2025年には後期高齢者数が前期高齢者数を上回ると見込まれている。前期高齢者と後期高齢者に区分して人口動向を予

図1−1 主要国の老年(65歳以上)人口割合の推移

1．日本と欧米7か国

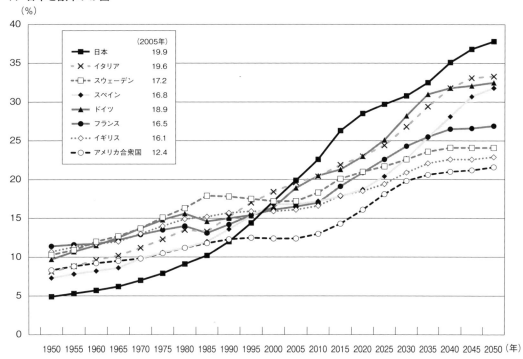

2．日本とアジア4か国

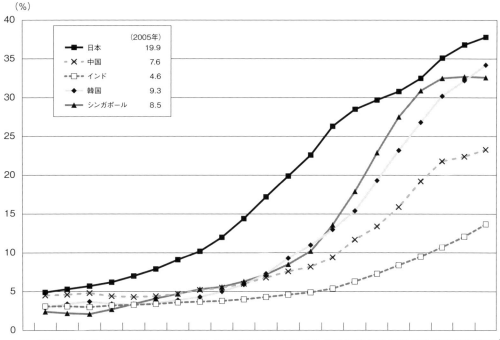

出典）UN, World Population Prospects: The 2008 Revision

> ***column***
>
> **日本人の生命表**
>
> 　厚生労働省から毎年公表される日本人の生命表は、その年の性・年齢別死亡率をもとに各年齢の平均余命を計算したものである。生命表には、完全生命表と簡易生命表の2種類がある。完全生命表は、国勢調査から得た人口に基づいて作成され、5年に1度公表される。それ以外の年に公表される簡易生命表は、総務省統計局の「10月1日現在推計人口」を用いている。完全生命表と簡易生命表では、死亡数・出生数の精度（完全生命表では人口動態統計の確定数、簡易生命表では人口動態統計の概数）や死亡確率の計算方法に違いがある。完全生命表は、用いている人口、死亡、出生などのデータが確定数であるため、精度が高く、日本人の生命表の確定版である。

測するのは、この2つの社会的ニーズがやや異なり、前期高齢者では年金などによる所得保障や生きがいの確保が中心課題であるのに対し、後期高齢者ではそれに加えて介護や医療のニーズが増大するからである。高齢人口の増加に伴う社会的ニーズの増大に対応できる社会システムをつくり出していくことが求められている。

　人口が高齢化するのは先進国に限ったことではない。2005年の世界の総人口は65億1,475万人で、高齢化率は7.3％であった。2050年には総人口は92億人、高齢化率は16.2％まで上昇すると推計されている。アジア諸国についてみると今後急速に高齢化が進み、とくに韓国においては日本を上回るスピードで高齢化が進行し、2005年に高齢化率9.4％であったものが、2050年には35％程に達すると見込まれている。このように、人口高齢化は世界共通の現象であり、人口高齢化が進む速度は、先進地域よりも開発途上地域のほうが速いといわれている。開発途上地域では、社会経済的発展の低い段階で人口高齢化が生じており、このため、人口高齢化に伴う諸問題を解決するために地球規模での政策的連携が求められている。

2．人口高齢化の要因

　なぜ、人口高齢化が生じるのであろうか。人口高齢化は、高齢者の増加によっても若年者の減少によっても起こりうる。高齢者数の増加は主に死亡率の低下によって、若年者数の減少は主に出生率の低下によって生じるから、人口高齢化をもたらす要因は死亡率の低下と出生率の低下だといえる。

　死亡率の低下をみるのに便利な総合的指標に平均余命（life expectancy）がある。平均余命は、その年の性・年齢別の死亡率が将来も変わらないと仮定して、それぞれの年齢の人が平均してあと何年生きられるかを計算した値であり、平均寿命とは、0歳の平均余命のことである。わが国の2014（平成26）年の0歳の平均余命（平均寿命）は、男性で80.50年、女性では86.83年で、国際比較を行うと日本

が世界有数の長寿国であることがわかる。日本人の平均寿命は第2次世界大戦前には男女とも50年を超えることはなく、1947（昭和22）年の第8回生命表で、男性50.06年、女性53.96年と、初めて50年を超えた。それ以後の60年間に平均寿命は男性で30年、女性では32年延びたことになる。日本人の死亡率が、この間にいかに大幅に低下したかを物語っている。この著しい平均寿命の延長は、乳幼児の死亡率の低下、結核をはじめ感染症による死亡率の減少、1960年代後半からの脳卒中死亡率の低下などによってもたらされたものである。栄養や衛生状態の改善、公衆衛生および医療の整備などが背景にある。老人医療費支給制度が開始された1973（昭和48）年以降は65歳以上の死亡率の改善がはかられ、平均寿命が延長した。図1-2は、各国の平均寿命の年次推移だが、日本人の平均寿命が諸外国に比べて急速に伸長したことがわかる。

　出生率の低下をみるには、合計特殊出生率という指標が用いられる。合計特殊出生率は、15歳から49歳までの女性の年齢別出生率を合計したもので、1人の女性がその年の年齢別出生率で一生の間に子を生むと仮定したときの、子どもの数に相当する。第1次ベビーブームの間、合計特殊出生率は4.0を超えていたが、その後急速に低下し、1956（昭和31）年には2.22となり、1973（昭和48）年頃までは、ひのえうま（丙午、1966年）の1.58を除けば、人口置換水準である2.0～2.1で推移していた。しかし、1974（昭和49）年以降、長期の低下傾向が続いており、1993（平成5）年には1.46、2005（平成17）年に1.26と過去最低となった。2014年（平成26）年でも1.42で、日本は、国際比較では合計特殊出生率が著しく低い国のひとつとなっている。年間の出生数をみると、第1次ベビーブーム時は270万前後、その後160万ほどまで低下したが、第2次ベビーブーム時に年間200万を超えるまでに増加、しかしその後は低下傾向が続き、2014（平成26）年は100万へと減少している（図1-3）。

　出生率の低下の原因として、初婚年齢の上昇（晩婚化）と結婚しない人の増加（非婚化）が指摘されている。その背景には、女性の高学歴化、就業率の上昇、育児と仕事の両立が困難なこと、非正規雇用の増大と若者の経済的不安定、男性の育児への参加が乏しいこと、育児サービス（保育所）の遅れ、結婚や子育てに対する意識の変化といった問題がある。

　死亡率の低下と出生率の低下によって生じる人口構成の変化は、人口ピラミッドを描くと、三角形をした文字通りのピラミッド型から、つりがね型への移行として示される（現在の日本の人口ピラミッドは、2つのベビーブームとその後の出生数の低下を反映して「ひょうたん型」に近くなっている）。このような人口構成の推移は、人口転換（demographic transition）とよばれている。人口転換とは、「多産多死」社会から「多産少死」の段階を経て、「少産少死」社会へと移行することを意味している。人口転換は、19世紀に先進国から始まり、21世紀には現在の開発途上国にも広がっていくと予想されている。この過程に伴って高齢化率は著し

図1−2　平均寿命の主要国比較

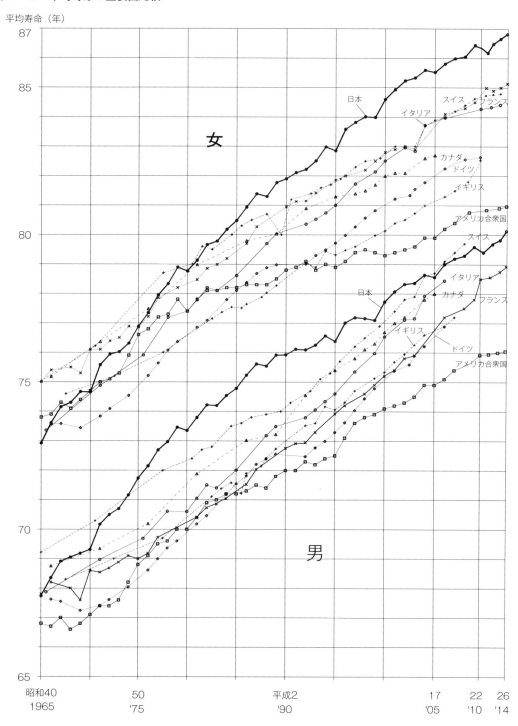

資料：UN「Demographic Yearbook」等
注：1990年以前のドイツは旧西ドイツの数値である。
出典）2015/2016年『国民衛生の動向』p.86

図１－３　出生数と合計特殊出生率の推移

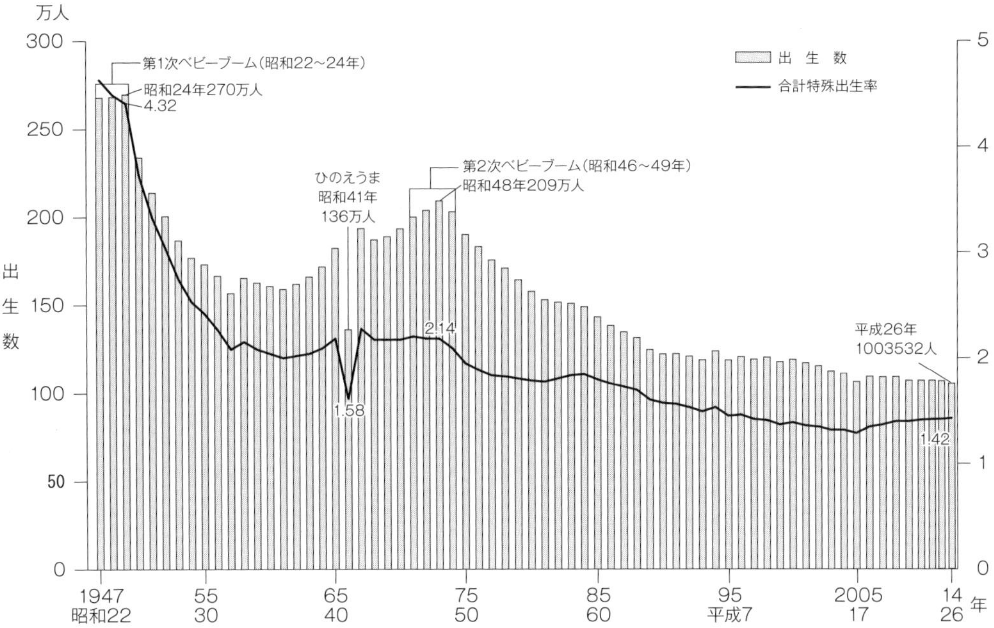
万人
300
250
200
150
100
50
0
出生数
第1次ベビーブーム（昭和22～24年）
昭和24年270万人
4.32
ひのえうま
昭和41年
136万人
1.58
第2次ベビーブーム（昭和46～49年）
昭和48年209万人
2.14
平成26年
1003532人
1.42
出　生　数
合計特殊出生率
5
4
3
2
1
0
合計特殊出生率
1947
昭和22
55
30
65
40
75
50
85
60
95
平成7
2005
17
14
26
年

資料：厚生労働省「人口動態統計」
注：平成26年は概数である。
出典）2015/2016年『国民衛生の動向』p.59

く増加するわけであるが、そのことは人類社会にとって未曾有の体験ではあるものの、新たな定常社会をつくり出すまでの過渡的変化だということができる。

なお、人口の高齢化に影響を及ぼす第３の要因に人口の地理的移動がある。若い年齢の移民を受け入れている国では、人口の高齢化のスピードは抑制される。オーストラリアやアメリカ合衆国は2000年時点で、高齢化率は約12％で、先進国の中では低いほうであった。日本は外国との間での移民は極めて少ないが、国内では、高度経済成長期に農村部から都市部へ就労のために若年者の大規模な人口移動が生じた結果、都市部では高齢化率は低く、農村部では高くなっている。しかし、今後は都市部で人口の高齢化が急速に進むと推計されている。

３．人口高齢化が及ぼす社会的影響

次に、人口の高齢化が社会にどのような影響を与えるかを考えてみよう。人口高齢化によってもたらされる社会的課題は多岐にわたるが、高齢化の影響がもっとも顕著に現れるのは社会保障制度の領域である。社会保障制度は、失業・老齢・労働災害・傷病・障害など個人の生存権を脅かす事態に対する公的保障であり、日本では、社会保険（年金・医療・雇用・災害補償・介護）・生活保護・社会福祉事業・公衆衛生などを主な内容としている。個人の力のみでは対応困難なリスクに対して国家が保障する仕組みであって、社会の近代化、産業構造の変化、そ

れに伴う家族形態の変化に対応して発展してきた。たとえば、近代化以前は、老親の経済的扶養は家族内で成人した子どもによって担われていたが、現代では、主に国の年金制度を介して行われるようになっている。社会保障制度のうちでも特に年金制度を介した高齢者の所得保障は、人口高齢化が進むほど比重を増してくる。

また、高齢人口の増加とともに医療や介護の必要量も増大してくる。2012（平成24）年度の国民医療費をもとに算出される65歳以上1人当たり医療費（71万7,200円）は、65歳未満の年間1人当たり医療費（17万7,100円）に比べると約4倍である。国民医療費総額39兆2,117億円のうち、65歳以上の占める費用は22兆860億円で、全体の56.3％を占めていた。そのうち、75歳以上は13兆5,540億円（34.6％）である。今後、高齢者数の増加とともに、必然的に高齢者医療の費用も増大していく。それに伴って国民医療費が増加していくことを避けることはできない。同様に介護の社会的ニーズも増大していく。介護保険制度に投じられる総費用は、制度が発足した2000（平成12）年度には3.6兆円であったが、2013（平成25）年度には9.2兆円と2.6倍になっている。このように、人口高齢化に伴って年金、医療保険、介護保険などの社会保険制度の運営に要する費用の増大は避けることができないものである。

社会保障給付費は毎年増加しているが、その背景には今みてきたように、高齢者に対する社会保障制度の拡充と高齢者の増加がある。老齢年金の給付など高齢者への給付費の伸びが社会保障給付費全体の伸びよりも大きいため、社会保障給付費に占める高齢者への給付割合は増大して、1973（昭和48）年には25.0％であったものが2007（平成19）年には69.5％になった。社会保障給付の3分の2が高齢者に向けられている。社会保障の財源は、国民が納める社会保険料と税金であるが、その負担増を、高齢者を含むすべての年齢層の人がそれぞれ引き受けなければ、安定した社会保障制度は望めない。

疾病や要介護状態に対応できる社会保障制度を充実させると同時に、一方で、予防の視点に立った活動を推進する必要がある。高齢者を含む人々の健康を増進し、疾病予防、介護予防をはかる地域での保健・福祉活動の重要性が増している。また、地域で生活しながら医療や介護を利用できるようにすることによって入院医療の必要性をできるだけ抑えることが、医療費の増大を抑制することにつながる。ターミナルケアの場も、現在では病院が中心となっているが、これからは自宅や特別養護老人ホームなどの福祉施設でのターミナルケアの重要性が増してくるだろう。満足できる死とその看取りを実現するためにも追求すべき方向であろう。

また、高齢者の世帯構成が変わりつつあることが、新たな地域福祉の活動を要請している。一人暮らしや夫婦のみの世帯で暮らす高齢者が増加しているが、こうした高齢者が地域で孤立しないようにすること、そのために家族の範囲を超えて地域で相互に支えあう住民同士の関係づくりが、地域福祉の課題になっている。

高齢者が参加するふれあい・いきいきサロンづくり、小地域ネットワークづくりなどの活動が進められている。

第2節　高齢者の生活実態

1．世帯構成

2014（平成26）年現在、65歳以上の者のいる世帯は2,357万世帯あり、全世帯の46.7％を占めている。65歳以上の者のいる世帯の内訳は、「単独世帯」が596万世帯（25.3％）、「夫婦のみの世帯」が724万世帯（30.7％）、「親と未婚の子のみの世帯」が474万世帯（20.1％）、「三世代世帯」が312万世帯（13.2％）である。経年的傾向をみると、三世代世帯の割合が低下し、夫婦のみの世帯、親と未婚の子のみの世帯、単独世帯の割合が増加している（表1－1）。

一人暮らし高齢者の増加は男女ともに顕著であり、1980（昭和55）年には男女合わせて88万人だったものが、2014（平成26）年には596万人（男性191万人、女性

表1－1　世帯構造別にみた65歳以上の者のいる世帯数の推移

	65歳以上の者のいる世帯	全世帯に占める割合（％）	単独世帯	夫婦のみの世帯	親と未婚の子のみの世帯	三世代世帯	その他の世帯	（再掲）65歳以上の者のみの世帯
			推　計　数（千世帯）					
平成7年（'95）	12,695	31.1	2,199	3,075	1,636	4,232	1,553	4,370
10（'98）	14,822	33.3	2,724	3,956	2,025	4,401	1,715	5,597
13（'01）	16,367	35.8	3,179	4,545	2,563	4,179	1,902	6,636
16（'04）	17,864	38.6	3,730	5,252	2,931	3,919	2,031	7,855
19（'07）	19,263	40.1	4,326	5,732	3,418	3,528	2,260	8,986
22（'10）	20,705	42.6	5,018	6,190	3,837	3,348	2,313	10,188
25（'13）	22,420	44.7	5,730	6,974	4,442	2,953	2,321	11,594
26（'14）	23,572	46.7	5,959	7,242	4,743	3,117	2,512	12,193
			構　成　割　合（％）					
平成7年（'95）	100.0	－	17.3	24.2	12.9	33.3	12.2	34.4
10（'98）	100.0	－	18.4	26.7	13.7	29.7	11.6	37.8
13（'01）	100.0	－	19.4	27.8	15.7	25.5	11.6	40.5
16（'04）	100.0	－	20.9	29.4	16.4	21.9	11.4	44.0
19（'07）	100.0	－	22.5	29.8	17.7	18.3	11.7	46.6
22（'10）	100.0	－	24.2	29.9	18.5	16.2	11.2	49.2
25（'13）	100.0	－	25.6	31.1	19.8	13.2	10.4	51.7
26（'14）	100.0	－	25.3	30.7	20.1	13.2	10.7	51.7

資料：厚生労働省「国民生活基礎調査」
注：平成7年には兵庫県は含まれていない。
出典）2015/2016年『国民の福祉と介護の動向』p.55

405万人）となった（高齢人口に占める割合は男性10.4％、女性19.9％）。今後も一人暮らし高齢者は増加を続け、2035年には762万世帯に達すると推計されている。特に、男性の一人暮らし高齢者の割合が大きく伸びることが見込まれている。

2. 所　得

「国民生活基礎調査」（厚生労働省）によると、2013（平成25）年時点で、高齢者世帯（65歳以上の者のみで構成するか、またはこれに18歳未満の未婚の者が加わった世帯をいう）の1世帯当たりの年間平均所得額は300万5,000円であった。全世帯について年間平均所得額をみると556万円で、2倍近い差がある。しかし、世帯人員1人当たりの年間所得額に換算すると、高齢者世帯では192万4,000円、全世帯の平均は207万1,000円で、大きな差は認められなくなる。公的年金の水準が成熟するにつれて高齢者の総所得のうち公的年金が占める割合は次第に増え、約7割に達している。こうした数字から、これまでの高齢者を「経済的弱者」とみる見方から、高齢者にも応分の経済的負担を求める考え方が一般的になってきた。

しかし、平均値でみた場合には所得が確保されているようにみえるが、高齢者世帯における所得のばらつき（格差）にも注意しなければならない。「平成19年国民生活基礎調査」によると、2006（平成18）年、高齢者世帯のうち年間所得100万円未満が15.3％、100万円以上200万円未満23.9％と、合わせて約4割の世帯が年間所得200万円未満で生活している。高齢者世帯の平均人員は1.57人であるから、高齢者世帯の4割は1人当たり1か月10万円程あるいはそれ以下で生活していることがわかる。

高齢者の所得格差をジニ係数でみると、2005年の厚生労働省「所得再分配調査」において、一般世帯では当初所得のジニ係数が0.4252であるのに対し、高齢者世帯では0.8223となっており、再分配所得のジニ係数は一般世帯が0.3618、高齢者

表１－２　ジニ係数でみた高齢者の所得格差の状況

		一般世帯	高齢者世帯
当初所得（万円）		578.2	84.8
可処分所得（万円）		536.8	261.3
再分配所得（万円）		605.8	370.7
ジニ係数	当初所得	0.4252	0.8223
	再分配所得	0.3618	0.4129
	改善度（％）	14.9	49.8

ジニ係数の改善度（％）

	再分配による改善度		
		社会保障による改善度	税による改善度
平成5年	17.0	12.7	5.0
平成8年	18.3	15.2	3.6
平成11年	19.2	16.8	2.9
平成14年	23.5	20.8	3.4
平成17年	26.4	24.0	3.2

資料：厚生労働省「所得再分配調査」（平成17年）
注１：ジニ係数とは、分布の集中度あるいは不平等度を示す係数で、0に近づくほど平等で、1に近づくほど不平等となる。
注２：「再分配所得」とは、当初所得から税金、社会保険料を控除し、社会保障給付（現物、現金）を加えたもの。
出典）平成21年版『高齢社会白書』p.23

世帯は0.4129であり、社会保障給付などの所得再分配の影響で格差は小さくなるものの、一般世帯と比べると大きい。社会保障給付などの所得再分配によるジニ係数の改善度は1993（平成3）年以降、調査ごとに大きくなっている（表1－2）。

3．住　　居

　55歳～64際の男女に現在の住宅の満足度について聞いた調査では、「満足」「ある程度満足」と答えた人の割合は、総数の72.8％、持ち家で75.9％、借家で54.0％であった（内閣府「中高年者の高齢期への備えに関する調査」（平成19年）。「不満」「やや不満」と答えた人の理由は「住まいが古くなりいたんでいる」「住宅の構造や造りが使いにくい」「台所・便所・浴室などの設備が使いにくい」などであった。

　高齢者世帯における所得の格差についてみたが、住居の状態についても、所得を反映した格差が生じている。『平成10年住宅・土地統計調査報告』によると、全国の65歳以上の者のいる世帯のうち85％が持ち家、15％が借家である。しかし、65歳以上の単身世帯に限ってみると、借家が35％を占めており、借家の内訳は、公営借家が9.3％、公団公社借家が2.1％、民営借家が23％である。住宅の所有関係を規定しているもっとも大きな要因は所得であり、65歳以上の単身世帯に限ってみた場合に、年収200万円未満の世帯は、持ち家世帯では64％であるのに比して、公営借家では87％、民営の木造借家では80％を占めている。高齢者夫婦世帯についてみると、年収200万円未満の世帯は持ち家では21％に対して、公営借家で44％、民営木造借家では39％である（表1－3）。

　『平成10年住宅・土地統計調査報告』では、「最低居住水準」と「誘導居住水準」を定めている。「最低居住水準」の条件は、高齢単身または夫婦世帯では7.5平方メートル（4.5畳）のダイニングキッチンを有していること、かつ夫婦で10平方メートル（6畳）、単身では7.5平方メートルの寝室を有していることである。高齢単身世帯については、この最低居住水準を満たしていない世帯が、持ち家では

表1－3　高齢者世帯の住宅所有関係区分別にみた年収200万円未満の世帯割合、1998年

	65歳以上の単身世帯			高齢者夫婦世帯		
	世帯総数	年収200万円未満世帯		世帯総数	年収200万円未満世帯	
総　　数	2,428,900	1,661,500	68.4％	3,262,800	754,100	23.1％
持ち家	1,583,900	1,012,900	63.9％	2,779,200	586,300	21.1％
借　　家	838,400	646,400	77.1％	457,400	162,000	35.4％
公営借家	224,100	194,900	87.0％	153,700	67,400	43.9％
公団公社の借家	50,800	30,600	60.2％	47,500	6,800	14.3％
民営借家・木造	412,100	329,500	80.0％	183,400	72,200	39.4％
民営借家・非木造	142,000	87,500	61.6％	61,700	14,100	22.9％

出典）総務庁統計局『平成10年住宅・土地統計調査報告第1巻全国編』をもとに黒田作成。

0.5%、公営住宅で1.7%にすぎないが、民営木造借家では13%、民営非木造借家では16%を占めている。高齢者夫婦世帯においても、民営借家の4%以上で最低居住水準が満たされていない。「誘導居住水準」となると、高齢単身または夫婦世帯でダイニングキッチン13平方メートル（8畳）を有していることが条件のひとつであるが、高齢単身世帯あるいは夫婦世帯において、誘導居住水準未満の世帯は、持ち家の場合15%ほどであるのに対し、民営借家では70%以上を占めている。

借家に居住する高齢単身・夫婦世帯は、2000（平成12）年の179万世帯から、2015（平成27）年には330万世帯に増加すると推計されている。民営借家については、高齢者の病気や事故、家賃不払いへのおそれから、貸主が高齢者の入居を敬遠する傾向が強く、また、高齢者の加齢に伴う心身機能の低下に対応した構造や設備の整備は著しく遅れている。そこで、高齢者の居住の安定確保をはかり、福祉の増進に寄与することを目的として、2001（平成13）年の国会において「高齢者の居住の安定確保に関する法律」（2001年4月6日公布）が成立し、同年10月に完全施行された（第6章p.169参照）。

4．就業と社会参加

総務省「就業構造基本調査」（平成19年）により、高年齢者における就業状況をみてみると、就業者の割合は、男性の場合55～59歳で90.5%、60～64歳で73.1%、65～69歳で50.15%であり、女性では55～59歳で61.6%、60～64歳で43.5%、65～69歳で28.2%となっている。男性不就業者のうち、60歳代前半では3割以上、後半では2割以上が就業を希望している。就業を希望する理由は、65歳以上だと「健康を維持したいから」がもっとも多く男女とも30%を超えている。このように日本の高年齢者の就業率や就業意欲はとても高い。諸外国と比べても、高年齢者の就業率が高いことが特徴である。

なお、少子高齢化の急速な進行を踏まえ「高年齢者等の雇用の安定等に関する法律」（以下、高年齢者雇用安定法）により、2006（平成18）年4月から、年金の支給開始年齢までは働き続けることができるようにするため、男性の年金支給開始年齢の引き上げに合わせ、2013（平成25）年度までに、65歳までの段階的な定年の引き上げと継続雇用制度導入等の措置を講じることを事業主に対して義務づけている。高年齢者雇用安定法は、シルバー人材センターについても規定しており、地域社会に根ざした臨時的・短期的または軽易な就業機会を提供するシルバー人材センター事業の推進を図っている（2008年3月末現在、シルバー人材センターの団体数は1,332団体、会員数は約75万人）。

内閣府「高齢者の地域社会への参加に関する意識調査（平成20年）」をもとに仕事以外に、全国60歳以上の男女を対象とした調査で高齢者のグループ活動への参加状況をみてみると、59.2%が何らかのグループ活動に参加しており、その活動

の内容は「健康・スポーツ」30.5%、「地域行事」24.4%、「趣味」20.2%、「生活環境改善」10.6%の順である。しかし、同じ調査で60歳以上の人の近所の人たちとの交流についてみると、「親しく付き合っている」は43.0%、「あいさつをする程度」51.2%、「付き合いはほとんどしていない」5.8%であった。20年前（1988年実施）の調査結果と比較すると「親しく付き合っている」と回答した割合は64.4%から43.0%へと20ポイント以上減少している。この間に高齢者人口が大きく増大していることを考えると、地域社会における高齢者の孤立化が進んでいることが推察される。60歳以上の人の学習活動についてみると、何らかの学習活動に参加している人の割合は17.4%となっている。

5．医療と介護

厚生労働省が行っている「国民生活基礎調査」では、病気やけがなどで自覚症状のある者（＝有訴者）の人口千人当たりの率を調べている。なお、この調査対象には、医療施設・介護保険施設への入院・入所は含まれていない。日本の人口全体における有訴者率は2013（平成25）年の調査で人口千人対312.4であるが、65歳以上では約半数が有訴者である（男＝439.9、女＝486.6）。自覚症状として多いのは「腰痛」「肩こり」「手足の関節が痛む」などである。医療機関および施術所（あんま・はり・きゅう・柔道整復）に通院・通所している人の率は、日本全体で人口千人対378.3だが、65歳以上では6割以上が通院者である。

厚生労働省の「患者調査」は、全国の医療施設（病院および診療所）を利用する患者の傷病の状況を把握するものである。2011（平成23）年10月の調査日に、全国の医療施設を受療した推計患者数は、入院患者134万人、外来患者が726万人であった。このうち65歳以上の人は、入院患者が91万人（入院患者全体の68%）、外来患者は333万人（外来患者全体の46%）を占めていた。これを人口10万人対の受

表1－4　65歳以上受療率（人口10万人対）　　　　　　　　　　　　　　　　（患者調査　2011年）

	入院受療率	外来受療率	受療率総数
65歳以上総数	3,136	11,414	14,550
主な疾患領域			
新生物	343	412	755
内分泌・代謝疾患	93	813	906
精神障害	468	193	661
眼および付属器の疾患	30	574	604
循環器系疾患	737	2,391	3,128
呼吸器系疾患	253	447	700
消化器系疾患	149	1,542	1,691
筋骨格系・結合組織の疾患	161	2,315	2,476
損傷およびその他外因の影響	323	331	654

注：平成23年は、宮城県の石巻医療圏、気仙沼医療圏および福島県を除いた数値である。
出典）厚生労働省「平成23年患者調査」をもとに黒田作成。

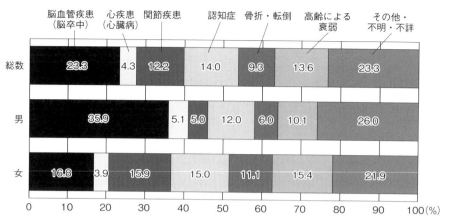

図1-4 要介護者等の性別にみた介護が必要となった主な原因

出典）厚生労働省「国民生活基礎調査」（平成19年）

療率にしてみると、65歳以上の入院受療率は3,136となる。すなわち65歳以上人口の3.1％が、調査時点で医療施設に入院中である。外来も含めると、ある特定の一日に医療機関を受診した人は65歳以上人口の14.6％である。受診理由となった疾患をみてみると、入院患者の場合は、循環器系疾患（そのうち約7割を脳血管疾患が占める）がもっとも多く、入院の23.5％を占めている。次いで精神障害（認知症疾患が多くを占める）、新生物（がんが大部分を占める）が多い。外来受診の理由となっている疾患は、循環器系疾患に次いで筋骨格系（腰痛や関節疾患を含む）、消化器系（歯科疾患も含まれる）が多い（表1-4）。

介護保険制度のもとで要支援・要介護状態と認定された人（以下、要介護者等という）のうち65歳以上の者は、2006（平成18）年3月末に425万1,000人であり、65歳以上人口の16.0％を占めている。65歳～74歳と75歳以上に区分して、人口に対する要介護者等の認定率をみると、65歳～74歳では4.5％、75歳以上では28.0％と、認定を受ける人の割合は75歳以上で大きく上昇する。

介護保険制度のサービスを受給した65歳以上の被保険者は、2009年1月では368万人で、男性28％、女性72％であった。要介護1～3の人は居宅サービスの利用が多いが、重度（要介護5）の人では施設サービス利用が半数を超えている。介護が必要になった原因は、多い順に、脳血管疾患（脳卒中）23.3％、認知症14.0％、高齢による衰弱13.6％、関節疾患12.2％、骨折・転倒9.3％などである。男女とも脳血管疾患が一番多いが、その割合は男性が高く、女性では男性に比べて、関節疾患、高齢による衰弱、骨折・転倒、認知症の割合が多くなっている（図1-4）。

第3節　老化と高齢者

1．老化に伴う身体的変化

　人が成熟したあと、高齢になるにつれて全身的な衰退を示すことを老化とよんでいる。老化は、心身の生理的機能が不可逆的に低下する過程であり、身体組織の細胞数の減少、臓器の萎縮などの変化が伴っている。

　老化にはまず外見的な変化が伴う。皮膚は皮脂腺が萎縮し乾燥しやすくなる。しわが多くなり、しみ（老人性色素斑）が顔面、腕など日光に当たる部分に生じる。頭髪には白髪や禿を生じる。身長は脊椎骨の変形などで数センチ低くなる。

　骨の変化では、カルシウム、リン、コラーゲンなど骨を構成する基本物質が減少し、全身の骨量が低下する。その状態が進むと骨粗鬆症となり、骨折を生じやすくなる。関節は、軟骨が次第に硬くなって衝撃吸収力が弱くなる。特に下肢の大関節（股関節、膝関節）は、体重を支えるために負荷がかかり変形を起こしやすい。

　感覚器官の機能の低下では、まず、40歳代には老視を生じ、近くのものに焦点を合わせることが難しくなる。聴力の低下は、高い音から聞き取りにくくなる。また、言葉の聞き取りの明瞭度も低下し、早口で話されると言葉を聞き取れなくなる。味を感じる舌の味蕾細胞も減少し、60歳代から味覚が鈍くなる。このほか、嗅覚、皮膚の感覚である触覚、痛覚、温度感覚も、齢をとると鈍くなる。

　動脈の血管壁は弾力性が低下し、このため血圧の上昇を引き起こす。血圧の上昇のため心臓への負担が増し、多くの臓器が老化によって萎縮するのに心臓は例外的に肥大してくる。肺では肺胞壁の弾力性が衰え、胸郭の動きも柔軟性を失い、肺活量が低下してくる。消化器では、唾液、胃液、胆汁、膵液などの消化液の分泌の低下がみられる。胃腸の運動も低下し、便秘になりやすくなる。腎・尿路系では、膀胱の萎縮、膀胱頸部の拘縮が生じ、男性では前立腺肥大による尿路障害が加わり、残尿や排尿困難を来しやすくなる。排尿をコントロールする大脳中枢の支配が弱まるため、膀胱に尿がたまると自動的に排尿反射が起こってしまい、トイレに間に合わずに失禁を生じることになる。

　このように老化は全身の臓器に及ぶのだが、老化の進行の度合いには個人差が大きい。筋力や精神的機能は使っていると衰えは少ないが、使用しなければ機能はより早く衰えていく。特に高齢になるほど、使用しないための衰えの程度は強くなる。老化は長い年月をかけて徐々に進行し、その間の個人の生活習慣によって、その度合いは影響を受ける。栄養状態、喫煙、運動習慣があるかどうかなどによって、老化の程度には個人差がもたらされる。老化には、すべての人に例外なく現れる変化である生理的老化のほか、特定の人々にだけ強く現れる病的老化が区別されている。高齢者にみられる生活習慣病（がん、高血圧症、動脈硬化症、脳血管疾患、虚血性心疾患など）は病的老化によってもたらされるものである。

老化によって個体には次のような状態がもたらされる。第1に、予備力が低下する。予備力とは、ある機能について最大能力と平常の生活を営むのに必要な能力との差であるが、予備力が低下することにより、平常以上の活動を必要とする事態が生じたときに対応できなくなる。第2は、防衛力の低下である。神経の反射的運動が減退し、危険をとっさに避ける反応が鈍くなる。また、免疫機能が低下して、病原体の侵入に対する抵抗力が弱くなる。第3に、疲労からの回復力が低下する。若い人が1日で回復する疲労も、高齢者は長期間かかるようになる。第4に、環境の変化に対する適応力が低下する。たとえば、寒暖の変化に対する身体の適応力が低下するので、若い人以上に、冷暖房や服の脱ぎ着によって調節することが必要になる。

2．精神機能の変化と生きる意欲

　脳の重量は20歳頃に1,200グラムから1,400グラムくらいのピークに達するが、その後、老化とともに細胞数や脳の重量も低下していき、90歳頃までに脳重量はピーク時の10％ほど減少する。こうした変化とともに記憶力も低下する。記憶力は記銘力、保持力、想起力という3つの要素からなる。記銘力とは新しい物事や出来事を心にとどめる力であり、保持力とは記銘したことを保持する力、想起力とは保持している記憶を必要なときに取り出す力である。また、保持する期間により短期記憶、近時記憶、遠隔記憶がある。高齢者では記銘力が低下する。また想起力も低下し、いわゆるど忘れをするようになる。遠隔記憶の保持力はあまり低下しないので、過去に体験したことは記憶に長くとどまっている。

　記銘力にせよ、保持力にせよ、選択的に働く性質をもっている。過去の経験に結びつくこと、納得のいくことは若い頃と同じように記銘できるが、電話番号のような無意味な数字などは記銘しにくくなる。保持力も、大切なこととか、深く感動した出来事の記憶は保持されるが、そうでないことは忘れやすくなる。

　高齢になると、記憶や計算のように単純な機能や、知的作業の速度は低下する。流動性知能とは、新しいことを記憶したり学習する能力で、定められた時間内に記憶や計算などの能力を調べることで示されるが、こうした能力は高齢になると低下してくる。一方、結晶性知能とは、言語的理解能力や経験や知識に結びついて発揮される判断能力であるが、相当の高齢になってもこのような能力の衰えは少ない。ものの本質を洞察する力とか総合的な判断力は、経験の蓄積や知的機能を発揮する訓練などが相まって深まっていく。意欲と積極性があれば、衰えた機能を衰えていない能力が補って、知的能力は発達していく。記憶力は衰えても理解力がそれを補って新しい物事を学んでいき、優れた創造性を発揮することも可能である。

　しかし高齢者では、身体的衰えの結果、日常生活が制限されるようになると、

精神の活動能力も発揮しにくくなることがある。使わない機能は衰えるという老化の原則は、精神機能にもあてはまる。高齢になると、周囲の環境によって精神の創造的機能の発現は影響を受けやすくなる。

　高齢者の心理を理解するには、喪失体験について理解しておくことが必要である。老年期にはさまざまな喪失体験が積み重なる。高齢者が精神的に健康な状態を保持するためには、さまざまな喪失を受けとめ、乗り越えていくことができるかどうかが大きく影響する。

　まず、老化とよばれる過程そのものが、身体的、生理的機能の減退や喪失の過程である。40歳代から人は視力、聴力、記憶力などが徐々に低下していくことを甘受しなければならなくなる。歯周病による歯牙の喪失も生じる。さらに高齢になり、運動能力が減退し行動範囲も狭くなってくると、それに伴って主観的健康観も損なわれてしまうことが多くなる。

　身体的な能力の喪失に、社会的役割の喪失が加わる。仕事からの引退とそれに伴う収入の低下が生じる。主婦として生きてきた女性でも、子どもが成長し独立すると、従来の親としての役割を喪失する。さらに高齢になり身体能力が低下するとともに、身近な人々との関係において発揮できる役割も限定されてくる。それに加えて、友人、きょうだい、配偶者など、親しい人との死別は齢を重ねるごとに増えていく。

　加齢とともに経験するさまざまな喪失体験は、ときに抑うつ状態や生きがい欠如感を伴い、自信や生きる意欲に影響する。疎外感や孤独感が募ると、そのつらさから逃れるために精神機能そのものが不活発化することもある。喪失体験を乗り越えるのに重要なのは、身近な人との情緒的なつながりや日々の生活の中での互恵的人間関係である。また、こうした変化を喪失と感じるか、あるいは新たな自分の生き方を身につけていく機会ととらえるかによって、心理的な影響は大きく異なってくる。

3．高齢者にみられる疾病

1）高齢者の疾病の特徴

　高齢者の疾病は、若年者のかかる疾病と比較すると、次のような特徴をもっている。

　第1の特徴は、生理的老化の基盤の上に病的老化が加わり、疾患が形成されていることが多いことである。たとえば、高齢になると動脈の血管壁は弾力性が低下し（生理的老化）、このため血圧の上昇を生じやすくなるが、それに遺伝的素因やストレス、飲酒習慣などの生活要因が加わると、高血圧症とよばれる状態が引き起こされる（病的老化）。集団の中での血圧値は連続的に分布しているが、あるレベル以上だと高血圧症と診断され、疾患として治療の対象になるのは、高血圧

だと自覚症状がなくても、脳血管障害だとか心筋梗塞など重篤な合併症を引き起こす確率が高くなり、死亡率も高いからである。その他、糖尿病、骨粗鬆症、変形性膝関節症などさまざまな疾患の頻度が、高齢になるにつれて多くなる。これらの疾患も、すべての人々に生じるものではなく、病的老化によって引き起こされるものだといえる。

　第2の特徴は、高齢者のもつ疾患の多くが慢性疾患であることである。また、複数の疾患が併存していることも多い。基礎に高血圧症、糖尿病、動脈硬化症などの疾患があり、それが原因となって脳血管障害が引き起こされるというように、基礎疾患から合併症が発展して複数疾患が併存する状態が生じる場合も少なくない。慢性疾患では完全な治癒を望むことが難しいことが多く、その場合は、疾患をうまく管理して悪化させないこと、疾患をもちながらも活動的で有意義な生活を送れるようにすることが治療の目標となる。

　第3の特徴として、若年者では典型的にみられる症状が生じないことがある。高齢者では、肺炎であっても高熱が出ないこと、心筋梗塞なのに胸部痛を訴えないことはめずらしくない。発熱、痛みの知覚といった生体の反応が低下しているために生じることであるが、そのために疾患の発見や診断が遅れてしまうことがある。また、高齢者では、体の生理的状態を常に一定の状態に保つ（ホメオスターシスの維持という）機能が低下しており、脱水状態や血液中のミネラル濃度の異常などが生じやすくなる。薬物を投与した場合、代謝や排泄の働きが低下しており、薬の効果の出方が若年者と異なったり、副作用を生じやすくなる。

　高齢者に要介護状態をもたらす原因疾患として重要なものに、脳血管障害、骨折、認知症がある。次に、これらの疾患について述べる。

2）脳血管障害

　脳血管障害（脳血管疾患ともいう）は、脳の血管が破れる脳出血と、血管がつまり血流が途絶えて生じる脳梗塞に分けられる。高齢者の脳血管障害では、脳梗塞の占める割合が大きい。脳出血、脳梗塞のいずれも、脳卒中発作というかたちで突然発症することが多く、後遺症として片麻痺（一側の上肢と下肢の運動麻痺）、感

表1-5　廃用症候群に含まれる障害

部　位	生じる障害の内容
筋　肉	筋肉の萎縮（筋力低下）
関　節	関節拘縮
骨	骨の萎縮（骨粗鬆症）
皮　膚	褥瘡
呼吸器	肺活量低下
循環器	心拍出量低下、起立性低血圧、静脈血栓
消化器	胃腸運動の低下（便秘、食欲低下）
精神機能	意欲低下（精神機能低下）

（黒田作成）

覚障害、言語障害などの神経症状を残すことが多い。しばしば高血圧、動脈硬化、糖尿病などの基礎疾患が背景にある。

　脳血管障害は、発症後早期にリハビリテーションを開始し、寝たきり状態にさせないことが重要である。寝たきりにさせることによって、廃用症候群（表1－5）が付け加わって、より重度の要介護状態となる。

　廃用症候群は、過度の安静が続くことによって生じる2次的障害であり、筋肉の萎縮、関節拘縮、褥瘡（じょくそう）、骨萎縮、静脈血栓、心臓・肺・循環器系の機能低下など、さまざまな障害が含まれている。後遺症として運動麻痺が残っていると不活発な生活に陥りやすく、そのために廃用症候群が次第に重度になることもあり、また、数日間風邪で寝込むといったことが廃用症候群発生の引き金になることもある。このため、後遺症があっても生活の仕方を工夫し、日常の活動性を保っておくことが重要である。

3）骨折・骨粗鬆症

　高齢者の骨折は、骨粗鬆（そしょう）症が基礎にあることが多い。

　骨粗鬆症とは、骨組織が粗になり骨量が正常範囲以下に低下し、骨折を生じたり生じやすくなった状態をいう。女性では閉経後、女性ホルモン減少に伴い骨量低下が進みやすく、このため高齢期の骨粗鬆症の頻度は女性のほうが男性より多い。骨粗鬆症になると屋内でも転倒などにより容易に骨折を生じるので、骨粗鬆症の予防と同時に、転倒予防をはかることが重要である。

　要介護状態を引き起こす骨折部位で頻度が高いのは、大腿骨近位部（頸部）および腰椎である。十分なカルシウム摂取と加重運動が、骨量低下を予防するのに有効であり、転倒を予防するためには、運動により下肢筋力を保持するとともに、床の段差を解消したり滑りにくくするなど環境を整えることも重要である。

4）認知症

　精神的な機能低下をもたらし、要介護状態を引き起こす原因に認知症がある。認知症とは、脳の器質的な障害により、成長の過程でいったん獲得された知能が病的に低下し、日常生活に支障を来す状態を指している。認知症になると、記憶、思考、見当識、理解、計算、学習、言語、判断など多様な高次大脳機能の障害が生じてくる。認知症をもたらす疾患にはさまざまなものがあるが、頻度が多くて重要なものはアルツハイマー病（アルツハイマー型認知症）、レビー小体型認知症、前頭側頭型認知症などの脳変性疾患と血管性認知症である。表1－6に認知症の原因となる疾患の主なものをあげる。これらのうち最も多いのがアルツハイマー病、次に血管性認知症で、この2つで認知症の7割ほどを占める。レビー小体型認知症も1割ほどを占めるといわれる。残りを前頭側頭型認知症のほかさまざまな疾患が占める。慢性硬膜下血腫、正常圧水頭症、甲状腺機能低下症、ビタミン

表1-6 認知症の原因となる代表的な疾患

脳変性疾患	アルツハイマー病、レビー小体型認知症、前頭側頭型認知症、ハンチントン病
脳血管障害（血管性認知症）	脳梗塞、脳出血
外傷性疾患	頭部外傷後遺症、慢性硬膜下血腫
感染性疾患	脳炎、髄膜炎、進行麻痺、AIDS
内分泌代謝性疾患	甲状腺機能低下症、低血糖、ビタミンB_{12}欠乏症
中毒性疾患	アルコール中毒、一酸化炭素中毒、有機水銀中毒
腫瘍性疾患	脳腫瘍
その他	正常圧水頭症

（黒田作成）

B_{12}欠乏症など頻度が少なくても、早期発見によって治癒しうる疾患が含まれるので早期の鑑別診断が重要である。

　アルツハイマー病は、大脳皮質全般に異常に強い変性と萎縮が生じ、神経細胞が脱落していく疾患である。アルツハイマー病の患者の脳には、健康な人にはわずかしかみられない老人斑とかアルツハイマー神経原線維変化が多数認められる。発病は緩徐で、最初に気づかれる症状は「もの忘れ」であることが多い。当初は近時記憶の障害が主である。認知症の進行とともに次第に遠隔記憶にも障害が現れる。脳神経細胞の脱落、脳の萎縮は徐々に進行し、基本症状である記憶力障害、見当識障害、判断力の低下は次第に強まっていく。しかし、体が覚えている動作などの「手続き記憶」や感情反応は、病気が進んでも保たれていることが多い。塩酸ドネペジルを始め、アルツハイマー病の進行を遅らせる薬が開発されており、早期診断が重要である。

　血管性認知症は、脳血管障害、特に脳梗塞が原因で生じる認知症である。血管性認知症では、記憶障害は顕著であるのに対人対応における理解や判断は普通にできるなど、知的機能の一部が低下し、一部は保たれるといった状態を呈することがある。脳血管障害が原因であるため、認知障害のほか片麻痺、言語障害などの局所神経症状を呈することは、アルツハイマー病に比べるとはるかに高頻度にみられる。本疾患は、脳梗塞を繰り返しながら段階的に認知症が増悪するという経過をたどることが多い。治療としては脳梗塞の再発防止が重要となる。日本人にみられる高齢期の認知症は、欧米と比べて血管性認知症の割合が高いことが特徴だとされてきたが、近年は脳血管性障害の予防が進み、その分アルツハイマー病の割合が増えてきている。なお、アルツハイマー病と血管性認知症の混合型も認められる。

　レビー小体型認知症は、大脳皮質の神経細胞の中にレビー小体という異物ができ神経細胞が死滅し認知症がもたらされる疾患であり、初老期から老年期にかけて発症する。注意や覚醒レベルの変動を伴う認知機能の動揺、幻視、パーキンソン病に似た症状（歩行障害、筋固縮、振戦）などがみられる。

　前頭側頭型認知症は、初老期に発症することが多い疾患である。前頭葉と側頭葉を中心に神経細胞の脱落と脳の萎縮がみられるため、アルツハイマー病と区別

> *column*
>
> ### 「認知症」──「痴呆」に替わる新たな用語
>
> 　「痴呆」という用語は、英語のdementiaを指す語として医学的に用いられてきた。「痴呆」は一連の症状群（＝症候群）を示す用語であり、特定の疾患を指す用語ではない。しかし一般の人々には誤解も多く、この用語に侮蔑的な意味合いを感じる人も少なくなかった。厚生労働省に設置された「『痴呆』に替わる用語に関する検討会」は、2004（平成16）年6月から12月にかけて検討を行い、12月24日に報告書を提出した。そこでは次のように述べられている。
>
> 　①「痴呆」という用語は、侮蔑的な表現である上に、「痴呆」の実態を正確に表しておらず、早期発見・早期診断等の取り組みの支障となっていることから、できるだけ速やかに変更すべきである。
>
> 　②「痴呆」に替わる新たな用語としては「認知症」がもっとも適切である。
>
> 　③「認知症」に変更するにあたっては、単に用語を変更する旨の広報を行うだけではなく、これに併せて、「認知症」に対する誤解や偏見の解消等に努める必要がある。加えて、そもそもこの分野における各般の施策を一層強力にかつ総合的に推進していく必要がある。
>
> 　「痴呆」の基本症状は記憶障害を中心とした認知障害であること、ただし「認知障害」という用語は精神医学分野で痴呆以外にも多様に使用されていること、否定的意味合いをもたず価値中立的ニュアンスを示す用語であることなどを考慮すると、新たにつくられた「認知症」という用語は適切なものである。2005（平成17）年の通常国会に提出された介護保険法関連の法改正の中で、法律用語としても「認知症」が使用されることになった。以後、「痴呆性高齢者」は「認知症の高齢者（または認知症高齢者）」、「痴呆性高齢者グループホーム」は「認知症高齢者グループホーム」というように表現されている。

される。ピック病とよばれる疾患もこの中に含まれる。周囲の状況に配慮することがなくなり、人格が変化するような症状を伴うことが多い。

　認知症の有病率に関して、2012年8月に厚生労働省推計値が公表された。介護保険の要介護認定を受けている「認知症高齢者の日常生活自立度」ランクⅡ以上の高齢者数の推計により、2010年時点で280万人（65歳以上人口の9.5％）が認知症であり、2025年には478万人（同じく12.8％）になると推計している。ただしこれは介護保険の認定を受けている人で自立度ランクⅡ以上の人に限った値である。その後、地域住民の悉皆的疫学調査に基づいた有病率推計値が厚生労働科学研究を基に報告され、それによると、65歳以上における認知症の全国有病率推定値は15％、有病者数は439万人（2010年）と推計された。さらにそれ以外に、軽度認知障害（MCI）の有病率は13％、有病者数380万人と推計されている。

　高齢者に要介護状態をもたらすことの多い疾患をみてきたが、高齢者の日常生活自立度を一定の基準で判定することができるように、厚生労働省では「認知症高齢者の日常生活自立度判定基準」（表1－7にその概要を示す）および「障害老人

表1-7 認知症高齢者の日常生活自立度判定基準（概要）

ランクⅠ	何らかの認知症の症状を有するが、日常生活は家庭内および社会的にほぼ自立
ランクⅡ 　ランクⅡa 　ランクⅡb	日常生活に支障を来すような症状が多少みられても、誰かが注意していれば自立 家庭外で上記の状態（道に迷う、買物、事務、金銭管理などに支障） 家庭内でも上記の状態（服薬管理、電話、訪問者応対などに支障）
ランクⅢ 　ランクⅢa 　ランクⅢb	日常生活に支障を来すような症状がときどきみられ、介護を必要とする 日中を中心として上記の状態（ADLに要介助、問題行動がある） 夜間を中心として上記の状態（同上）
ランクⅣ	日常生活に支障を来す症状が頻繁にみられ、常に介護を必要とする
ランクM	専門的医療を必要とする状態

出典）平成5年10月26日付け老人保健福祉局長通知をもとに黒田が概要をまとめた。

表1-8 障害老人の日常生活自立度（寝たきり度）判定基準

生活自立	ランクJ	何らかの障害等を有するが、日常生活はほぼ自立しており独力で外出する 　1　交通機関等を利用して外出する 　2　隣近所へなら外出する
準寝たきり	ランクA	屋内での生活は概ね自立しているが、介助なしには外出しない 　1　介助により外出し、日中はほとんどベッドから離れて生活する 　2　外出の頻度が少なく、日中も寝たきりの生活をしている
寝たきり	ランクB	屋内での生活は何らかの介助を要し、日中もベッド上での生活が主体であるが座位を保つ 　1　車椅子に移乗し、食事、排泄はベッドから離れて行う 　2　介助により車椅子に移乗する
	ランクC	1日中ベッド上で過ごし、排泄、食事、着替において介助を要する 　1　自力で寝返りをうつ 　2　自力では寝返りもうたない
期　間		ランクA、B、Cに該当するものについては、いつからその状態に至ったか 　　年　月頃より（継続期間　年　カ月間）

※判定にあたっては、補装具や自助具等の器具を使用した状態であっても差し支えない。
出典）平成3年11月18日　老健第102-2号　厚生省大臣官房老人保健福祉部長通知

の日常生活自立度（寝たきり度）判定基準」（表1-8）を定めている。これらの基準は、介護保険制度のもとで介護認定を行う際に主治医が記載する意見書の記載事項にも含まれており、福祉関係者も理解しておく必要がある。

4．介護保険制度における特定疾病

　介護保険制度では、40歳以上65歳未満の第2号被保険者が、介護保険のサービスを受けるには、「特定疾病」（加齢に伴って生じる心身の変化に起因する疾病）が原因で要介護状態等にあることが要件とされている。政令により、初老期の認知症、脳血管疾患など、表1-9に示す16の疾病が「特定疾病」に定められている。2006（平成18）年度より、末期がんが「特定疾病」に追加された。これらはいず

表1－9　特定疾病一覧

特定疾病	含まれる疾病	疾病の特徴
初老期における認知症	アルツハイマー病 血管性認知症　等	認知症症状が初老期にみられるもの一般をいう。認知症には、アルツハイマー病、血管性認知症、神経変性疾患（ピック病等）、感染症によるもの（クロイツフェルト・ヤコブ病等）等がある。【クロイツフェルト・ヤコブ病は特定疾患治療研究事業対象疾病】
脳血管疾患	脳出血 脳梗塞　等	脳血管の病的変化により神経症状をもたらす疾病群。脳血管の血流障害により脳実質が壊死を来す脳梗塞、脳血管の破綻による脳出血、クモ膜下出血等があり、意識障害、運動障害等を起こす。
筋萎縮性側索硬化症（ALS）		運動を司る神経細胞が変性、消失していくために、手足の脱力に始まり、呼吸や嚥下に必要な筋を含む全身の筋肉が萎縮していく疾病。【特定疾患治療研究事業対象疾患】
パーキンソン病、進行性核上性麻痺および大脳皮質基底核変性症		安静時振戦、仮面様顔貌、歩行障害、筋固縮等の運動障害を来す神経変性疾患群。【特定疾患治療研究事業対象疾患】
脊髄小脳変性症		運動をスムーズに行うための調整を行う小脳、およびそれに連なる神経経路の変性が、慢性に進行性に経過するために起こる運動失調（協調運動障害など）を主症状とする、原因不明の神経変性疾患。【特定疾患治療研究事業対象疾患】
多系統萎縮症（シャイ・ドレーガー症候群等）		シャイ・ドレーガー症候群は、起立性低血圧を中心に、排尿障害、発汗低下など自律神経症状が潜行性に進行し、小脳症状、パーキンソン病様症状等の中枢神経症状が加わって、進行性に経過する神経変性疾患。【特定疾患治療研究事業対象疾患】
糖尿病性神経障害　糖尿病性腎症および糖尿病性網膜症		糖尿病に慢性に合併する割合の高い疾病。それぞれ、知覚障害、腎不全、失明等、重篤な経過をたどりうる。【糖尿病のその他の合併症として重篤なものである血管障害は「閉塞性動脈硬化症」に含まれる】
閉塞性動脈硬化症		動脈硬化症による慢性閉塞性疾患で、間欠性跛行が初発症状であることが多く、病変が高度になると安静時痛、潰瘍および壊疽が出現する。
慢性閉塞性肺疾患（COPD）	肺気腫 慢性気管支炎 気管支喘息 びまん性汎細気管支炎	気道の狭窄等によって、主に呼気の排出に関して慢性に障害を来す疾病。
両側の膝関節または股関節に著しい変形を伴う変形性関節症		変形性関節症とは、老化により膝関節等の軟骨に退行変性が起こり、骨に変形を生じて関節炎を来す慢性の疾病。O脚や肥満が誘因となることが多く、中年の女性に多い。
関節リウマチ		自己免疫性疾患の一つと考えられ、進行性の慢性に経過する多発性の関節炎を来す。関節のこわばり、腫脹、疼痛等を起こす。終局的に関節拘縮、関節強直を呈して日常生活動作が著しく障害される難治性疾病。【悪性関節リウマチは特定疾患治療研究事業対象疾患】
後縦靱帯骨化症		脊椎の後縦靱帯の異常骨化により、脊髄または神経根の圧迫障害を来す疾病で、頸椎に多い。上肢のしびれ、痛み、知覚鈍麻等が進行する。【特定疾患治療研究事業対象疾患】
脊柱管狭窄症		脊髄が通っている脊柱管が老化等により狭窄することによって、神経が圧迫され、腰痛、足の痛みやしびれ、歩行障害等を来す疾病。【広範脊柱管狭窄症は特定疾患治療研究事業対象疾患】
骨折を伴う骨粗鬆症		骨粗鬆症とは、骨組織の組成は正常であるが、単位体積あたりの骨の量が減少した状態を呈する症候群をいい、老化等による内分泌の不調等によるものが多い。骨折部位は、前腕部や、大腿骨頸部、腰椎等の骨折が多く、閉経後の女性に多い。【骨粗鬆症があって事故等によって骨折した場合も含む】
早老症（ウエルナー症候群）		年齢のわりに早期に老化に似た病態を呈する症候群。白内障、白髪、脱毛、糖尿病、動脈硬化等の早老性変化がみられる。
がん		医師が一般に認められている医学的知見に基づき回復の見込みがない状態に至ったと判断したものに限る。

出典）月刊介護保険編集部編『平成15年改訂版　介護保険ハンドブック』法研、2003年、p.238を一部改変。

> ### column
>
> **日常生活動作（ADL）と手段的日常生活動作（IADL）**
>
> 「日常生活動作」（activities of daily living：ADLと略記する）は、人が日常生活を送るために毎日共通に繰り返す基本的な動作群を指している。寝返り、起き上がり、起立、移動、歩行、食事摂取、更衣、整容、排泄、入浴などの動作が含まれる。「手段的日常生活動作」（instrumental activities of daily living：IADLと略記する）は、生活の手段として必要なもので、日常反復して行われる動作や行為を指している。食事の支度、身の回りの片づけ、掃除、日用品の買い物、預貯金の出し入れ、電話をかける、交通機関の利用などの動作が含まれる。本文の図1−5の「④身体的自立」はADLの自立を、「⑤手段的自立」はIADLの自立を意味している。なお、本文では、IADLを指すのに「日常生活関連動作」という用語を用いている。
>
> ADLやIADLの評価は、リハビリテーションや障害をもつ人の支援では必須のものである。こうした動作をどの程度自分自身でできるかどうかを調べることは、どのような機能訓練を行うか、あるいはどのような動作に介助が必要かなどを判断する基礎となるものだからである。ADLやIADLの評価は、アセスメントにおいて欠かすことのできない項目となっている。

れも、主に中高年齢の人々に多くみられ、罹患することにより要介護状態がもたらされることが多い疾患である。

5．介護予防の重要性

　高齢になるにつれて生じる活動能力の低下を免れることは誰にもできないが、加齢に伴う活動能力の低下には個人差が大きい。バス・電車による外出、食事の用意、日用品の買い物などの日常生活関連動作は、年齢とともに「できない」と答える人の割合は増加していく。一般高齢者を対象に質問した場合、85歳を超えるとこれらの項目にできないと答える人はほぼ半数以上にのぼる。

　ロートンは、人間の活動能力を図1−5に示すように、概念的に7つの次元に区分した。図の左から右に向けて順に、①生命維持、②機能的健康度、③知覚－認知、④身体的自立、⑤手段的自立、⑥状況対応、⑦社会的役割である。人間は成長の過程で、活動能力を左側の低次から右側の高次の次元へと発達させていくが、高齢期には逆に、老化の過程で高次から低次の次元へと活動能力を低下させることが多い。

　要介護状態になる、あるいは介護度が重度になるのを予防することを、介護予防とよんでいる。介護予防とは、生活習慣病などの疾病予防に加えて、老化そのものによる身体的、精神的、社会的能力の衰えをできるだけ遅らせることを目標にしている。要介護状態にあるという場合、普通、図1−5に示されている7つの次元のうち、真ん中の「身体的自立」において介助が必要になった状態を指し

図1−5 能力の諸段階

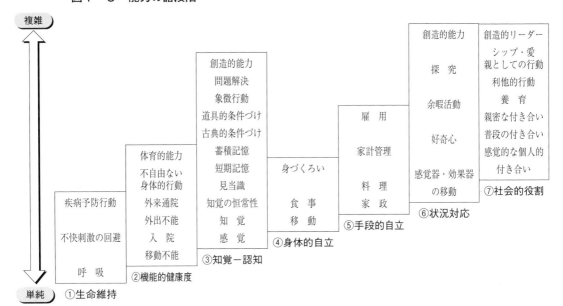

原典：Lawton, M.P. Assessing the competence of older people. In Kent, D.P, et al. (eds.) *Research, Planning, and Action for the Elderly : Power and Potential of Social Science*. Behavioral Publications, 1972, 122-143.
出典）黒田研二他編『地域で進める介護予防（第2版）』中央法規出版、2004年、p.30を一部改変。

ている。しかし「身体的自立」の障害が生じる場合には、それに先立って「手段的自立」「状況対応」「社会的役割」の能力の発揮が阻害されていることが多い。したがって、介護予防のためには「手段的自立」「状況対応」「社会的役割」の能力をできるだけ保持することが重要である。また、要介護状態の人が、できるだけ生きがいや尊厳を保って生活できるようにするには、単に身体的な介助を行うだけでなく、図1−5に示された7つの次元のすべてに配慮した支援が必要である。

【参考文献】
（1）千代豪昭・黒田研二編『学生のための医療概論　第2版』医学書院、2003年。
（2）古谷野亘・安藤孝敏編著『新社会老年学』ワールドプランニング、2003年。
（3）月刊介護保険編集部『平成15年改訂版　介護保険ハンドブック』法研、2003年。
（4）黒田研二他編『地域で進める介護予防（第2版）』中央法規出版、2004年。
（5）内閣府『平成21年版高齢社会白書』2009年。
（6）厚生労働統計協会編『厚生の指標・増刊　国民の福祉と介護の動向（2015/2016）』厚生労働統計協会、2015年。
（7）厚生労働統計協会編『厚生の指標・増刊　国民衛生の動向（2015/2016）』厚生労働統計協会、2015年。

第2章　高齢者福祉の発展

　本章では日本の高齢者福祉の歩みを5期に区分して概観する。すなわち、①明治期から戦後の老人福祉法の成立まで、②高度経済成長期と「福祉見直し」論が台頭した1970年代まで、③老人保健法の成立と1980年代の政策、④1990年代の政策と介護保険法の成立、そして⑤2000年代の社会福祉基礎構造改革と介護保険制度の見直しについての概観である。介護保険制度や高齢者福祉制度の見直しと改革は現在も進行中である。歴史的な流れを踏まえた広い視野から、自らこの領域の課題を考える姿勢を身につけてほしい。

第1節　老人福祉法の成立までの歩み

1．困窮者救済制度の確立 —— 明治期以降、戦前まで

　戦後の老人福祉施策の歩みをみる前に、駆け足で明治期以降の老人福祉施策をみておく。明治政府は、1874（明治7）年12月8日、太政官達162号により「恤救規則」を制定し、全国的、統一的な困窮者救済制度を確立した。しかし、この困窮者の救済制度は、「人民相互ノ情誼」によってまず親族扶養や地縁共同体による扶助（隣保扶助）で対応することを前提とし、公的救済の対象は「無告の窮民」（親族・地域の相互扶助などのつながりがなく稼働力もない極貧者）に限定されたものであった。高齢者に対しては70歳以上の病弱者等であることを原則としていた。公的救済制度が極めて限定的である中で、一方、明治期には民間の慈善活動が台頭し、特に明治期後半になると貧困高齢者を対象とした養老院も開設されるようになった。養老施設関係者が「第1回養老事業大会」を開催した1925（大正14）年当時には、全国に57の養老施設が開設されていた[1]。

　その間、1918（大正7）年の米騒動の勃発などを機に、制限的な「恤救規則」では増大する貧困層の問題には対応しきれないことが認識されるようになった。1920（大正9）年には内務省に「社会局」が新設され、翌年、内務大臣の諮問機関である「救済事業調査会」は「社会事業調査会」へと改称された。「社会事業調査会」は、1926（大正15）年、生活困窮者とその対応策の調査を行い、その結果をもとに内務省社会局は1929（昭和4）年、「救護法」案を議会に提出し、可決・

公布された。救護法は、大正末期の金融恐慌に基づく失業や貧困の増大、社会不安と労働運動の拡大などに対応して制定されたものである。だが、その施行は財政状況の逼迫を理由に3年間延期され、1932（昭和7）年に実施されることになった。救護法は、対象を「貧困のため生活することができない65歳以上の老衰者、13歳以下の幼者」などに限定し、「原則として扶養義務者が扶養できない場合に限る」とした。救護の方法は居宅救護を原則としたが、それが不可能な者に対しては養老院などの施設保護を行うように規定していた。その規定をもとに、養老施設の運営は国家財政の経済的支援を受けるようになり、救護法施行後、養老施設数は増加していった。

　1931（昭和6）年の満州事変勃発後は、日本は次第に戦時体制へと突入し、その中に社会事業も組み込まれていった。1938（昭和13）年に「社会事業法」が制定されるが、この法律は民間社会事業団体に対する国庫助成の道を開いたとはいえ、基本的には国家が民間社会事業を統制し、戦争目的に動員していくためのものであった。

2．新たな社会福祉制度づくりの始まり
――戦後の福祉三法体制から福祉六法体制へ

　こうして日本は第2次世界大戦（太平洋戦争）に突入していき、1945（昭和20）年8月の敗戦を迎えることになる。そして、対日占領軍総司令部（GHQ）の指示のもとに、新たな社会福祉制度づくりを開始することとなった。1946（昭和21）年に「生活保護法」、1947（昭和22）年に「児童福祉法」、1949（昭和24）年に「身体障害者福祉法」がそれぞれ制定され、1950（昭和25）年には生活保護法が抜本改正された。こうして戦後の福祉三法体制が確立した。新しい生活保護法は、第38条に高齢者を対象とした「養老施設」を規定した。

　1951（昭和26）年には「社会福祉事業法」が成立した。社会福祉事業法は、社会福祉の組織と管理運営にかかわる規定を内容とする法律である。GHQが示した社会福祉政策（社会救済）の三原則のひとつである公的責任の原則は、民間社会福祉の自主性・主体性の尊重とそれに対する公的責任転嫁の禁止として社会福祉事業法の中に規定された。

　1950年代に、日本の社会保障システムの重心は、公的扶助（生活保護）から社会保険に大きく移転した。国民の生活が安定化に向かうとともに、生活保護は社会保障システムにおける中心的な役割を社会保険にゆずり、それを補完するシステムとして機能することが期待されるようになった。1958（昭和33）年に「国民健康保険法」、1959（昭和34）年には「国民年金法」が成立した。

　1950年代までの主要な福祉ニーズは失業と貧困であったが、戦後の復興が進み、経済成長に伴う雇用の拡大がはかられるにつれて、その恩恵に浴することのでき

ない障害者、老人、児童、母子など稼働能力のない人々の生活問題が福祉ニーズとして認識されるようになった。1960（昭和35）年には「精神薄弱者福祉法」（1998年に「知的障害者福祉法」に改称）、1963（昭和38）年には「老人福祉法」、1964（昭和39）年には「母子福祉法」（1981年に「母子及び寡婦福祉法」に改称）がそれぞれ制定され、ここにいわゆる福祉六法体制が成立した。

老人福祉に関しては、すでに1961（昭和36）年に「軽費老人ホーム」の設置が社会福祉事業法に基づく施設として始まり、1962（昭和37）年には特別養護老人ホーム、老人家庭奉仕員制度（ホームヘルプサービス）、老人福祉センターなどの施策が開始されており、老人福祉法の制定により、これらの施策は老人福祉法に吸収されることとなった。

第2節　高度経済成長期、老人医療費支給制度、その後の「福祉見直し」

1．福祉ニーズの拡大と老人医療費支給制度

1960（昭和35）年に当時の池田内閣は「所得倍増」計画を打ち出し、日本は本格的な高度経済成長期に入る。1970（昭和45）年までの10年間に、実質国民所得は3倍に増大した。一方、60年代は、農村から都市への若年労働者の大量の移動とそれに伴う過疎・過密問題、経済成長優先の国家政策に伴う公害（環境汚染）の多発など、経済成長に伴う社会のひずみも顕在化した。また、こうした社会問題に対し、市民運動、学生運動、労働運動など、さまざまなかたちの批判が積極的に展開された時代でもあった。市民の側から福祉サービスの拡充を求める運動も広がり、1967（昭和42）年に成立した美濃部都政をはじめとする革新自治体によって、老人医療、乳幼児医療の無料化など、地方自治体単独の福祉サービスが実施されると、こうした動きは全国に広がり、革新保守を問わず、地方自治体は競うように福祉サービス単独事業を展開した。地方自治体レベルで実施されるようになった福祉サービスの一部は、その後、法律改正などにより国レベルの事業として制度化された。1960年代後半以降のこの時期、福祉ニーズに対する認識は、「低所得階層」のニーズを超えて「一般所得階層」にまで拡大したととらえることができる。

1960年代と70年代に実施された老人福祉施策で重要なものを以下にあげる。1963（昭和38）年に制定された老人福祉法に基づき、1966（昭和41）年には、「養護老人ホーム及び特別養護老人ホームの整備及び運営に関する基準」が制定された。1969（昭和44）年、全国規模の高齢者実態調査が行われ、寝たきり高齢者の実態と高齢者の医療問題が社会的にクローズアップされた。1970（昭和45）年、厚生省は「社会福祉施設緊急整備五カ年計画」を策定し、老人ホームなどの施設の増設が加速されることとなった。

東京都などの革新自治体が先駆けて実施した「老人医療費の公費負担制度」が広がるとともに、1972（昭和47）年の老人福祉法の一部改正によって「老人医療費支給制度」が成立し、1973（昭和48）年1月より施行された。

2．「福祉見直し論」から「日本型福祉社会」へ

1970年代後半は在宅型福祉サービスの整備の必要性が認識されるようになり、いわゆる在宅サービス3本柱が出そろった時期である。1978（昭和53）年に老人短期入所事業（ショートステイ）、1979（昭和54）年に老人デイサービス事業の国庫補助が開始された。さらに、1981（昭和56）年には老人家庭奉仕員制度（ホームヘルプサービス）の対象世帯が生活保護・低所得世帯から一般世帯にも拡大されるとともに、応能負担による利用料徴収が始まった。

また、1979（昭和54）年11月の中央社会福祉審議会の意見具申「養護老人ホーム及び特別養護老人ホームに係る費用徴収基準の当面の改善について」を受けて、老人ホームの費用徴収基準が改定され、年収を基準とする負担能力に応じて費用徴収を行うこと（「応能負担」）が決定された。

高度経済成長期とその後の1970年代の施策を概観してきたが、このうち、老人医療費支給制度が開始された1973（昭和48）年は「福祉元年」とよばれた年である。しかし、その年の10月には第4次中東戦争が勃発し、石油価格の急騰（オイルショック）が生じ、異常な物価上昇と経済不況にみまわれた。翌1974（昭和49）年には戦後初めて実質経済成長がマイナスとなり、その後、日本経済は低成長時代へと移行する。こうした経済状況の変化を受けて、1975（昭和50）年には「福祉見直し論」とよばれる論争がさかんになされるようになり、財政的見地から、福祉施策拡充の抑制と「受益者負担原則」「効率的社会保障制度の再編」を主張する議論が強まった。

1979（昭和54）年8月に閣議決定された「新経済7カ年計画」では、個人の自助努力、家庭や近隣・地域社会などの連帯を強調し、効率のよい政府が適正な公的福祉を重点的に保障する「日本型福祉社会」という考え方が発表された。また、同年の厚生白書にも「家族」の果たす役割を「福祉の含み資産」として評価する「日本型福祉社会」の考え方が示された。

第3節　老人保健法の成立と1980年代の政策

1980年代は、緊縮財政とそれに伴う社会保障給付費の抑制を基調とする年代である。1980（昭和55）年、政府は「臨時行政調査会」（第二臨調）を設置し、経済の低成長時代に応じた行財政構造の改善を検討することとなった。第二臨調は、

4次にわたる答申において「活力ある福祉社会」という言葉で「個人の自立・自助の精神」を強調するとともに、「国民のため真に必要な施策は確保しつつ、同時に自由な活力を十分に保障する最小限のものでなければならない」として、福祉施策の抑制姿勢を打ち出した。臨調行財政改革推進路線による社会保障・社会福祉の抑制政策に対しては、社会保障・社会福祉界さらに国民の広い範囲から厳しい批判が出された。

80年代後半の福祉改革は、全国社会福祉協議会の緊急提言「社会福祉予算の編成にあたって」(1985年) や「社会福祉改革の基本構想」(1986年) にみられるような社会福祉界からの福祉改革論と、臨調路線との綱引きの中で展開されることになった[(2)]。また、こうした1980年代後半の福祉改革に先立って、保健医療の改革が導入された。まず、この保健医療の改革からみていこう。

1. 保健医療改革の推進 ―― 老人保健法の成立

1973 (昭和48) 年から実施された老人医療費の無料化によって、高齢者の受療が急速に加速され、国民医療費の急騰を招くとともに、病院病床数の増加がもたらされた。日本の病院病床数は、1973 (昭和48) 年の113万床から1990 (平成2) 年までに55万床増加し、168万床に達する。1980年代は、国民医療費増加の抑制、そのための病床数抑制と長期入院の是正が課題として浮上した年代であった。

入院医療の需要を抑制するためには、疾病予防やリハビリテーションを含む包括的な保健医療施策を進めることが重要だと認識され、1982 (昭和57) 年に「老人保健法」が成立した (老人保健法は、2006〈平成18〉年に改正され、「高齢者の医療の確保に関する法律」に変わった)。老人保健法は、70歳以上の人の受診にふたたび自己負担を導入し、医療保険者からの拠出金と公費を財源とする老人医療制度を創設するとともに、市町村が実施主体となる、住民を対象とした保健事業 (健康手帳交付、健康教育、健康相談、健康診査、機能訓練、訪問指導) を制度化した。また、病院に代わる介護施設 (当時は中間施設とよばれた) の必要性が議論され、1986 (昭和61) 年の老人保健法改正により老人保健施設が創設された。老人保健施設は、1987 (昭和62) 年度の試行的運営ののち、1988 (昭和63) 年度から本格的な設置が始まった (なお、老人保健施設は、2000〈平成2〉年4月に介護保険法が施行されると、介護保険法に基づく介護老人保健施設となった)。

また、1985 (昭和60) 年に成立した医療法改正によって、医療計画の策定が都道府県に義務づけられた。医療計画は、都道府県ごとに医療圏を設定し、医療圏ごとに基準病床数、医療提供体制の整備目標を策定するものである。基準病床数を設定することにより、それ以上の病床数の増加は抑制されることになった。都道府県による医療計画策定が行われるようになるのは1989 (平成元) 年度以降であるが、これにより日本の病院病床数増加に歯止めがかかることになった。

2．急展開する福祉改革 —— ゴールドプラン策定

　一方、行財政改革主導の福祉改革が急展開をみせるのは80年代後半である。1985（昭和60）年、政府は国の負担が2分の1を超える高額補助金については、暫定的に一律1割を削減する措置を実施し、1986（昭和61）年から3年間、生活保護に関してはそれまでの10分の8から10分の7に、その他の福祉サービスについては10分の8から10分の5に国庫負担の率を削減することとなった。さらに、

---

column

地方分権の推進 —— 国と地方公共団体の関係

　本文（p.43）で1986（昭和61）年の「地方公共団体の執行機関が国の機関として行う事務の整理及び合理化に関する法律」についてふれている。地方公共団体の首長などの執行機関を国の出先機関とみなして、国の責任で実施すべき行政事務を地方公共団体の執行機関に委任して行う場合、「機関委任事務」とよんでいた。それ以外に、地方公共団体が責任主体となり実施される行政事務は「団体（委任）事務」とよばれていた。

　その後、1995（平成7）年に「地方分権推進法」が制定され、地方分権推進委員会の5次にわたる勧告を経て、1999（平成11）年に「地方分権推進一括法」が制定された。これは、地方自治法をはじめとする475本の地方制度関連主要法律の改正で、この改革により機関委任事務制度は廃止された。機関委任事務は国と地方公共団体の関係を上下・主従の関係とみなしているという批判に応えたもので、地方自治体が処理する事務は「法定受託事務」と「自治事務」に整理された。また、国と地方自治体の紛争を処理する国地方係争処理委員会の設置など、新しい地方分権と自治の基礎がつくられた。

　「法定受託事務」とは、本来、国や都道府県が果たすべき行政事務であるが、その適正な処理を特に確保するため、法令によって、国の場合は都道府県・市町村・特別区に、都道府県の場合は市町村・特別区に委託して行う事務のことで、国と地方公共団体を互いに独立した対等の行政主体とみなしている点が、機関委任事務の考え方と異なる点である。また、「自治事務」は、地方公共団体が法令の範囲で自主的に責任をもって行う事務で、法定受託事務以外のものである。

　地方分権の推進に関連し、1999（平成11）年度から市町村合併が推進されている（平成の大合併）。市町村数は1999年4月に3,200以上あったが、合併特例法の期限が切れる2005（平成17）年3月までに合併が決定された結果、2006（平成18）年3月末には1,820にまで減少した。その後は、2005年4月に施行された合併新法（市町村の合併の特例等に関する法律）にもとづき、引き続き市町村の合併が進められ、合併新法の期限である2010年（平成22年）3月末の時点で、市町村の数は1,727にまで減少した。また、地方自治体財政の改革として、並行して「三位一体の改革」すなわち、①国庫補助負担金の改革、②地方交付税の改革、③税源移譲を含む税源配分の見直しが一体的に推進された。この改革に伴い、国庫補助負担金によって行われることが多かった社会福祉事業のあり方は大きく見直しを迫られることになった。

1989（平成元）年からは国庫負担の率の削減は恒久化され、生活保護については10分の7.5に、一般の福祉サービスについては10分の5に改められた。

　国と地方自治体の関係についても、1986（昭和61）年、「地方公共団体の執行機関が国の機関として行う事務の整理及び合理化に関する法律」が制定され、見直しが行われた。生活保護に関する事務は従来通り国の事務（機関委任事務）として残されたが、その他の福祉サービスは団体（委任）事務に変更された。また、従来、地方自治体の単独事業に対する補助金の交付というかたちで実施されてきたショートステイ事業、デイサービス事業が、地方公共団体の団体（委任）事務に包括されることになった。

　こうした福祉改革の構想策定に重要な役割を演じたのは福祉関係三審議会（中央社会福祉審議会・身体障害者福祉審議会・中央児童福祉審議会）の合同企画分科会であったが、1989（平成元）年3月、合同企画分科会は最終的見解として「今後の社会福祉の在り方について」（意見具申）を提出した。そこに盛り込まれた見解は、①住民にもっとも身近な行政主体である市町村の役割の重視、②公的在宅福祉サービス等についてその供給主体の積極的拡充をはかる観点からの社会福祉事業の範囲の見直し、③民間事業者、ボランティア団体等の多様な福祉サービス供給主体の育成、④地域において福祉、保健、医療の各種のサービスが有機的連携をとりながら提供されるような体制の整備などである。

　1989（平成元）年12月、大蔵大臣・自治大臣・厚生大臣の合意により「高齢者保健福祉推進十か年戦略」（通称ゴールドプラン）が策定された。そこには、1990（平成2）年度から10年間の高齢者保健福祉政策の推進方策が書き込まれ、在宅福祉対策緊急整備や施設緊急整備の計画として、ホームヘルプ、デイサービス、ショートステイなど在宅福祉サービス、および特別養護老人ホーム、老人保健施設など施設の整備目標量が盛り込まれた。

第4節　1990年代の政策と介護保険法の成立

　1990年代は、80年代後半からの福祉改革が福祉関係八法改正として完了してから、次の改革である介護保険制度導入および社会福祉基礎構造改革の実施に至るまでの過渡的期間である。この時期、国レベルではゴールドプランおよび新ゴールドプランに基づき、また地方自治体においては老人保健福祉計画により、高齢者保健福祉施策の基盤整備が進んだ。1995年には高齢社会対策基本法が成立し施行された。また、1994年以降、新たな介護システムの構想が出され、1997年に介護保険法が成立した。また、社会福祉基礎構造改革の準備が始まった。

1. 高齢者保健福祉施策の基盤整備

　福祉関係三審議会合同企画分科会の意見具申とゴールドプランを政策的に推進するために、1990（平成2）年6月、「老人福祉法等の一部を改正する法律」（福祉関係八法改正）が成立した。この法改正は、老人福祉法、身体障害者福祉法、知的障害者福祉法、社会福祉事業法など福祉関係八法を改正する大がかりなものであったが、老人保健福祉領域の主な改正点は、①在宅福祉サービスの積極的推進（社会福祉事業としての位置づけ）、②在宅福祉サービスと施設福祉サービスの実施主体の市町村への一元化、③市町村および都道府県による老人保健福祉計画の策定の義務づけである。老人福祉計画は老人福祉法によって、老人保健計画は老人保健法によってそれぞれ規定された。市町村および都道府県は、両計画を一体のものとして作成することが義務づけられた。

　1991（平成3）年の老人保健法改正では、老人訪問看護事業（訪問看護ステーション）が創設され、1992（平成4）年4月から実施に移された。訪問看護ステーションからの訪問看護は、1994（平成6）年10月から高齢者だけでなく若年の患者にも対象が広げられることとなった。

　市町村と都道府県の老人保健福祉計画の策定は、1993（平成5）年4月1日に施行された。全国の地方自治体の老人保健福祉計画が出そろい、その目標量を合計すると、ゴールドプランで描いた福祉サービスなどの目標水準では不足することが明らかになる。1994（平成6）年3月、厚生大臣の私的懇談会「高齢社会福祉ビジョン懇談会」は「21世紀福祉ビジョン──少子・高齢社会に向けて」を発表するが、その中で、家族介護を前提とした従来の福祉政策を批判的にとらえ直し、中長期的な財源負担を含めた福祉政策への視点を述べ、ゴールドプランの見直しと新介護システムの構築の必要性に言及した。

　1994（平成6）年4月には、厚生省に高齢者介護対策本部が設置され、新しい高齢者介護システムのあり方を巡る検討が開始された。9月には社会保障制度審議会社会保障将来像委員会が第2次報告書を発表し、社会保険方式による「介護保障の確立」をはかる公的介護保険制度の導入の必要性を指摘した。12月には厚生省内におかれた高齢者介護・自立支援システム研究会が報告書「新たな高齢者介護システムの構築を目指して」を発表し、その中で社会保険を財源とする新たな介護システムを提言した。この報告は、①高齢者自身によるサービスの選択、②介護サービスの一元化、③ケアマネジメントの確立、④社会保険方式の導入を主な骨子としていた。また、同じ12月に、大蔵・厚生・自治の3大臣合意による「高齢者保健福祉推進十か年戦略の見直し」（通称新ゴールドプラン）が発表され、ゴールドプランで掲げたサービスの整備目標水準を上回る新たな目標水準が設定された。

2．新たな介護システム構想——介護保険制度

公的介護保険制度の構想は、1995（平成7）年から厚生省の老人保健福祉審議会に検討の場が移され、審議会からの最終報告が1996（平成8）年4月に提出された。6月に厚生省は「介護保険制度案大綱」をまとめ、同年11月に国会に介護保険法案を提出した。1年間の両院での審議の後、1997（平成9）年12月に「介護保険法」が成立した。同時に老人福祉法、老人保健法も、介護保険制度と整合するように改正が加えられた（2000年4月1日施行）。この改正により老人保健施設は介護保険法が規定する介護老人保健施設となった。

2000（平成12）年4月の介護保険制度導入に向けて、1999（平成11）年度中に全国の市町村は5年間（2000年度から2004年度）を計画期間とする介護保険事業計画を策定した。1999（平成11）年12月、各自治体の事業計画を総合して、新ゴールドプラン以降の「今後5か年間の高齢者保健福祉施策の方向」（通称ゴールドプラン21）が策定された。基本的な目標として、①活力ある高齢者像の構築、②高齢者の尊厳の確保と自立支援、③支え合う地域社会の形成、④利用者から信頼される介護サービスの確立の4つを掲げ、介護保険制度のもとで整備する在宅サービス、施設サービスの目標量も示した。ゴールドプラン、新ゴールドプラン、ゴールドプラン21に盛り込まれたサービス目標量を、表2-1にまとめた。

3．介護保険制度導入の背景

90年代の施策の概観を締めくくるにあたり、介護保険制度がなぜ構想されるに至ったか、その背景をおさえておこう。介護保険制度は、老人医療制度や老人福祉

表2-1　ゴールドプラン、新ゴールドプラン、ゴールドプラン21に盛り込まれた目標量

	ゴールドプラン （1999年度末＊）	新ゴールドプラン （1999年度末＊）	ゴールドプラン21 （2004年度末＊）
訪問系サービス			
訪問介護（ホームヘルパー数）	10万人	17万人	35万人（225百万時間）
訪問看護ステーション	－	5,000ヵ所	9,900ヵ所（44百万時間）
通所系サービス			
デイサービス・デイケア	1万ヵ所	1.7万ヵ所	2.6万ヵ所（105万回）
短期入所系サービス			
ショートステイ	5万床	6万人分	9.6万人分（4,785千週）
施設系サービス			
特別養護老人ホーム	24万床	29万人分	36万人分
介護老人保健施設	28万床	28万人分	29.7万人分
生活支援系サービス			
在宅介護支援センター	1万ヵ所	1万ヵ所	－
認知症高齢者グループホーム	－	－	3,200ヵ所
ケアハウス	10万人分	10万人分	10.5万人分
高齢者生活福祉センター	400ヵ所	400ヵ所	1,800ヵ所

＊目標年度　　　　　　　　　　　　　　　　　　　　　　　　　　　　　　（黒田作成）

> **column**
>
> **高齢社会対策基本法**
>
> 　1995（平成7）年11月「高齢社会対策基本法」が成立、12月から施行された。この法律は、参議院国民生活に関する調査会が立案し議員立法として提出されたものである。
>
> 　高齢社会に対応するさまざまな施策は、ひとつの省庁の枠を超えた総合的なものであることが必要である。このため、高齢社会対策基本法は、構築すべき社会の基本理念として「国民が生涯にわたって就業その他の多様な社会的活動に参加する機会が確保される公正で活力ある社会」「国民が生涯にわたって社会を構成する重要な一員として尊重され、地域社会が自立と連帯の精神に立脚して形成される社会」「国民が生涯にわたって健やかで充実した生活を営むことができる豊かな社会」を掲げ、国、地方公共団体の責務、国民の努力を定めるとともに、政府は高齢社会対策の指針となる「高齢社会対策の大綱」を定めなければならないとした。政府は毎年、国会に、高齢化の状況および政府が講じた高齢社会対策の実施の状況について報告書を提出しなければならない（なお、この報告書は、『高齢社会白書』として毎年刊行されている）。
>
> 　高齢社会対策基本法は、基本的施策として、「就業及び所得」「健康及び福祉」「学習及び社会参加」「生活環境」「調査研究等の推進」などの領域で国が施策を講じることを定め、また、内閣府に内閣総理大臣を会長とする「高齢社会対策会議」をおき、高齢社会対策について必要な関係行政機関相互の調整や対策に関する重要事項の審議を行うこととしている。

制度に内在する次のような問題を解消することを意図してつくられたものである。
① 従来の老人福祉制度は、市町村の措置としてサービスが給付されるもので、利用者側がサービスを選択することができない。また、利用料を決めるのに所得審査や家族調査を伴うことがあり、利用にあたって心理的抵抗感を抱く人がみられる。
② 福祉サービスは税を財源とする一般会計に依存するため、財政的コントロールが強く働き、結果として予算の伸びが抑制される傾向がみられる（特に1980年代にみられた傾向）。
③ 福祉サービスの基盤が弱いために、介護を理由とする一般病院への長期入院（社会的入院）が生じている。医学的に入院を要しない高齢者を医療がカバーすることは、医療本来の機能を歪めるだけでなく、医療費の効率的利用という点でも問題である。
④ 医療と福祉サービスが異なる制度のもとで提供されており、同程度の介護が必要な高齢者が、老人保健施設、老人病院、特別養護老人ホームといった異なる施設に入所している状況がある。在宅サービスも、各制度が縦割りで十分な連携がないため、高齢者のニーズに即した総合的なサービスの提供ができていない。

第5節　社会福祉基礎構造改革と介護保険制度の見直し

　介護保険制度の創設は、制度の性質上、福祉サービス全体の見直しへと波及するものである。このため、1990年代後半に社会福祉基礎構造改革とよばれる一連の改革について議論され、2000年代の前半に実施されることとなった。また、介護保険法そのものも施行5年後に見直されることになっていたため、介護保険制度見直しに関する議論も活発化した。ここでは、社会福祉基礎構造改革と2005年の介護保険法の改正について概況を述べ、さらに2011年の介護保険法改正の動きに触れることにする。

1．社会福祉基礎構造改革──措置から契約へ

　介護保険制度の導入により、老人福祉サービスの多くが介護保険を財源とする制度へと転換され、同時に、行政が職権でサービスの支給を決定するそれまでの措置制度から、利用者と事業者の契約によってサービスが開始される制度へと変わった。日本の社会福祉制度の基礎は昭和20年代に整備されたが、そのとき以来、基本的には福祉サービスは行政がその支給や内容を決定する措置制度に基づいて提供されてきた。福祉サービス提供者にとっては、サービスを提供することは行政からの委託であり、サービス利用者との間の直接の契約に基づくものではなかった。介護保険制度の導入によって老人福祉サービスがこうした措置制度から事業者との契約に基づく制度に変わることは、当然、福祉サービス全体の見直しにつながっていく。

　1997（平成9）年8月から、厚生省において、社会福祉事業、社会福祉法人制度、措置制度など社会福祉全体の基礎構造の見直しが開始され、1998（平成10）年6月、中央社会福祉審議会社会福祉基礎構造改革分科会により「社会福祉基礎構造改革について（中間まとめ）」が発表された。そこでは、「これからの社会福祉の目的は、個人が人としての尊厳をもって、家庭や地域の中で、その人らしい安心のある生活を送ることができるよう支援すること」であると規定し、戦後50年間維持してきた社会福祉の構造を抜本的に改革する方向性が示された。

　こうした制度改革の構想は、その後、厚生省において「社会福祉の増進のための社会福祉事業法等の一部を改正する等の法律」案としてとりまとめられ、2000（平成12）年3月に国会に提出され、同年6月に法律改正が成立した。これにより、「社会福祉事業法」は「社会福祉法」と改称され、①地域福祉権利擁護事業（福祉サービス利用援助事業）、苦情解決の仕組みの導入など利用者保護のための制度の創設、②事業者によるサービスの自己評価や情報公開などサービスの質の向上のための仕組み、③社会福祉事業の範囲の拡充、④社会福祉法人の設立要件の緩和、⑤地域福祉の推進などが盛り込まれた。また、「身体障害者福祉法」「知的障害者

福祉法」「児童福祉法」が改正され、障害者福祉サービスについて、サービス利用者が自らの意思と責任において利用したいサービスを選択し、その利用について市町村から利用者に対する支援費を支給する障害者支援費制度が導入された。この制度は、2003（平成15）年4月に施行された。実際の支援費は、利用者、サービス提供者、市町村の便宜のため、提供者が直接市町村から代理受領できる制度として運営された。

　2004（平成16）年には介護保険制度の見直しにあたって、障害者支援費制度を介護保険制度と一体化するかどうかが検討された。しかし、意見はまとまらず、結論を出すのは時期尚早だとされ先送りされた。そのかわり、2005（平成17）年10月に国会で成立した「障害者自立支援法」に基づき、障害福祉サービスは、身体障害、知的障害だけでなく精神障害の福祉サービスも含めて新たな制度体系のもとで実施されることになった。障害者自立支援法の主要な部分は、2006（平成18）年4月1日および10月1日に分けて施行された。

2．介護保険制度の見直しと2005年介護保険法改正

　介護保険制度の見直しは、2003（平成15）年から開始された。2003（平成15）年6月、厚生労働省老健局におかれた高齢者介護研究会が報告書「2015年の高齢者介護―高齢者の尊厳を支えるケアの確立に向けて」を発表した（2001年1月16日、厚生省と労働省が合併し厚生労働省となった）。この報告は、ゴールドプラン21の後の新たなプラン作成の方向性、中長期的な介護保険制度の課題や高齢者介護のあり方について、第1次ベビーブーム世代がすべて65歳以上になる2015（平成27）年までに実現すべきことを念頭におき、検討したものである。「高齢者の尊厳を支えるケア」の実現を基本にすえ、①介護予防・リハビリテーションの充実、②生活の継続性を維持するための新しい介護サービス体系、③認知症高齢者ケアのための新しいケアモデルの確立、④サービスの質の確保と向上の4つの領域を設定し、改革の方策を取り上げている。議論された方策は多岐にわたる。以下、それぞれの概要を整理する。

　①介護予防について：介護保険制度発足後3年間で要介護認定者数は大幅に増加したが、中でも要支援・要介護1という軽度の者の増加が著しい。しかし、これらの人で要介護度が改善した割合は少なく、介護保険制度では予防の効果が得られていないことが問題として指摘される。そこで、要支援者や軽度の要介護状態の人に対して、介護予防・リハビリテーションをより重視した別途のサービスやサービスの重点化を検討すべきである。

　②新しい介護サービス体系について：在宅で365日・24時間の安心を提供するには、日中の通い・一時的な宿泊・緊急時や夜間の訪問サービス・居住サービスなどを一体的・複合的に提供できる小規模・多機能サービス拠点が、利用者の生

活圏域ごとに整備されることが必要である。また、バリアフリー化され、緊急通報装置などを備えた住宅で、介護ニーズへの対応も可能なさまざまなかたちの「住まい」を用意し、早めの住み替えができるよう選択肢を用意すべきである。特別養護老人ホームでは、個別ケアを実現するためにユニットケア（p.50コラム参照）を導入する施設が増えつつあり、介護老人保健施設や介護療養型医療施設でもユニットケアを自主的に実施する施設が現れてきている。こうした方向性をさらに進めるとともに、施設の人的・物的資源を地域に展開できるよう、在宅サービスの拠点を施設外に設けて地域の高齢者を支援することが求められる（サテライト方式の通所介護拠点など）。なお、ケアマネジメントのさまざまな課題を改善するためには、ケアマネジャー（介護支援専門員）の資質の向上が必要である。また、介護以外の問題に対処しながら介護サービスを提供するには、介護保険サービスのほか、地域のさまざまな社会資源を統合した地域包括ケアを提供することが必要である。

　③認知症高齢者ケアについて：要介護認定のデータに基づけば、要介護高齢者の半数に認知症の影響が認められ（「認知症高齢者の日常生活自立度判定基準」でランクⅡ以上。自立度については第1章表1－7〈p.32〉参照）、施設の入所者では8割に認知症の影響が認められる。これからの高齢者介護においては、身体ケアだけではなく、認知症高齢者に対応したケアを標準として位置づけていくことが必要である。認知症高齢者グループホームが実践している「小規模な居住空間、なじみの人間関係、家庭的な雰囲気の中で、住み慣れた地域での生活を継続しながら、一人ひとりの生活のあり方を支援していく」という方法論は、グループホーム以外でも展開されるべきで、「小規模・多機能サービス拠点」「施設機能の地域展開」「ユニットケアの普及」は、認知症高齢者に対応したケアを求める観点から生み出されてきた方法論である。

　④サービスの質の確保について：サービスの質の確保のため、サービス効果の評価手法の確立、外部評価の導入、ケアの標準化、介護サービス従事者の資質の向上などが必要である。

　介護保険法は施行5年で見直すことになっていた。このため法改正に向けて2004（平成16）年7月、社会保障審議会介護保険部会から「介護保険制度の見直しに関する意見」が出された。見直しの基本的視点として、①制度の「持続可能性」、そのための給付の効率化と重点化、②予防重視型システム、③社会保障の総合化の観点による介護・年金・医療等各制度間の機能分担の明確化の3つをあげ、見直しの内容は「2015年の高齢者介護」における議論を発展させたものであった。2005（平成17）年の通常国会に介護保険法等の一部を改正する法律案が提出され、6月に成立し公布された。改正の内容は「介護保険制度の見直しに関する意見」に沿ったものであり、以下のような項目からなっていた。

> **column**
>
> **ユニットケア**
>
> 　ゴールドプラン21に、特別養護老人ホームにおいて、生活の質を改善する観点から、小集団の「グループケアユニット」によるケア環境整備を推進することが盛り込まれた。
> 　ユニットケアとは「特別養護老人ホームにおいて、居室をいくつかのグループケアユニットに分けてひとつの生活単位とし、少人数の家庭的な雰囲気の中でケアを行うものであり、10人程度の高齢者がひとつのユニットを構成する。グループごとに食堂や談話スペースなどの共用部分を設け、また職員の勤務形態もユニットごとに組むなど、施設の中に独立した小さな社会を設けて、家庭的な環境を作りだす試みといえる」(『平成12年版厚生白書』p.110)。
> 　2002(平成14)年度以降、厚生労働省は、新たに建設される特別養護老人ホームには、個室とユニットケアを組み合わせた新しい建築基準を適用して施設整備の補助を行うこととした。このような特別養護老人ホームは新型特養とよばれている。また、2003(平成15)年4月から導入された介護報酬の改定以降、新型特養に対しては、従来型の特別養護老人ホームとは異なった介護報酬が支払われることになった。

①これまで要支援状態に対して予防給付を行ってきたが、予防効果を発揮できていないことから、要支援状態を要支援1と要支援2の2区分とし、「新・予防給付」を創設した。

②施設給付に関して、在宅と施設の利用者負担の不均衡是正をはかる観点から、居住費用や食費について給付の範囲や水準を見直した。

③小規模多機能型居宅介護、夜間対応型訪問介護、認知症対応型共同生活介護などから構成される「地域密着型サービス」(利用が主として市町村の圏域内にとどまる地域に密着したサービス)を創設し、市町村長が事業者の指定・指導監督を行うこととした。市町村の介護保険事業計画策定においては、利用者の日常生活圏域単位に整備すべき地域密着型サービスの整備目標を定めることとした。

④地域における総合的なマネジメントを担う機関として「地域包括支援センター」を創設し、総合的な相談窓口機能、介護予防マネジメント機能などをもたせた。市町村は、高齢者が要支援状態、要介護状態になるのを予防する介護予防事業、地域包括支援センターが行う包括的支援事業などを含む「地域支援事業」を実施することになった。

⑤すべての事業者に対して情報開示の徹底をはかるため、介護情報の公表制度が設定された。介護情報について第三者機関による確認の仕組みを導入した。また、介護サービス事業者の指定更新制度の導入や介護支援専門員(ケアマネジャー)の資格の更新制度がつくられた。

　改正点のうち、②の施設サービス給付と住居費用や食費の見直しの部分は2005

(平成17) 年10月1日に施行され、その他の改正点は2006 (平成18) 年4月1日に施行された。

3．2011年および2014年の介護保険法改正

2005年の介護保険法の改正では5年後に介護保険法の見直しを行うこととなっていた。2011年の介護保険法の改正に向けて、2010 (平成22) 年3月「地域包括ケア研究会報告書」が公表された。この研究会は平成21年度老人保健健康増進等事業として実施されたものであり、本報告書の「地域包括ケアシステムの構築に向けた当面の改革の方向（提言）」には「24時間365日体制のケアシステムを地域単位で実現する『地域包括ケア』の構築を国の政策として明示し、国民の合意形成を図っていく」「日常生活圏域ごとにどのような支援を要する人がどの程度存在するかを的確に把握するための給付分析・ニーズ調査を実施のうえ、圏域ごとに必要なサービス量を盛り込んだ事業計画を策定すべき」「介護施設を一元化して最終的には住宅として位置づけ、必要なサービスを外部からも提供する仕組みとすべき」といった、「2015年の高齢者介護」での議論をさらに発展させる主張が盛り込まれていた。

介護保険法等を改正する法案は、2011年の通常国会に提出され成立し、6月22日に公布された（主要部分は2012年4月1日施行）。この改正により介護保険法には、国、地方公共団体が努力すべきこととして、新たに2つの条文が付け加えられた。すなわち、介護、予防、生活支援のサービスを医療、住まいに関する施策と連携させ包括的に推進すること（介護保険法第五条3）、および認知症の予防、診断治療、介護に関する調査研究の推進と成果の活用、支援する人材の確保と資質向上を図ること（介護保険法第五条の二）である。法改正の目的を、厚生労働省は「高齢者が住み慣れた地域で自立した生活を営めるよう、医療、介護、予防、住まい、生活支援サービスが切れ目なく提供される『地域包括ケアシステム』の構築に向けた取組を進める」ことと説明している。今後の高齢者の介護政策において、地域包括ケアシステムの確立と認知症対策の更なる推進が重要な柱だとされた。また、この改正により、単身・重度の要介護者等に対応できるよう、地域密着型サービスの中に24時間対応の定期巡回・随時対応サービスや小規模多機能型居宅介護と訪問看護の複合型サービスが新たに規定された。

認知症に対する施策の推進については、2008 (平成20) 年7月に厚生労働省から出された「認知症の医療と生活の質を高める緊急プロジェクト」報告書に基づき、諸施策が講じられてきていたが、2012年度以降に新たな展開がみられた。2012年6月には厚生労働省認知症疾患プロジェクトチームから「今後の認知症施策の方向性について」が出され、同年9月には「認知症施策推進5か年計画（オレンジプラン）」がまとめられ、新たな施策の推進予算が2013年度から組まれる

こととなった。オレンジプランは、以下の7つの項目から成っている。「1．標準的な認知症ケアパスの作成・普及」「2．早期診断・早期対応」「3．地域での生活を支える医療サービスの構築」「4．地域での生活を支える介護サービスの構築」「5．地域での日常生活・家族の支援の強化」「6．若年性認知症施策の強化」「7．医療・介護サービスを担う人材の育成」である。

　2013年8月には内閣に設置された社会保障改革国民会議が報告書をとりまとめた。その中では、地域包括ケアシステムを構築していくため、医療の見直しと介護の見直しを一体となって行う必要があることを述べ、「平成27年度からの介護保険事業計画を『地域包括ケア計画』と位置づける」「地域支援事業を再構築し、要支援者に対する介護予防給付について、市町村が地域の実情に応じ、住民主体の取組等を積極的に活用し、柔軟かつ効率的にサービスを提供できるよう、受け皿を確保しながら、段階的に新たな事業に移行する」といった提言を行った。また、介護保険制度改革として、「一定以上の所得のある利用者の負担は引き上げる」「食費や居住費についての補足給付の支給には資産を勘案する」「特別養護老人ホームは中重度者に重点化を図るとともに、デイサービスは重度化予防に効果がある給付への重点化を図る」「低所得者の1号保険料について軽減措置を拡充する」などの項目を挙げた。

　その後、社会保障審議会介護保険部会と医療部会において、それぞれ介護保険法改正および医療法改正にむけた議論と意見のとりまとめが行われ、2014年の通常国会に、介護保険法、医療法等を同時に改正する法案（「地域における医療及び介護の総合的な確保を推進するための関係法律の整備等に関する法律」）が提出され、6月18日に成立した。

　2014年の介護保険法改正（主要部分は2015年4月1日施行）では、地域包括ケアシステムの構築に向けて地域支援事業の見直しが行われた。地域支援事業は、保険者である市町村が、要介護状態の人に対する介護給付、要支援状態の人に対する予防給付とは別に、事業という形で実施するもので、高齢者ができるだけ地域で自立した日常生活を営むことができるよう支援するものである。この法律改正で、これまで要支援状態の人に対して個別給付として提供されていた介護予防訪問介護と介護予防通所介護を地域支援事業に移行させ、「介護予防・日常生活支援総合事業」の中で支援していくことになった。また地域支援事業の中に、「在宅医療・介護連携の推進事業」「認知症施策の推進」「地域ケア会議」等を新たに盛り込んだ。市町村の準備期間を考慮して、できるところから順次実施することとし、2018年度には全ての市町村で実施することになる。2014年の介護保険法改正では、このほかにも、介護老人福祉施設（特別養護老人ホーム）の入所を原則的に要介護3以上の者に重点化することや、介護給付および予防給付について高所得の第1号被保険者では利用者負担割合をこれまでの1割から2割とすることなどが盛り込まれた。

改正介護保険法が施行された2015年4月1日に先立つ同年1月27日には、「認知症施策推進総合戦略〜認知症高齢者等にやさしい地域づくりに向けて〜」（新オレンジプラン）が公表された。これは厚生労働省が2013年度から進めてきた「認知症施策推進5カ年計画（オレンジプラン）」を更新するもので、首相官邸で認知症対策を協議する関係閣僚会議において、省庁横断で取り組む総合戦略としてまとめたものである。「Ⅰ．認知症への理解を深めるための普及・啓発の推進」「Ⅱ．認知症の容態に応じた適時・適切な医療・介護等の提供」「Ⅲ．若年性認知症施策の強化」「Ⅳ．認知症の人の介護者への支援」「Ⅴ．認知症の人を含む高齢者にやさしい地域づくりの推進」「Ⅵ．認知症の予防法、診断法、治療法、リハビリテーションモデル、介護モデル等の研究開発及びその成果の普及の推進」「Ⅶ．認知症の人やその家族の視点の重視」の7つの柱から構成されている。

【参考文献】
（1）永和良之助編著『高齢者福祉論』高菅出版、2002年。
（2）古川孝順『社会福祉学』誠信書房、2002年。
（3）厚生労働統計協会編『厚生の指標・増刊　国民の福祉と介護の動向（2015／2016）』厚生労働統計協会、2015年。
（4）地域包括ケア研究会「地域包括ケア研究会報告書」平成21年度老人保健健康増進等事業による研究報告書、2010年。

第3章　介護の理念と実際

第1節　介護の理念

1.「介護」とは

1）法制度からみた介護

　福祉用語辞典では、介護は「身体的・精神的障害のために日常生活に支障がある場合に、日常生活行動の介助や身の回りの世話をすることをいう」[1]としている。

　介護を専門職業として定義したのが「社会福祉士法及び介護福祉士法」(1987年制定)である。その第2条第2項の定義規定の中で、介護福祉士とは、「専門的知識および技術を持って、身体上又は精神上の障害があることにより日常生活を営むのに支障がある者につき入浴、排せつ、食事その他の介護を行い、並びにその者およびその介護者に対して介護に関する指導を行うこと(以下「介護等」という。)を業とする者」と定め、介護を入浴、排せつ、食事その他の日常生活の支援をすることとした。その後、2007(平成19)年の本法改正で、それまで3大介護を例示として取り上げ「入浴、排せつ、食事その他の介護」となっていた部分を、「心身の状況に応じた介護」に改め、身体介護に特化されていた介護のイメージから心と体の両方が介護の対象であることを明確に打ち出した。このことによって介護福祉士が業とする介護の範囲(幅)が広がったといえる。

　さらに義務規定の中に新たに「誠実義務」が加えられ「社会福祉士および介護福祉士は、その担当する者が個人の尊厳を保持し、その有する能力および適正に応じ自立した日常生活を営むことができるよう、常にその者の立場に立って、誠実にその業務を行わなければならない。」としている。つまり、介護福祉士の業務として、「個人の尊厳を保持」し「自立支援」という立場から介護を行っていくということが明確に打ち出されたことになる。

2）「求められる介護福祉士像」からみた介護

　2003(平成15)年6月、厚生労働省老健局長の私的研究会である高齢者介護研究会により「2015年の高齢者介護―高齢者の尊厳を支えるケアの確立に向けて」の報告書がまとめられた。その中で、①介護予防・リハビリの充実、②生活の継続性を維持するための新しい介護サービス体系の確立、③認知症高齢者ケアの確

表3-1 求められる介護福祉士像

① 「尊厳を支えるケア」の実践
② 現場で必要とされる実践的能力
③ 自立支援を重視し、これからの介護ニーズ・政策にも対応できる
④ 施設・地域（在宅）を通じた汎用性ある能力
⑤ 心理的・社会的支援の重視
⑥ 「予防」から「リハビリテーション」「看取り」まで、利用者の状態の変化に対応できる
⑦ 他職種との協働によるチームケア
⑧ 一人でも基本的な対応ができる
⑨ 「個別ケア」の実践
⑩ 利用者・家族、チームに対するコミュニケーション能力や的確な記録・記述力
⑪ 関連領域の基本的な理解
⑫ 高い倫理性の保持

立、④サービスの質の確保と向上の4点の課題が挙げられた。そして、この4点の課題を達成するため介護の専門職である介護福祉士が行う介護として2006（平成18）年1月、「介護福祉士の在り方およびその養成プロセスの見直し等に関する検討会」の報告書で、「求められる介護福祉士像」12項目（表3-1）が示された。

それによって、介護の基本理念である「尊厳を支えるケア」、そして「自立支援」「高い倫理性の保持」「個別ケア」に加え「予防」から「リハビリテーション」「看取り」まで、幅広い介護ニーズへの対応が求められるようになったといえる。

3）介護の概念

以上のことから「介護」とは、「個人の尊厳」「自立支援」を基本理念として、「介護予防」から「リハビリテーション」「看取り」に至る幅広い範囲の中で、一時的または長期的に心身に不自由が生じたために、食事、入浴、排泄、移動などの日常生活上の行為が自力でできない人に対して、生活の質（Quality of Life：QOL）の向上のために、心身の状況に合わせて直接的かつ具体的にその行為を代行したり、補ったり、その人の考えを引き出し一緒に考えていく等の支援を行うことであるといえる。

4）介護の目的と対象

(1) 介護の目的

介護の目的は、介護を必要とする人が、自分の能力を活用しながらその人らしく尊厳を持って生きられるように、生活の質（QOL）の向上を図ることにある。では、質の高い生活とはどのような生活であるのか。このことに対して、橋本が[2]「一人ひとりの価値観や生き方が周りの人から受け入れられ、求めている生活が実現したとき、強い充実感や満足感を抱くことができるのです。言い換えるならば、それぞれの意思によって選んだ、その人らしい生活が実現することである」と述べているように、「質の高い生活」とはその人らしさの実現にあると考える。つまり、介護の目的は、その人らしさの実現のために、介護を必要とする人が、

自分の能力を活用しながらその人らしく尊厳を持って生きられるように支援することであるといえる。

(2) 介護の対象

介護というと高齢者のイメージが強いが、上記でもわかるように実際には、子供から高齢者まですべての年齢層の中で、日常生活を営むのに不自由な状態にある人が対象ということになる。具体的には、病気や障害のある人、虚弱な人、認知症のある人、終末期にある人などである。また、介護福祉士の業務からみると介護の対象には、その人を介護している人（介護者）も入るが、介護保険法や障害者自立支援法では、介護サービスの利用者が対象になると限定されている。

5) 介護の原則

澤田は、「介護は、介護を必要とする人々が幸せになる可能性を求め、尊厳を持って人生を全うできるように生活を支え続けること、生活課題に主体的に向き合い自分らしく生きられる自立を支援すること、効率的な介護を展開すること、かけがえのない命を尊重することを原則とする」[3]と述べている。こうした原則を実践していくために必要なこととして、以下の7項目を考察する。

(1) 個別ケアの実践

身体的側面、精神的側面、その人の生きてきた歴史、人間関係、社会関係にまで広げて全体的に把握し、そこから生じるさまざまな生活障害に対するニーズを理解することが大切である。

(2) ライフスタイル、価値観の違いを認める

それまで暮らしてきた環境や生活習慣は、個人個人で違っているのが当たり前であり、その個別性を理解し、価値観のすり合わせをしながら支援していくことが重要である。

(3) 自己決定の尊重

主体的な生活を支援するためには、自分の行動を自分で決めることができるような支援が必要であり、そのためには、本人の意思や希望を確かめ、相談しながらその人にあった方法を決定できるように支援することが大切である。

(4) 信頼関係を基盤とした対等な協働関係

信頼関係を基盤として、目標達成のために利用者とともにあり、対等な関係で課題解決に向けて取り組む姿勢が重要である。

(5) 安全・安楽な介護技術

　自立を支援する介護では、その過程で転倒等の事故になる危険性もはらんでいる。しかし、そうしたリスクに気づく能力、根拠に基づく適切な技術等を提供できるよう知識・技術の習得を心掛ける必要がある。

(6) 予防の視点

　介護を必要とする人の潜在能力を引き出し、活用・発揮できるような支援のあり方が求められている。

(7) 家族や社会との交流を深める

　「社会福祉士及び介護福祉士法」では「介護者に対して介護に関する指導を行うこと」も介護福祉士の業として規定されている。家族は支援者のキーパーソンだが、家族には家族の生活があることを念頭に、家族や近隣の人々との交流の中で生きることの喜びを感じられるような支援が重要である。

2．介護予防

1) 今なぜ介護予防か

　「ヘルシーピープル2000」は、米国民全員の健康を願って、米国政府や研究機関、民間団体が一体となり、10年単位で推進する健康政策である。日本では、「健康日本21」がこれにあたる。

　健康日本21の基本方針の一つに「一次予防（生活習慣を改善して健康を増進し、生活習慣病等を予防すること）の重視」が挙げられている。これは、近年の人口の急速な高齢化とともに生活習慣病や、これに起因して認知症、寝たきりなどの要介護状態等になる高齢者が増加しており、深刻な社会問題となっているからである。このような人口の高齢化および疾病構造の変化から考え、すべての国民が健やかで心豊かに生活できる、活力ある社会とするためには、従来の疾病予防の中心であった「二次予防」（健康診査等による早期発見・早期治療）や「三次予防」（疾病が発症した後、必要な治療を受け、機能の維持・回復を図ること）に留まることなく、「一次予防」に重点を置いた対策を強力に推進して、壮年期死亡の減少および健康で自立して暮らすことができる期間（以下「健康寿命」という）の延伸等を図っていくことの重要性がいわれるようになった。

　若い頃からの生活習慣病対策は、長い目で見ていくと健康寿命を延ばすという観点からは介護予防といえる。図3－1のように保健事業における一次予防、二次予防の生活習慣病予防、そして三次予防として介護予防が位置づけられる。つまり、介護保険で取り組まれている介護の予防と保健、医療として取り組まれてきた生活習慣病予防とを、別々ではなく、車の両輪ととらえて一体化して進めて

図3-1　高齢期の医療を踏まえた若年期からの保健事業の必要性

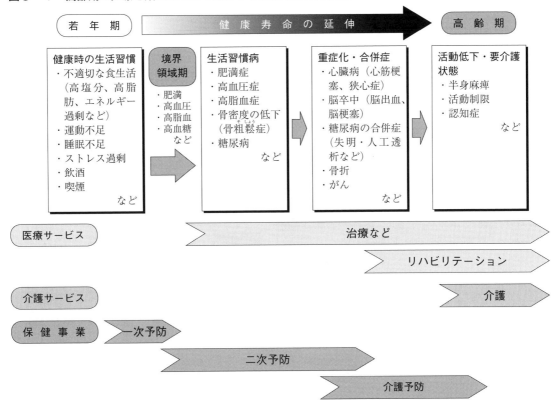

一次予防：生活習慣を改善して健康を増進し、生活習慣病などの発病を予防すること
二次予防：健康診査などによる疾病の早期発見および早期治療のこと
※「国民の健康の増進の総合的な推進を図るための基本的な方針」（H15.4.30厚生労働省告示第195号に基づく定義）

いくことが求められてきた。

2）介護保険と介護予防

(1) 介護予防の基本的な考え方

　介護予防とは、①高齢者が要介護状態になることをできる限り防ぐ（発生を予防する）こと、②要介護状態になっても状態がそれ以上に悪化しないようにする（維持・改善を図る）ことである。すなわち、生活上のさまざまな課題を抱える高齢者に対して、適切な支援を行うことにより、要支援・要介護状態の予防やその重症化の予防、改善を図るものである。

　1997年（平成9年）に、従来の保健・医療・福祉の個別施策に分かれていたサービスを一体化し、身近な市町村を保険者として、「利用者本位」「高齢者の自立支援」「利用者による選択（自己決定）」を基本理念に制定されたのが介護保険制度である。

　このように、発足当初から介護予防の重要性がいわれてきたが、実際には介護保険法の施行後も、重度者に比べ要支援、要介護1などの軽度者の増加率が大き

図3-2 要介護度別・介護が必要になった原因割合

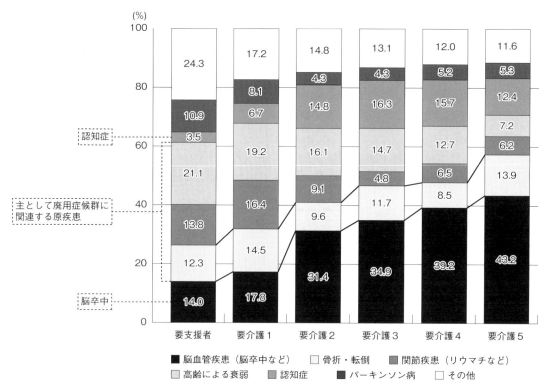

出典）厚生労働省「国民生活基礎調査」（2001年）から厚生労働省老健局老人保健課において特別集計（調査対象者：4,534人）

く、介護保険サービスが軽度者の状態の改善・悪化防止に必ずしもつながっていないのではないかとの指摘があった。その理由は、図3-2の「要介護度別・介護が必要になった原因割合」に示すとおり、要介護4・5の重度者では「脳卒中」や「認知症」を要介護の原因とする場合が多く、要支援1・2等の軽度者の低下の原因は、「廃用症候群を原因とする原疾患」が多い。この廃用症候群とは、筋骨格系疾患等のように、廃用（使わないこと、生活の不活発、安静）で起こるものである。下肢機能の低下や栄養状態の悪化による生活機能の低下、環境変化をきっかけとした閉じこもりなどが引き金となっている場合が多く、適切な対応により状態の悪化予防、または改善の可能性が期待されるものである。そのため、2006年の改正介護保険制度から、廃用症候群を対象にした対策を早期に行って廃用症候群を予防する、そして治していくということに力点が置かれることになった。

(2) これからの介護予防

廃用症候群予防のための短期集中訓練によって筋力が回復し、活動性も上がった、という報告がある中で、活動性が上がっても行く所もなく家で過ごすことが多く回復した筋力が元に戻ったと言う人も少なくない。また、この要因には、これまで介護予防は介護予防、生活支援は生活支援、社会参加は社会参加という形

図3-3　予防重視型システムの全体像

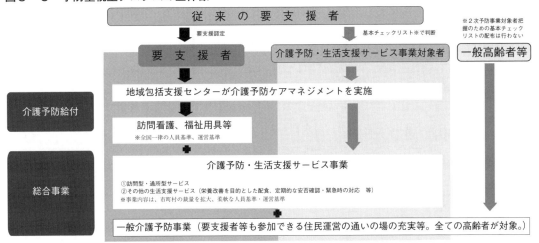

出典）厚生労働省老健局振興課「介護予防・日常生活支援総合事業ガイドライン（概要）」より

でバラバラに捉えられていたことが挙げられる。社会参加、生活支援、介護予防は相互に重なり合う部分が非常に多く、役割をもって地域で活動に参加していくこと自体が介護予防につながると考えられる。そして、2015年の介護保険改正では、要支援の訪問介護と通所介護が予防給付から総合事業に移行された。この背景には、市町村が地域の実情に応じ、住民主体の取り組みを含め、多様な主体による柔軟な取り組みにより、効果的かつ効率的にサービスを提供できるよう、地域支援事業の形式に見直されたという経緯がある。つまり、今後は、できるだけ一般介護予防事業における地域での活動を生かして、一般高齢者、要支援者を含む虚弱高齢者や要介護者も入り混じるような身近に立ち寄れる場、通える場を作っていく。支える人支えられる人という画一的な関係性ではなく、地域とのつながりを維持しながら、個々の能力に応じた柔軟な支援を受けていくことで、自立意欲の向上につなげていくことが期待される。

(3) 介護予防のポイント
①自立した日常生活の先にある生活の質（QOL）の向上を目指す
　介護予防とは、単に高齢者の運動機能や栄養状態といった特定の機能の改善だけを目指すものではなく、心身機能の改善や環境調整などを通じて、一人ひとりの高齢者ができる限り要介護状態にならないで自立した日常生活を営むことができるよう支援することを目的に行われる。一人ひとりの生きがいや自己実現のための取り組みを総合的に支援することによって、生活の質（QOL）の向上を目指すものである。
②介護予防サービスを自己目的化させない
　これまではともすると手段と目的が逆転して、訓練のための訓練が横行すると

いう事態が生じているといわれていた。このことから目的は自立を支援し、QOLの向上を目指すことを常に意識して取り組むことが重要である。

③利用者の意欲が高まるように働きかけを行う

介護予防は、何よりも利用者の主体的な取り組みが不可欠であり、それがなければ十分な効果も期待できない。このため、利用者の意欲が高まるよう、コミュニケーションの取り方をはじめ、さまざまな工夫をして意欲喚起につながるような働きかけを行うことが求められる。

④利用者の自立の可能性を最大限に引き出す支援

介護予防では、特に利用者ができないことを単に補うサービス提供は、かえって利用者の自立の意欲や生活機能の低下を引き起こし、サービスへの依存を生み出す場合がある。そのため、残存能力の活用、「利用者の自立の可能性を最大限に引き出す支援を行う」ことを基本として、利用者のできる能力を阻害するような不適切なサービスを提供しないよう配慮することも大切である。

⑤介護予防に地域社会全体で取り組む体制づくり

介護予防の効果を発揮するためには、単に一人ひとりに対する支援にとどまらず、保健・医療・福祉諸機関などが協働できる社会環境の整備も重要である。住民主導で地域において介護予防に役立つ自主的な活動を広め、地域社会全体で生活環境等の整備や、地域ケア体制づくりなどに取り組むことで、介護予防に向けた取り組みが積極的に実施される地域社会の構築を目指すことが重要である。

第2節　介護過程

1. 介護過程の意義

介護は、加齢や病気などから起こる心身の障害によって日常生活に支障が生じることから、その必要性が起きる。そして、介護を必要とする人に対して適時・適切に行われなければならないものである。介護を必要とする人の健康状態や心身の状況などを把握し、必要とする援助を的確に提供するために、計画的に根拠に基づいた介護を展開することが求められている。

「介護過程」の教育は、1999（平成11）年の「福祉専門職の教育課程等に関する検討会報告書」を受けて2000（平成12）年度から介護福祉士養成教育に導入され、2006（平成18）年の「介護福祉士のあり方およびその養成プロセスの見直し等に関する検討会報告書」を受けた介護福祉士養成教育のカリキュラム改正により、領域「介護」の中に新たに設けられている。

日常生活の中で生じる生活障害は、さまざまな要素が絡み合っている。介護サービスの提供には、本人の生活への意思を最も尊重し、本人や家族、関係する専門職から話を聞き、具体的な生活支援の目標と方法についてさまざまな観点か

らアセスメントし、介護計画を立て、実践し、評価するという、一連の思考と実践の過程が必要となってくる。

介護過程は、「介護の目的を成し遂げるために専門的かつ科学的方法によって介護上の問題あるいは、課題を明確にし、解決あるいは支援するための方法を計画し、実施・評価するための一連の思考過程」[4]であるといわれている。

介護過程は、介護を必要とする一人ひとりが自分の望む生活を実現するために、思考と実践を繰り返しながら、よりよい介護サービスと自立した生活支援に向けて、アセスメント→介護計画の立案→介護計画の実施→実施した介護計画の評価という一連の流れで展開される。介護過程を用いることで、介護を必要とする一人ひとりのニーズに適した質の高いケアが提供できる。

介護職は、介護実践において介護が必要な人の生活の質（QOL）の向上や日常生活動作（ADL）の維持・向上に役立っているか、社会的に課題はないかを評価・検討し、介護目標や援助の内容、方法等についての客観的妥当性を説明できる知識と能力が必要となる。

国際生活機能分類（international classification of functioning, disability and health：ICF）が、生活機能に含めている概念は、「心身機能・構造」「活動」「参加」の3つのレベルで示されている。この生活機能に支障が生じた状態が「障害」である。これまでの3つに分類された障害のレベル（「機能障害」「能力障害」「社会的不利」）の構造から、できないこと（マイナス面）だけでなく、プラスの面のアプローチについての根拠も包括した考え方となった。心身機能に障害を持ち、生活に支障があり、マイナス要因が生じている利用者に「活動」「参加」という新たな概念で個人の生活課題を社会的に解決していこうとするものである。ICFにおける「活動」「参加」の領域は、生きる豊かさやより良い生活を求める重要な要素であり、QOLの向上と自立支援に大きく関わるものといえる。

介護を行ううえで、なぜ介護過程の教育が必要なのか、その理由を考えてみる。

①利用者個々の自己決定を支援するため

介護保険制度の基本的な理念として、利用者の尊厳の保持と自立支援が挙げられており、その介護は、利用者個々の価値観や生活スタイルに対して、それぞれの状況や望みを尊重した日常生活への支援を目指すものである。それは身体的側面だけでなく、心理的側面も社会生活への適応や参加も視野に入れた支援である。

個々の身体上の状況や心理的状況、社会的環境が異なるため、一人ひとりの目指す目標もさまざまである。その中で生活上の課題を解決し、個々の目指す生活の目標に向けた支援をするためには、個別の状況について総合的な観点からの介護が必要となる。利用者が自己決定するための十分な説明ができるよう介護過程を展開して、介護の根拠を明確にしておかなければならない。利用者が何を求め、何を目標として生活しているのかを理解して、一人ひとりの利用者の、より良い生活の向上を図り、自己実現に向けて援助することが求められる。介護過程は、

利用者の生活課題を解決するための方法であり、目的は、介護を必要とする利用者の生活意欲を高める、利用者本位の介護を目指すことにある。

　②多職種連携によるチームケアの介護支援を実現するため

　病気や障害、加齢などに伴い日常生活に支障をきたし、介護が必要になる利用者には、多くの専門職が関わってくる。介護職の他に医師、看護師、理学療法士、作業療法士、言語聴覚士、栄養士、社会福祉士、福祉関係職、福祉機器関連業者、建築関係者など、多くの関連する職種が協働し、利用者の目指す生活への援助を構築していく。それぞれの専門的な立場から意見や情報を交換し、援助の目的を共有化することによって連携はスムーズになる。利用者の望む生活目標は多岐にわたっており、介護過程では多職種がケアチームのメンバーの一員として連携し、目標達成に向けた共通した意識統一を図ることが求められる。

　③介護の専門性と標準化を図るため

　介護の現場は、多くの専門職と非専門職が連携して利用者の生活支援をしている。より高い介護の専門性が求められるようになり、厚生労働省は、2009（平成21）年より介護福祉士養成カリキュラムを改正した。介護福祉士資格取得時の目標として「介護を必要とする幅広い利用者に対する基本的な介護を提供できる能力」としている。さらに介護サービスの中心的役割を担う人材として「求められる介護福祉士像」12項目（表3－1）を挙げている。

　介護職は利用者の生活上の課題解決のために、介護上の専門知識、技術を駆使して介護を実践するが、介護を必要とする利用者の背景には、身体的、心理・社会的な要因があるため、生活上の課題も個別性がある。利用者の一人ひとりに配慮した生活課題の解決が図られ、個々の生活の質が保障されるためには、その介護内容や総合的な解決能力も問われることになる。介護職が生活支援の専門職であることを証明し、利用者から信頼を得て、支援に関わるためには、この介護過程を十分に理解し、技術を身に付ける必要がある。そのことにより、課題解決のための利用者理解が深まり、分析能力や解決能力が養われることになる。つまり、介護職の介護の質が標準化され、一定の水準を保つことにもつながるのである。これは結果として、利用者にとっても安定したQOLの保障につながることになる。

2．介護過程の概要

1）介護過程の概要

　介護過程は、生活支援に関する知識、技術、方法等を用いて、利用者の個々に配慮したサービスを提供し、身体、心理、環境を含む生活上の課題について解決の方法を見いだし支援していく一連の過程である。そして、根拠に基づく理論的な課題解決型の思考過程である。介護保険の介護過程は、介護支援専門員（ケアマネジャー）が策定した介護サービス計画書（ケアプラン）を実施する段階で、生

活課題に沿って介護サービスの具体的援助計画を立案し、実施していく過程である（図３−４）。

介護過程を展開する上で重要なことは、利用者と良好な関係を築くことである。利用者の生活上の課題を明確にし、解決していく過程において、利用者との信頼関係がなければ真の生活ニーズを見出すことはできない。介護職の一方的な考えではなく、対等な関係を構築することによって支援の関係が成立する。単に生活上の食事、入浴、排泄の介助を行うだけでなく、利用者らしい生活を重んじ、利用者の意思を尊重し、介護が必要になってもその人らしい生活を可能とする介護支援でなければならない。

介護過程は、直接関わる介護職だけでなく、連携する他職種と協働する中でより深く生活上の課題解決を図ることができる。また、利用者や家族にとって、より良い生活を実現する目標を明確にすることによって、生活課題に対する自発的な解決意欲が生まれ、QOLの向上が図られる。介護過程を通して利用者と介護職を含むケアチームの関係性がつくられていくともいえる。

図３−４　ケアマネジメントと介護過程の関係

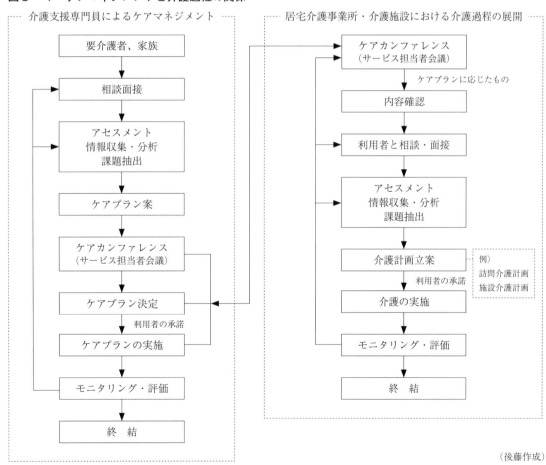

（後藤作成）

2）介護過程のプロセス

　介護過程は、利用者個々の生活上の課題を解決するための理論的な手法であり、利用者の状況から生活上の課題を抽出するために一連の過程（プロセス）をたどる。その過程は根拠に基づいて展開される必要があることから、解決に向け、以下の段階を踏んで実施される。①相談・面接→②アセスメント→③介護計画立案→④介護計画の実施→⑤介護計画実施後の評価の流れである。概略を以下に示す。

　①相談・面接：介護を必要とする人と介護職が人間関係をつくる場面である。最初の出会いは重要な意味を持ち、利用者が本音を語ってくれるような信頼関係を築くことが、介護過程を左右する重要なポイントとなる。

　②アセスメント：情報収集・分析、生活課題の明確化などを行う。情報収集は、利用者を取り巻くあらゆる側面から、身体面、心理面、社会面、家族や地域なども含めた環境面、生活全般の情報を収集し、分類する。

　情報の分析・解釈は、利用者の情報を整理し、利用者が求めている生活上の課題を総合的な観点から分析し、その根拠を明確にすることである。情報にどのような意味があるのかを考え、多面的・総合的な分析結果から生活ニーズを明確にしていく。また、必要性の高いものから目標の設定を行う。

　③介護計画：アセスメントにより、明確になった生活課題を解決するために、どのような解決方法があるかを具体的に計画することである。まず、目標を設定する。利用者が望む生活が実現できるように長期目標および短期目標を設定する。目標達成の内容は、より具体的なものでなければならない。利用者や本人の意思に沿ったものであり、利用者本人や介護職が実施可能なものでなければならない。また、期間を決め、実施後の結果を予測しておくことが、後に評価する上で重要である。

　④実施：立案した介護計画を利用者とともに実施することである。目的を持って実践し、評価しながらサービスの提供に取り組む必要がある。介護職はチーム全体のそれぞれの役割と責任を持って計画を実施する。

　⑤評価：介護計画に基づいて実施した介護が利用者の生活課題を解決し、利用者の期待する目標に到達したかどうかを評価することである。この時点で目標に到達していない場合は、その原因を探り、目標の見直し、または情報の再収集（必要時）やアセスメントの段階に戻り、再評価するという過程を繰り返す。

　このように介護過程は、より良い生活に向けた課題の改善において、目標の達成が確認できるまで、このサイクルを繰り返すことになる。

3）介護過程におけるアセスメント

　介護過程におけるアセスメントは、介護福祉用語の解説では、「介護場面においては介護の目的達成のため、介護福祉利用者がどのような課題をもち、どのよう

な援助を求めているかを明らかにすること」とされている。「事前評価」や「課題分析」と訳されることもあるが、そのままアセスメントとされることも多い。

アセスメントは、情報収集・分析、援助の方向を検討する過程を指している。

(1) 情報収集
①客観的情報と主観的情報

対象となる利用者の情報には、客観的な情報と主観的な情報がある。客観的な情報としては、検査結果（血液検査、尿検査など）、測定結果（血圧、体温、脈拍、身長、体重など）、また、看護師、理学療法士、作業療法士、栄養士など専門職からの情報がある。

一方、主観的な情報は、利用者本人の快・不快、痛み、苦しみ、楽しみといった気分や感情の情報がある。これらは、その時々で変化するものであるが、本人の内面的な情報であり、利用者が発した言葉としてとらえて、その情報を記録する。

全て情報について情報源、日付を明記しておくと介護計画立案の参考となる。

②情報収集の方法

情報は、アセスメントを適切に行う上で重要であり、介護計画立案に大きな影響を及ぼすものである。そのため、事実に基づいた正確な情報収集が必要となる。また、情報の範囲は多岐にわたるため、情報を包括的にとらえ整理するという過程を経なければ、正確なアセスメントにはつながらない。情報収集といってもやみくもに集めればよいものではない。情報収集は、利用者との日々の関わりの中で、観察や面接を通して「ふらつきがある」「無口になった」「食事が進まない」などの気づきから行われる。観察をする場合は、何のために行い、何を観察しているのかという目的で、介護職の五感（見る、聴く、嗅ぐ、味わう、触れる）を使ってする。しかし、介護職は、これまでの体験や高齢者のイメージ、家族からの情報によって、往々にして先入観を持ちやすい環境にある。したがって、事実に基づいた情報であるかどうか、介護職の先入観がないかどうか、継続した観察や面接の中から情報の信頼性を確認することが重要である。

また、面接を通して情報を収集する場合でも同様に、介護職のコミュニケーション技術や面接技術が未熟である場合には、調査的、評価的態度で接することになってしまいがちである。常に支持的な環境のもとで、共感的な態度で接する面接技法を身に付け、情報の収集にあたることが必要である。

情報を収集する上で注意すべきことは、高齢者、障害者像に縛られないということである。先入観を持ってしまうと、情報そのものが最初の段階からイメージされたかたちで提示される危険性がある。

(2) 情報の分析・判断
①生活課題の抽出

　利用者に関するすべての情報が整理されると、次は、その情報を基に利用者の抱える生活上の課題を明確にしていくことになる。この過程が最も重要であり、経験を積み重ねた介護の判断能力が求められる。この段階で的確な分析がなされなければ、利用者にとっての生活課題が解決しえないのである。利用者に関する情報は、単一ではなく複数の情報から整理して判断することになる。時間経過に沿った整理や因果関係などから分析して、利用者の生活像をイメージし、情報の関係に矛盾がないように判断していくのである。

　利用者の生活課題の抽出過程では、生活行動場面であるなら、利用者の身体的な状況に関する客観的な情報と、生活環境の情報から、多面的視点で分析・判断する。利用者のADLやIADL機能評価、使用している福祉機器や生活場面の環境および生活意欲など詳細に分析・判断する。

　また、利用者の日常生活を理解し、生活に支障となる原因に対し、利用者のQOLを高める観点から生活課題の解決の方向性を見出していかなければならない。現在の生活をどのようにとらえ、今後どのように生活しようとしているのかという本人の意思を最大限に尊重し、生活意欲を高める課題解決を図る。

②生活課題の根拠の明確化

　利用者に関する情報を分析し、その生活課題を解決するために、どのような介護が必要であるかを判断する際には、なぜその方法が適切であるかの根拠を示すことが必要である。介護現場では、複数の介護職員、その他の専門職として看護師、理学療法士、栄養士、社会福祉士などの多職種が利用者に関わる。それぞれの解釈で利用者に関わることは、一貫したケアとはならず、その場の支援にすぎない。正確な情報から現状を把握し、どのような生活上の課題があるのか、また、今後の予測される事象についても根拠を持って証明していくことが必要なのである。

　例えば、「食事が進まない」という利用者について考えると、具体的にどの程度食事が摂取されているのか、体重の変化はどうかといった情報が必要となる。食事が進まないことの要因として、口腔内（義歯）のトラブル、食事の嗜好、便秘、間食を摂っているなどが考えられ、それらに関係する情報を収集し、分析していく。このまま食事が進まない状況が続くとどのようなことが起きてくるのかについても予測してみる。「食事が進まない」という現象からその背景となる要因を分析し、解決のために支援方法の根拠を明らかにしていくのである。

　アセスメントに必要なさまざまな手法が開発され、漏れや見落としを防ぐ情報収集と、ニーズ抽出を支援するツールとして活用されている。

4）介護計画立案
(1) 介護目標と期間

アセスメントの結果から、利用者の解決すべき生活課題と今後の解決方法が確認できると、介護計画を立案する。介護計画は、介護にあたるチーム全体が、同じ目標を目指して介護活動にあたることになる。

介護の最終的な目標は、利用者が望む、その人らしい生活を目指すことである。介護計画には、以下に示す内容が明記されている。①総合的な援助の方針と期間、②生活全般の解決すべき課題（ニーズ）、③長期目標と期間、④短期目標と期間、⑤援助方法の5点である。

介護計画の長期目標は、生活全般の解決すべき課題が解決された状態を表現する。利用者が期待する結果を示すものであるから、利用者を主語にして「〜する」「〜できる」「〜の状態になる」という目標にする。例えば「転倒せず安全に過ごすことができる」といった表現である。短期目標がそれぞれ達成し、積み上げられた状態が表される。長期目標の期間は、解決すべき課題が解決する時期を予測して設定することになる。現状維持をニーズとした場合は、あらかじめ6か月後または1年後に定め、その時期までどの程度期待できるか予測して内容を決める。

短期目標は、長期目標の達成を目指して段階的に定めた目標であり、一つの長期目標に対して複数の短期目標となることが多い。「転倒せず安全に過ごすことができる」という長期目標についてみると、短期目標では「杖を使用できる」や「移動距離が延びる」などが挙げられ、具体的な援助の内容として介護職による「杖歩行時に見守り、場合によっては車いすを使用する」や、作業療法士による「立位訓練や平衡棒による歩行訓練」などになる。課題の内容により解決までの期間はさまざまであるため、それぞれの評価日を設定しておくとよい。

介護計画は、利用者の意思が反映され、実行可能なもので利用者、援助者の双方に分かりやすいものでなければならない。

(2) 介護計画の援助方法

介護計画は介護のチームで共有され、メンバーのだれがみても分かる必要がある。介護計画立案に際しては、利用者が参加し、利用者自身が納得できること、また利用者の目指す方向と同じ方向に向けて支援できる介護計画が必要である。

介護計画立案の留意点は、次のとおりである。

①生活課題の優先度を決める

利用者にとっての生活課題は、複数が抽出されることのほうが多い。その場合には、専門的見地から内容を確認し、緊急性の高いものから取り組めるように優先順位を考える。

②現実に実行可能な介護計画であること

現実に実践できなければ役に立たない計画となるので、あらかじめ実践可能か

どうかを検討し、効果的で現実的な援助方法で、利用者の目指す生活に到達することを計画に反映させる。そのためには、利用者自身の同意だけでなく、内容によっては家族の同意を必要とする場合もある。

③多職種との連携が図られていること

介護支援専門員のほか、多職種との連携が図られていなければならない。そのため依頼内容や連絡すべき内容についても援助方法に記入する必要がある。

④5W1Hを含み明示されていること

介護計画は、介護チームの指示書になるので、すぐに実践できるように、5W1H（いつ〈when〉、どこで〈where〉、だれが〈who〉、何を〈what〉、なぜ〈why〉、どのように〈how〉）を明確に記述する。

5）介護計画の実施

介護計画の実施は、利用者個々の生活課題を解決するために立てられた計画を利用者に実践する過程である。介護職は、介護計画の提供者であり、介護計画の意義を十分に理解して直接援助にあたることになる。利用者は複数の介護職から支援を受けており、均一の水準で実践できるような関わりが必要である。介護計画の内容を共有して実践に移すことができる環境を整えておくことが大切である。申し送り（情報の伝達）や、適宜、ミーティングを行い、介護計画の実施が継続されていくよう確認することが重要である。

介護計画の実施の前にも、利用者に対して援助の目的や内容を説明し、利用者が納得した上で参加できるようにする。計画立案と実施の時間的経過により、利用者の状況に変化が起きる場合があるので、同意の再確認は必要である。

利用者に変化が生じた場合は、計画を修正したり中止したりすることがある。無理に継続してはならない。介護計画を立て直すために、再アセスメントが必要である。

介護計画の実施においては、利用者の安全を十分に考慮し、不快や不安を感じさせてはいけない。実施の前後に利用者の意見や感想を聞き、利用者を観察し、正確に記録に残し、その後の評価に活用する。計画の意図に沿った実施であったか、実施の効果があったかを検討する。記録の内容は、実施時の利用者の状況、直接利用者が表現した言葉や反応、介護職員の関わりの結果などがあるとよい。

実施の留意点は下記のようにまとめられる。

①実施前に、介護計画の意図を理解する。
②実施前に、利用者を観察し、変化があれば修正するか実施を中止する。
③実施前に、利用者に介護計画の目的と方法を説明して同意を得る。場合によっては家族の同意も得る。
④実施中、または実施後の経過で利用者や家族の感想や意見を聞き、計画目標に関する情報を記録に残す。

6）評価
(1) 評価

　介護計画を実施した後に評価を行う。評価は、基本的には介護過程を立案した人が行い、介護過程の展開場面で関わった人、ケアカンファレンスの参加者、実践に関わった専門職の意見と、利用者本人やその家族の意見を十分に取り入れ、総合的に行わなければならない。介護の提供者と受ける側の双方の評価を総合したものとする。

　評価とは、利用者の生活課題の解決に向けて実施した介護が、適切で効果があったのか、実施する価値があったのかを検証することである。また、利用者にとっても満足のできる結果であるかを含めて、利用者とともに評価することである。これでよかったのかということについては、利用者が最もよく分かるので、利用者の声を重視する。評価は、それぞれ予定していた目標達成期間に合わせて設定していた日（評価日）や、生活課題が変化した場合に実施する。この評価は、同時に短期目標の達成状況に対する評価でもある。しかし、状況が変わったときは直ちに行う。

　評価の時点で結果が達成された場合は、さらに長期目標と短期目標を設定して介護は継続されることになる。

(2) 再評価

　利用者の課題は容易に解決されることは少ないので、満たされなかったニーズや課題については、再び情報の分析・解釈・判断（アセスメント）に戻るか、または情報の再収集に戻り、生活課題を見直し、次に実施する新しい介護計画を作成することが必要になる。

　このように評価は介護の終着点ではなく、介護過程が循環する折り返し点であり、介護過程は利用者との関係が続く限り、一連の過程が継続される。

第3節　認知症ケア

1．認知症を取り巻く状況

　少子高齢化が進展する中で、認知症高齢者も増加してきた。2003年高齢者介護研究会「2015年の高齢者介護～高齢者の尊厳を支えるケアの確立に向けて～」の報告書によると、2002（平成14）年の認知症高齢者（日常生活自立度Ⅱ以上）は、149万人、2010（平成22）年208万人、2015（平成27）年250万人、2020（平成32）年289万人、2025（平成37）年323万人と推計していた。その後、各地域の調査結果から2012（平成24）年8月に厚生労働省老健局は、認知症高齢者数について発表した。認知症高齢者の日常生活自立度Ⅱ以上の高齢者は、2010（平成22）年28

0万人、2015（平成27）年345万人、2020（平成32）年には410万人、2025（平成37）年には470万人になると予測している。全国10箇所の地域調査によって認知症有病率の推定値が15％、軽度認知症（MCI）有病率の推定値が13％であるとの結果が示され、今後認知症高齢者数の大幅な増加が見込まれている。この推計値によると2012（平成24）年の65歳以上の人口は約3080万人であり、認知症高齢者は約462万人、軽度認知症高齢者は約400万人と推計されている。

認知症の発症は、年齢と密接に関係しており、高齢になるほど有病率は高い。後期高齢者が増加することは、認知症の人も増えることになり、後期高齢者のだれもが自らの問題として認識する必要がある。近年、65歳以下に発症する若年性認知症についても社会的な問題として捉えられるようになり、2009（平成21）年厚生労働省は、全国における若年性認知症（若年認知症）の推計人数を約3.8万人と発表した。若年性認知症の多くは就労している人に発症することから、経済的な面で家族や周囲への影響が大きく、支援内容は認知症高齢者へのものとは異なる。

認知症はこれまで「ぼけ」「痴呆」と呼ばれてきた。1972（昭和47）年に出版された有吉佐和子の『恍惚の人』がベストセラーとなり、社会的に認知症への関心が高まったといえる。この時代の介護は家族が担っており、認知症の在宅介護が大きな問題であった。当時は、認知症は疾患としてとらえられていなかったため、恥ずべきものとして家族が隠すなど、関わり方も認知症の人本人の存在を否定するかのようなものであった。当時は「老人の呆けは精神障害」と考えられており、特別養護老人ホームでの入所も困難な状況で、認知症への理解が乏しく、本人にとっても家族にとっても苦しく辛い時代であった。

そのような中で、1977（昭和52）年に、熊本県の国立療養所菊池病院に痴呆（認知症）専門病棟が開設され、1980（昭和55）年には「呆け老人を抱える家族の会」（現在は「認知症の人と家族の会」）が発足するなど、認知症に関する取り組みが始まった。それまで受け入れがなかった特別養護老人ホームや老人保健施設への入所、認知症に配慮したデイサービス、グループホームなどが制度化され、2003（平成15）年に「2015年の高齢者介護」がまとめられ、高齢者の尊厳を目標に、新しい認知症高齢者ケアの確立が取り組みの柱に位置づけられた。翌年2004（平成16）年に「痴呆」から「認知症」に、呼称が変更されている。

2．認知症とは

1）認知症の定義

認知症とは、「一度獲得された知的能力が何らかの障害によって持続的に低下し、社会生活に支障をきたした状態」である。先天的または発育期に生じた知的障害は、精神発達遅滞として認知症と区別される。認知症は疾患名ではなく、状

態を示す言葉である。

WHOの「国際疾病分類第10版」(ICD-10) では、「脳疾患による症候群で、意識は清明であって、記憶、思考、見当識、理解、計算、学習能力、言語、判断などの障害を示し、日常生活の個人的活動が損なわれる状態が少なくとも6ヶ月間認められるもの」とされている。また、アメリカ精神医学会の「精神疾患の分類と診断の手引き第4版」(DSM-IV) では、記憶障害があることを条件として、「失語、失行、失認、実行機能障害のいずれかがあって、社会的または職業的機能の著しい低下を示し、緩徐に発症して持続的に認知が低下していくこと、他の全身疾患、精神疾患、薬物中毒などでないことを確認した場合認知症とする」と定めている。認知症によって、これまでの日常の社会的活動や人間関係を継続することが困難な状況となることを理解しなければならない。

2）認知症の原因となる疾患

認知症は、状態を示す用語であり疾患名ではない。認知症を起こす原因疾患は、約70種類に及ぶといわれている。脳の神経細胞に障害を受けたときに起こるが、高齢者だけでなく若い人にも起こる。認知症の代表的なものとして、アルツハイマー型認知症、血管性認知症、レビー小体型認知症、前頭側頭型認知症などがある。認知症の原因となる疾患によって症状や経過が異なり、ケアの方法にもおのずと相違があるため、その原因疾患が何かを早期に診断しておくことが重要である。

3）認知症の症状

認知症の症状は、生活上のあらゆる場面で出現する。前述したように、原因疾患別として、アルツハイマー型認知症、血管性認知症、レビー小体型認知症、前頭側頭型認知症など出現症状には特徴がある。アルツハイマー型認知症の場合は徐々に進行し、初期症状から重症に至るまで長期間を要し、平均8年といわれている。

①中核症状

認知症の中核症状には、必ず出現する記憶障害、認知機能障害がある。認知症が軽度認知障害の域を超えて進行すると、新しいことや直近のことを覚えること（記銘力）が難しくなり、時間や場所が分からなくなったり（見当識障害）、計算や判断ができなくなってくる。したがって、日常生活が混乱し、社会生活に支障をきたすことになる。

②周辺症状

中核症状に伴って出現し、個人差が大きい症状である。近年、周辺症状を心理症状と行動障害を合わせた概念として、認知症の行動・心理症状（behavioral and psychological symptoms of dementia：BPSD）と表現している。

図3-5　認知症の症状（中核症状と周辺症状）

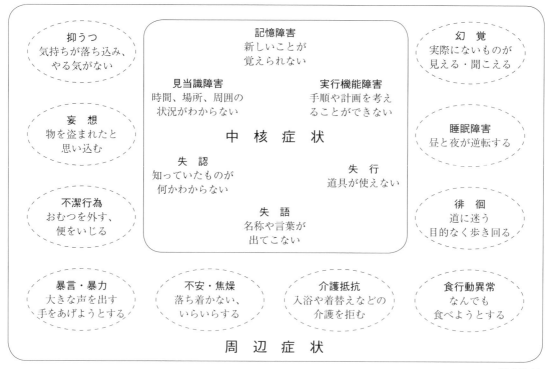

（後藤作成）

　このBPSDは、多くの認知症の人に出現し、初期では不安・焦燥感や抑うつ気分などの症状から、進行すると幻覚、妄想、睡眠障害、徘徊などの症状を呈する。しかし、個々の症状を理解し、適切なケアをすることによってその出現頻度が低下することも分かってきた（図3-5）。

3．認知症の人への生活支援

1）認知症ケアの視点
　認知症の人への介護の基本的姿勢について次に挙げる。

（1）早期の発見と診断
　本人はもとより、周囲の人が早期にその変化を見出すことと専門的な診断を受けることが必要である。他の疾患が原因で認知症と同様の症状の場合や、治療が可能な認知症もある。認知症の早期発見は、薬物治療により進行を遅らせたり、医療や介護サービスの利用、財産管理の方法などについてあらかじめ自分の意思で決定することにつながる。

(2)「その人らしさ」を理解する

　認知症になって、支援が必要になった人も一人の人間である。認知症の初期では、「覚えられなくなった」ということを自分自身で感じており、不安になって何度も質問したり、確認のために探したりと、それまでとは別人のように考えてしまうことが多いのでないかと思われる。これまでとは違う自分を本人が感じているのであり、プライドを傷つけることのないケアが必要である。また、その人をそのまま受け入れ、その人らしさとして尊重することが重要である。認知症によって混乱していても「こうしたい」という願いはもっているのであり、その人の考えや思いを理解し、ケアに反映していくことが大切である。

(3) 認知症の人の世界を理解し、大切にする

　記憶力の低下により、聞いたり、行ったことはすぐ忘れてしまうが、豊かな感情はある。時に混乱することもあるが、その感情に寄り添い、共感し、本人が安心できるような関わり方が必要である。認知症になっても心は生きているのであり、鏡の中の自分に話しかけたり、遠い昔に戻ったりするなど、個々の世界の中で生活している。介護者が、単に現実に引き戻すのではなく、その世界を理解し、共感することによって、本人が安心できる生活となる。認知症の人となじみの関係を築き、本人が安心して生活できるようにすることがもっとも重要である。

(4) チームでケアする

　認知症のケアは、一人ではできない。家族だけで認知症の人を介護するのは困難である。家族形態も変化し、「老老介護」「認認介護」という言葉も頻繁に使われるようになってきている。介護を巡る事件の発生も多くなり、社会問題として取り上げられている。

　また、介護施設においても同様に一人の専門職だけで認知症の人を介護することはできない。介護を一人の力で行うには限界があり、医療、保健、福祉の専門職がチームを組んで行う必要がある。認知症の中核症状に加えて周辺症状が出現した人に対する介護は一人では難しい。認知症の介護には複眼的な思考が必要であり、専門職のチームと家族が協働すること望ましい。

2）認知症の人へのケア

　認知症になっても特別なことをするのではなく、できるだけこれまで通りの生活を維持する支援が基本である。

(1) 見守り、観察、健康管理

　これまでの生活を支援するために、認知症の人との信頼関係を前提にして、見守りと観察を行う。日常生活の中の会話や行動からケアに関わる事柄について観

察し、現状を把握する。認知症の人は判断力の低下や視空間認知障害などによって転落や転倒の危険性が高い。単にみている見守りではなく、次の行動の変化への支援につながる見守りでなければならない。

　また、日常生活場面で"いつもと異なる"状況に着目して観察し、記録しておく。健康面では栄養状態として食事の摂取量、咀嚼状況、体重変化、水分補給量のほか、排泄状況、睡眠状況（睡眠パターン、昼夜逆転など）、運動機能（歩行、姿勢、不随意運動、動作緩慢など）、皮膚の状態、視力・聴力の状態などを観察する。また、認知症に関連する観察項目として、幻覚、妄想、せん妄、うつなどの症状について、言葉の理解や文字の読み書き、覚えにくさや忘れっぽさなどのコミュニケーションの程度についての観察が必要である。

　そして、日常生活の観察から状態の変化を見逃さないようにしなければならない。認知症でなければどこかに痛みや違和感があったとき、自分で「熱があるようだ」「胃がシクシクする」「腰が痛い」など、その身体の変調や状態を言葉で表現することができ、処置がなされる。しかし、認知症の人にはその訴えを適切に伝えることが難しく、動作が緩慢になったり、大声を出すなどの行為や行動によってその症状を訴える場合が多い。そのため、認知症の人に対しては、普段から注意深く見守ることや観察することは健康管理上、重要な手掛かりとなる。日常生活の中からできるだけ関わりをもち、変調を見逃すことがないよう十分に気をつけなければならない。

(2) コミュニケーション

　認知症の人とのコミュニケーションでは認知症の程度、理解力、視覚、聴覚、言語などを正しく評価して関わることが大切である。

①わかりやすい言葉でゆっくり話す

　長い説明は混乱を招きやすいため簡潔な言葉を用いて伝える。相手のペースに合わせ、近くでできるだけゆっくりと話す。

②非言語コミュニケーションを活用する。

　言葉だけでなく、アイコンタクトやタッチングを活用する。温かいまなざしと優しいしぐさで関わり、手を握ったり、背中をさすったりするなどして安心感につなげる。言葉だけでなく、感情に働きかけることが安心感につながる。

③気持ちを受け入れ、傾聴する

　認知症の人は、自分の気持ちをうまく伝えることが難しい。したがって、どんな気持ちなのかを汲みとり、その思いを受けとめることが大切である。比較的古い記憶は保たれており、昔の話をすることによって不安感や焦燥感が緩和される。認知症の人の話を傾聴し、その思いに共感することは本人にとって自信を取り戻したり、いきいきとした感情を表出することにつながる。本人が理解しやすい言葉による会話や、一緒にできる活動などから、孤独感を感じさせないケアをする。

(3) 五感へ働きかける

　五感(視覚、聴覚、味覚、嗅覚、触覚)を刺激するケアを心掛ける。写真や絵、季節の花を見たり、好きな音楽や自然の音を聞いたり、旬の食材や懐かしい食べ物、お香やアロマオイル、人形やマッサージなど生活の中で五感に働きかける素材や活動は多い。これらの活動等により生活を活性化し、他者との交流などにより社会生活が充実したものになる。さらに、アクティビティには、現実見当識訓練(reality orientation：RO)、回想法、芸術療法、化粧療法、ダイバージョナルセラピー、動物介在療法などがある。このような働きかけによって、認知症の人の興味や関心を探り、より QOL を高めるケアに努めることが大切である。

(4) チームでケアする

　認知症の人への支援は、その人を取り巻く関係者が、チームを組んで取り組むことが重要である。家族もケアをするチームのメンバーである。ばらばらなケアは、認知症の人の不安や混乱を引き起こすことになるため、ケアチーム全体がケアプラン基づいて協働することが重要である。

(5) 生活環境を整える

　認知症の人が安心して生活できる環境づくりは、ケアの基本でもある。認知症の人を中心に日常生活を営む環境をつくっていく。これまでの生活スタイルをできるだけ継続できるように工夫し、安心して過ごせる場となるようにする。本人になじみのある生活道具や大事にしているものを身近に置き、安全に配慮して本人が動きやすい空間を確保する。手すりや段差をなくすなど、安全に生活できる支援が必要である。

　認知症の人が安心できる環境づくりの評価指針として PEAP (professional environmental assessment protocol) が参考になる。「認知症高齢者への環境支援のための指針」として、「PEAP 日本版3」がある。

3) 認知症の人を支援する専門職に求められるもの

　認知症の人の支援者には家族や友人・知人、専門職や地域の人々がいるが、ここでは専門職に視点をあてて記述する。

　認知症高齢者を理解するには、高齢者の生きてきた時代と歴史を知ることが必要である。ケアの対象者がこれまで生きてきた時代背景が、その人のもつ文化や価値観を形成する大きな要因となっているからである。生きてきた時代やこれまでの社会生活を知ることによって、本人の言葉の意味や思いをより深く理解できるようになる。支援する側が利用者を理解しようとする姿勢は、利用者との信頼関係を築くことにつながる。

　また、支援者は、自分自身の心身の機能、価値観、老いることなど、自己に関

して自覚する必要がある。認知症の人に対して自分が持つイメージや判断基準はどうかを知っておくことが重要である。たとえば、認知症の人に拒否されたときなど自分はどのように思うか、自分の話し方や表情はどうかなど、支援者としての自分自身の特徴についても理解することが重要である。加えて、加齢や障害についての知識や基本的な介護技術についても学んでおくことが大切である。

図3-6に、認知症のステージを考慮して、本人本位の、継続的な、望ましい支援がなされた場合と、支援の提供者本位の、断片的な支援の経過の違いを模式的に示した。

4）家族への支援

認知症の人を在宅で介護することは、家族にとって大きな負担であり、家族介護者の多くはさまざまな身体症状や精神症状を訴えることが多い。認知症の発症により、これまでの家族関係は徐々に変容していくことになる。家族の歴史や役割があり、現状を受け入れることはなかなか難しい。家族が認知症の人を受け入

図3-6 認知症の人への継続的支援

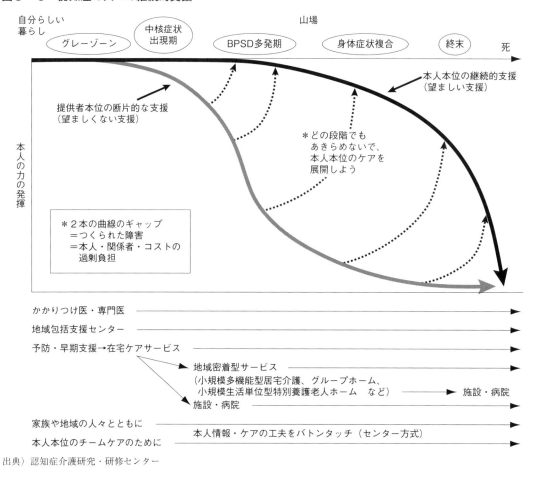

出典）認知症介護研究・研修センター

れていく段階は、①驚愕・とまどい、否定的な段階、②混乱、怒り、拒絶の段階、③あきらめ・開き直りの段階、④受容の段階があるといわれており、①～④の段階を、行ったり来たりを何度も繰り返しながら在宅介護を続けている。

　支援が必要になっても住み慣れた在宅での生活を願う人は多く、身近な家族に支えられて生活できることはもっとも望ましい。在宅介護は、家族にとっても役割の達成感を得られ、また愛情の表現として頑張れるものである。しかし、介護は一人ではできない。

　在宅介護では、家族の介護力として家族構成、家族の健康、関係性、経済力、受け入れの段階などから継続できるかどうかを検討し、社会資源を適切に活用した支援をする。介護疲れから起こる虐待、心中や殺害など、さまざまな問題や痛ましい事件を引き起こさないためにも介護保険による訪問介護、デイサービス・デイケア、ショートステイなどの在宅サービスの利用や、家族の会への参加などを促して家族へのエンパワメントを行う精神的な支援や、地域包括支援センターの社会福祉士、病院のソーシャルワーカー、精神保健福祉士、看護師・保健師、介護福祉士などの専門職と連携が必要である。

4．認知症の人の継続した暮らしを支える施策

1）介護保険における認知症対策

　介護保険制度開始以前の高齢者対策の対象は、「寝たきり高齢者」であった。1986（昭和61）年に認知症対策として厚生省に「認知症老人対策推進本部」が設置され、手厚い人員配置を行う特別養護老人ホームの措置費に「認知症老人加算」が計上され、老人性認知症疾患センター、在宅介護支援センター、老人保健施設における認知症専門棟、E型デイサービス、グループホームなどが創設された。認知症ケアは、これまでの大規模集団ケアから小規模なケアに移行した。

　2000（平成12）年に介護保険制度が施行され、認知症高齢者へのサービスも大きく変化した。契約制度に変わることでケアの質向上が課題となり、施設介護では個室・ユニットケアが導入され、事業所評価が実施されることになった。

　2003（平成15）年、今後、急増する高齢者介護の方向性を示した「2015年の高齢者介護」では、「尊厳の保持」をケアの基本として、①介護予防・リハビリテーションの充実、②生活の継続性を維持するための新しい介護サービス体系、③新しいケアモデル：認知症高齢者ケア、④サービスの質の確保と向上が柱となっている。新しいケアモデルの確立として認知症高齢者ケアを挙げ、具体的には、家族や地域の住民全体に認知症に関する正しい知識の普及と理解の促進、早期の発見と相談機能の強化、地域のネットワークによる支援体制について取り組むとしている。

2）地域密着型サービス

2006年4月施行の改正介護保険法により、新たに地域密着型サービスが導入された。地域密着型サービスは、要介護者等の住み慣れた地域での生活を24時間体制で支えるという観点から、要介護者の日常生活圏域にサービス提供の拠点が確保されるべきサービスと定義されている。「夜間対応型訪問介護」「認知症対応型通所介護」「小規模多機能型居宅介護」「認知症対応型共同生活介護」「地域密着型特定施設入居者生活介護」「地域密着型介護老人福祉施設入所者生活介護」の6種類が含まれている。

地域密着型サービスは、市町村が日常生活圏域を設定し、必要なサービスの計画を立てて整備する仕組みであり、事業所の指定・指導監督を市町村が行うことになった。

また、介護保険の改正により、在宅介護支援センターの機能を再編した「地域包括支援センター」が創設され、介護予防や認知症ケアの支援、総合相談を担当することになった。

3）認知症対策等総合支援事業

2006（平成18）年度予算において従来の認知症関連予算事業を再編して「認知症対策等総合支援事業」が創設された（図3-7）。主治医等を中心とした早期診断等の地域医療体制の充実、早期段階に応じたサービスの普及、地域における認知症の理解の普及や本人・家族等の支援ネットワークの構築支援、認知症介護の専門職員等に対する研修の充実等、認知症のステージに応じた対策として、①認知症地域医療支援事業、②認知症早期サービス等推進事業、③認知症理解普及促進事業、④認知症介護実践者等養成事業、⑤身体拘束廃止推進事業、⑥認知症介護研究・研修センター運営事業が主な事業として挙げられている。

4）認知症を知り地域をつくる10カ年

地域住民への認知症の理解促進と知識普及のために、2005（平成17）年に「認知症を知る1年」がスタートした。多くの人々に認知症が正しく理解され、認知症になっても安心して暮らせる町がつくられていくよう、普及・啓発のキャンペーンが行われた。主な取り組みは、①認知症サポーター100万人キャラバン、②「認知症でもだいじょうぶ町づくり」キャンペーン、③認知症の人「本人ネットワーク支援」、④認知症の人や家族の力を生かしたケアマネジメントの推進である。

認知症の人とその家族を支援する地域づくりのため、認知症サポーター養成講座、認知症サポーターと地域のネットワークづくりが展開されている。認知症サポーターの人数は、「認知症を知り地域をつくる10カ年」の最終年度のあたる2014年度には約600万人となり、その後も「認知症施策推進総合戦略（新オレンジプラン）」に引き継がれている。

図3-7　認知症の総合的な支援（認知症対策等総合支援事業）

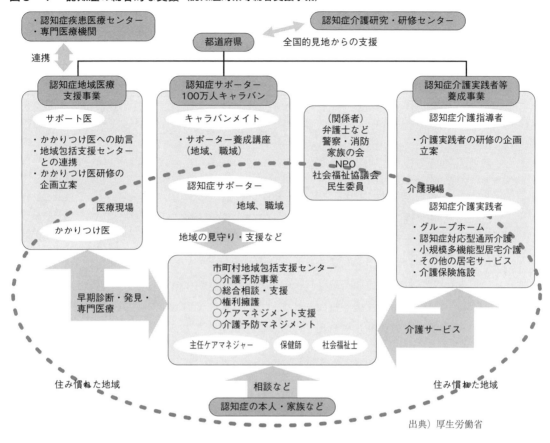

出典）厚生労働省

5）認知症の医療と生活の質を高める緊急プロジェクト

2008（平成18）年には、たとえ認知症になっても安心して生活できる社会を早期に構築することが必要との認識の下、認知症支援等の対策について厚生労働大臣指示により、「認知症の医療と生活の質を高める緊急プロジェクト」が設置された。その内容は、早期の確定診断を出発点に、適切な対応の促進を基本目的としている。基本方針の5つの内容は、①実態の把握、②研究・開発の促進、③早期診断の推進と適切な医療の提供、④適切なケアの普及および本人・家族支援、⑤若年性認知症施策である。

「早期診断の推進と適切な医療の提供」では、地域において認知症の医療と介護の連携体制強化のため、連携の中核機関として認知症疾患医療センターを全国に150か所設置することになった。認知症疾患医療センターには、地域包括支援センターや介護サービス等との連携強化のための連携担当者を配置することが示されている。

「適切なケアの普及および本人・家族支援」では、認知症ケアの手法の標準化を推進・普及、地域包括ケアを強化するため、地域包括支援センターに認知症連携担当者を配置し、認知症疾患医療センターと連携を図ることになった。認知症連

携担当者の役割は、認知症サポート医と相談し、①認知症との確定診断を受けた高齢者等の情報を把握し、②それを基に利用者の住所地の地域包括支援センターに対する利用者情報や専門医療情報の提供を行い、③要介護者に対する専門医療や権利擁護の専門家の紹介、④認知症ケアに関する専門的相談・助言等を行う。

また、身近な地域の認知症介護の専門家、経験者等によるカウンセリングや地域の専門機関の紹介等を行うコールセンターを、都道府県・政令指定都市ごとに1か所設置すること、当事者や介護経験のある家族との交流の支援を行うことになっている。

6）若年性認知症（若年認知症）対策

若年性認知症（若年認知症）は、65歳以前に発症した認知症をいう。前述のように、老年期発症の認知症に比べて家族や周囲へもたらす影響は大きく、就労期での発症は、経済的問題や家族の介護負担など家族に波及する課題が多い。

若年性認知症の問題は、近年取り上げられるようになったが、社会的な認識が不足しており支援が整備されていない。若年性認知症の実態や特性を明らかにし、支援体制の構築が急がれている。その対策として、①若年性認知症にかかる相談コールセンターの設置、②診断後からのオーダーメイドの支援体制の形成、③若年性認知症就労支援ネットワークの構築、④若年性認知症ケアの研究・普及、⑤若年性認知症対策の推進が挙げられている。

具体的な対策として①では、早期に相談や関連機関との連携が取れるよう若年性認知症相談コールセンターを全国に1か所設置する。②では個々の支援に必要な施策を迅速に行うために、地域包括支援センターに配置する認知症連携担当者が中心的な役割をする。認知症連携担当者は、若年性認知症の人の雇用継続が可能であれば、職場適応援助者（ジョブコーチ）支援や障害者手帳の取得など雇用継続に向けた支援、雇用継続が困難な人には若年性認知症対応型のデイサービス、障害者福祉施策の就労継続支援B型事業所や地域活動支援センター利用など、日中活動の場の確保の支援、自宅での生活が困難な人には認知症グループホームや障害者グループホーム・ケアホームの利用など住まいの確保の支援、本人や家族の会の紹介をはじめ、身近な相談先を確保する支援など、必要に応じた支援を行う。

また、認知症連携担当者等が中心となり、医療・福祉と雇用・就労の関係者が連携した「若年性認知症就労支援ネットワーク」を構築し、若年性認知症の人一人ひとりの状態に応じた支援体制の整備が急務である。

7）認知症施策推進5か年計画（オレンジプラン）

認知症高齢者の増加を背景にわが国は認知症施策に関して、前述の「認知症の医療と生活の質を高める緊急プロジェクト報告書」（平成20年7月）のほか、社会保障審議会介護保険部会での「介護保険制度の見直しに関する意見」（平成22年

11月)、「新たな地域精神保健医療体制の構築に向けた検討チーム第2ラウンド中間まとめ」などでの提言により実施されてきた。これらの議論に加え、2012(平成24)年6月、厚生労働省認知症施策検討プロジェクトチームは、認知症になっても本人の意思が尊重され、できる限り住み慣れた地域でのよい環境で暮らし続けることができる社会の実現を目指して、新たなケアの流れを構築することを基本目標とする「今後の認知症施策の方向性について」を発表した。さらに、平成25年度概算要求と合わせて「認知症施策推進5か年計画(オレンジプラン)」が策定された。

　それは、認知症になっても本人の意思が尊重され、できる限り住み慣れた地域で暮らし続けることができる社会の実現のため、これまでの自宅→グループホーム→施設あるいは一般病院・精神病院というケアの流れを状態に応じた適切なサービス提供の流れとする新しい標準的認知症ケアパスとして構築することを基本目標としている(図3－8)。ケアの流れを変えるという基本目標を実現するために、①標準的な認知症ケアパスの作成・普及　②早期診断・早期対応　③地域での生活を支える医療サービスの構築　④地域生活を支える介護サービスの構

図3－8　標準的な認知症ケアパスの概念図

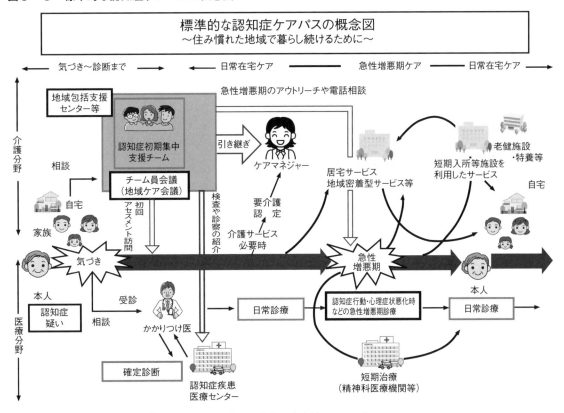

厚生労働省資料：24年6月「これからの認知症ケア施策の方向性について」

築　⑤地域での日常生活・家族の支援の強化　⑥若年認知症施策の強化　⑦医療・介護サービスを担う人材の育成の７つの視点が示された。

8）認知症施策推進総合戦略（新オレンジプラン）

　厚生労働省は、団塊の世代が75歳以上となる2025（平成37）年を見据え、2015（平成27）年１月に関係省庁（内閣官房、内閣府、警察庁、金融庁、消費者庁、総務省、法務省、文部科学省、農林水産省、経済産業省、国土交通省）と共同して、新たに「認知症施策推進総合戦略〜認知症高齢者等にやさしい地域づくりに向けて〜」を策定した。

　基本的な考え方は、認知症の人の意思が尊重され、できる限り住み慣れた地域のよい環境で自分らしく暮らし続けることができる社会の実現を目指すとしている。新オレンジプランの対象期間は2025（平成37）年としているが、数値目標は介護保険に合わせて計画している。また、計画策定にあたっては、認知症の人やその家族など各関係者から広く意見を聴取し、施策に反映することとしている。この新オレンジプランではスローガンである「認知症高齢者等にやさしい地域づくり」を以下に示す７つの柱によって推進するとしている（図３−９）。

(1) 認知症への理解を深めるための普及・啓発の推進

　認知症は身近な病気であることを普及・啓発等を通じて改めて社会全体として確認していく考え方を基本に社会への理解を深めるための全国的なキャンペーンの展開、認知症サポーターの養成、認知症の人を含む高齢者への理解を深める教育を推進する。認知症サポーターの人数は、2017（平成29）年度末には800万人を目標値としている。

図３−９　新オレンジプランの７つの柱

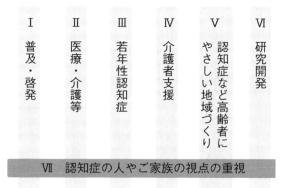

認知症高齢者等にやさしい地域づくりの推進

Ⅰ　普及・啓発
Ⅱ　医療・介護等
Ⅲ　若年性認知症
Ⅳ　介護者支援
Ⅴ　認知症など高齢者にやさしい地域づくり
Ⅵ　研究開発
Ⅶ　認知症の人やご家族の視点の重視

出典）厚生労働省：認知症施策推進総合戦略（新オレンジプラン）パンフレットより

(2) 認知症の容態に応じた適時・適切な医療・介護等の提供

　基本的な考え方として、「本人主体」を基本とした医療・介護等の有機的連携により、認知症の容態の変化に応じて、適時・適切に切れ目なく、その時の容態に最もふさわしい場所で医療・介護等が提供される循環型の仕組みの実現を目指すとしている。認知症の人の意思を尊重し、本人がもつ力を最大限に活用しながら地域社会の生活が継続できるようにすること、早期診断・早期対応のための体制整備として、かかりつけ医の認知症対応力向上のための研修、地域でかかりつけ医の認知症診断に関する相談などに応じるサポート医[*1]の養成を進めることとしている。さらに、歯科医師や薬剤師の認知症対応力向上のための研修、認知症疾患医療センター[*2]の整備、認知症初期集中支援チーム[*3]の市町村への設置を推進し、早期診断後のサポート体制を整備することとしている。新オレンジプランでは、2017（平成29）年度までにかかりつけ医認知症対応力向上研修の受講者数を6万人、認知症サポート医養成研修受講者数を5千人、認知症初期集中支援チームの設置は、2018（平成30）年度から全ての市町村で実施することを目標に挙げている。

　また、行動・心理症状（BPSD）[*4]の予防や的確なアセスメントを行うことは薬物によらない対応を原則とし、医療従事者や介護職員に対する研修を実施し、地域ごとに「認知症ケアパス」[*5]を確立しサービスが切れ目なく提供できるように医療・介護の有機的な連携を推進する。医療機関や介護サービス及び地域の支援機関の間の連携支援や認知症の人やその家族等への相談支援を行う認知症地域支援員を市町村に配置し、2018（平成30）年度からすべての市町村で実施することとしている。

*1　認知症サポート医：地域でかかりつけ医の認知症診断等に関する相談役等の役割を担う医師

*2　認知症疾患医療センター：認知症の速やかな鑑別診断や行動・心理症状（BPSD）と身体合併症に対する急性期医療、専門医療相談、関係機関との連携、研修会の開催等の役割を担う

*3　認知症初期集中支援チーム：医療・介護の専門職が家族の相談等により認知症が疑われる人や認知症の人及びその家族を訪問し、必要な医療や介護の導入・調整、家族支援などの初期の支援を包括的・集中的に行い、自立生活のサポートを行うチーム

*4　行動・心理症状（BPSD）：認知症の主症状である記憶障害等の進展と関連しながら、身体的要因や環境要因等が関わって出現する、抑うつ・興奮・徘徊・妄想などの症状

*5　認知症ケアパス：発症予防から人生の最終段階まで、生活機能障害の進行状況に合わせ、いつ、どこで、どのような医療・介護サービスを受ければよいのか、これらの流れをあらかじめ標準的に示したもの

(3) 若年性認知症施策の強化

　若年性認知症の人は、就労や生活費等の経済的問題が大きいこと等から、居場所づくり等、総合的な支援が必要となる。医療機関や市町村窓口等を通じて、「若年性認知症支援ハンドブック」を配布し、早期診断・早期対応へと繋げ、自立支援に関わる関係者のネットワークの調整役を配置し、当事者や家族が交流できる居場所づくり等、若年性認知症の特性に配慮した就労・社会参加支援を推進する。

(4) 認知症の人の介護者への支援

　認知症の人の介護者への支援は、認知症本人の生活の質を高めることにもつながるため、家族などの介護者の精神的な負担の軽減や生活と介護の両立するための支援の推進を基本的な考えとし、認知症初期集中支援チームの介入、認知症の人やその家族が地域住民や専門家と相互に情報を共有し、理解しあう認知症カフェ等の設置の推進、さらに介護者の負担軽減やそのための介護ロボット等の開発支援を行なうとしている。認知症カフェ等の設置は、2018（平成30）年度からすべての市町村に配置される認知症地域支援推進員等の企画により地域の実情に応じて実施することとしている。

(5) 認知症の人を含む高齢者にやさしい地域づくりの推進

　生活の支援（ソフト面）、生活しやすい環境（ハード面）の整備、就労・社会参加支援及び安全確保を基本的な考え方としている。内容として家事・買い物などの支援、高齢者向けの住まいの確保と整備、移動手段を確保できるよう公共交通の充実などソフト・ハード面の推進、生きがいを持って生活ができでること、地域での見守り体制や交通安全の確保の推進を挙げている。さらに認知症の人や高齢者の権利擁護のため、成年後見制度等の周知や利用を促進することとしている。

(6) 認知症の予防法、診断法、治療法、リハビリテーションモデル、介護モデル等の研究開発及びその成果の普及の推進

　認知症の原因となる疾患それぞれの病態の解明や行動・心理症状（BPSD）等を起こすメカニズムの解明を通じて、認知症の予防法、診断法、治療法、リハビリテーションモデル、介護モデル等の研究開発を推進するとしている。認知症の病態解明はいまだ十分ではないため、早期発見や診断法を確立し、さらに根本的治療薬や効果的な症状改善法、有効な予防法の開発に繋げるとしている。

(7) 認知症の人やその家族の視点の重視

　これまでは認知症の人を支える側の視点に偏りがちであったという観点から、認知症の人やその家族の視点を重視するという考え方を基本としている。認知症

の人の視点に立って認知症への社会の理解を求めるキャンペーンのほか、初期段階の認知症の人のニーズ把握や生きがい支援、認知症施策の企画・立案や評価への認知症の人やその家族の参画など、認知症当事者やその家族の視点を重視した施策を推進することとしている。

5．認知症の人に対する権利擁護の推進

認知症の人に対して人権擁護の視点から考えると、認知症であるがゆえに虐待に遭いやすく、虐待防止が重視されている。2005（平成17）年、議員立法により「高齢者の虐待の防止、高齢者の養護者に対する支援等に関する法律」（略称、高齢者虐待防止法）が成立した。

認知症の出現によって判断能力が不十分になると生活面においてさまざまな問題が発生する。不要な物品の購入や財産の侵害、虐待などに対し、認知症の人を擁護する成年後見制度、日常生活自立支援事業、介護保険苦情処理などの制度や施策がある。

第4節　高齢者福祉と終末期ケア

1．高齢者支援の最終目標としての終末期ケア

高齢者の支援の最終目標は尊厳のある終末期ケアである。誰もが避けて通れない死をどのように支援するか、専門職の死生観が問われる支援である。

多くの高齢者が大往生を期待し、最期まで元気に、できれば自宅で看取られたいと考えている。しかし、さまざまな理由でそのことが果たせない現実がある。2014（平成26）年でも約75％の人が病院などで死亡しており、自宅で亡くなる人は12.8％にとどまっているが、老人ホーム（5.8％）や介護老人保健施設（2.0％）の死亡割合が少しずつ増えている。

1）終末期ケアとは

高齢期の終末期については明確に示しにくいといわれる。経験的にも終末期と考えられていた高齢者がその時期を乗り越えて落ち着いた生活を取り戻すことは珍しいことではない。家族はそのつど、心の準備をしたり、葬儀の手配を考えたりという状況が繰り返されることがある。

2009（平成21）年5月に出された社団法人全日本病院協会の「終末期医療に関するガイドライン策定検討会」によると、「終末期」とは以下の3つの条件を満たす場合をいう。

①医師が客観的な情報を基に、治療により病気の回復が期待できないと判断す

ること。
②患者が意識や判断力を失った場合を除き、患者・家族・医師・看護師等の関係者が納得すること。
③患者・家族・医師・看護師等の関係者が死を予測し対応を考えること。

また、日本老年医学会の定義では「病状が不可逆的かつ進行性で、その時代に可能な最善の治療により病状の好転や進行の阻止が期待できなくなり、近い将来の死が不可避になった状態」としている。

つまり、終末期とは、治療で回復の見込みがなく、数週間ないし数か月（およそ6か月以内）のうちに死亡するだろうと予期される状態になった時期をいう。介護保険制度の中では看取り介護加算は1か月を限度に支給され、後期高齢者医療制度では看取り期間は2週間を指す。

2）ターミナルケアからエンドオブライフ・ケアへ

ところで、「終末期ケア」はターミナルケアという言葉をあてることが多いが、よく似た言葉にホスピスケアや緩和ケア、エンドオブライフ・ケアという言葉がある。これらの言葉が使われるようになった経過をみると次のようになる。

ターミナルケア（terminal care）とは回復の見込みのない疾患の末期に、苦痛を軽減し、精神的な平安を与えるように提供されるケアである。1950年代からアメリカやイギリスで提唱された考え方である。

緩和ケア（palliative care）は、終末期のがん患者に対するがん病変の治療一辺倒の医療ではなく、患者の心身両面の苦痛を和らげるケアを早期から始めようとする考え方である。1980年代にホスピスケアの考え方を継承し提案された。なお、ホスピスケアは1967年にシシリー・ソンダースがロンドンに設立した聖クリストファー・ホスピスの実践を踏まえて提唱された考え方である。

世界保健機関（WHO）は1990年に、緩和ケアとは「治癒を目指した治療が有効でなくなった患者に対する積極的な全人的ケアである。痛みやその他の症状のコントロール、精神的、社会的、そして霊的問題の解決が最も重要な課題となる。緩和ケアの目標は、患者とその家族にとってできる限り最高のQOLを実現することである。末期だけでなく、もっと早い病期の患者に対しても治療と同時に適用すべき点がある」との定義を示した。さらに、2002年に「生命を脅かす疾患による問題に直面している患者とその家族に対して、疾患の早期より痛み、身体的問題、心理社会的問題、スピリチュアルな問題に関して、きちんとした評価を行い、それが障害とならないように予防したり、対処したりすることで生活の質（Quality of Life）を改善するためのアプローチである」と広く定義づけた。

エンドオブライフ・ケア（end-of-life care）は1990年代から北米で生まれた高齢者医療と緩和ケアを統合するという考え方である。がんだけでなく、認知症や脳血管障害など、広く高齢者の疾患を対象とした考え方である。

2．終末期ケアを支える視点

1）本人および家族の意思の尊重――本人の意向を尊重したケアの提供

人生の最後の時期をどのように暮らしたいか、やり残しはないか、最期まで自己実現のニーズを保障するように支援することが高齢者ケアの原則である。そして、最期をどのよう迎えたいか、最期にどのような処置や援助を希望するか、本人および家族の意思を最大限に尊重するケアが基本である。しかし、その意思をどのように確認するかが課題になる。

特別養護老人ホーム等の高齢者施設では入所時に、どこで看取られることを希望するか、延命処置を希望するかなど、意思確認のアンケートを実施しているところもある。もちろん、意思確認は一度だけではなく、体調等の急変時や終末期を判断されたときなどに改めて確認する。意思の変更に沿って、本人や家族の意向に沿って柔軟に援助することが重要である。

施設での看取りが希望される場合、施設における医療処置の限界などについてていねいに説明し、本人や家族の決定を支援することも必要である。

2）多職種によるチームケア

尊厳のあるその人らしい最期を支えるためには本人を取り巻く家族や友人をはじめとして多くの人々の支援が必要である。高齢者施設では介護支援専門員を中心としてケアプランを作成し、介護職、看護師、医師、栄養士、理学療法士や作業療法士、生活相談員等によりチームケアが展開される。

在宅では訪問介護員（ホームヘルパー）が自宅を訪問して生活支援やケアを行い、医師の往診や訪問看護ステーションの看護師が医師の指示のもと医療処置を行う。さらに、薬剤師が薬剤管理や相談を、歯科医師が訪問歯科診療を行い、歯科衛生士が口腔ケアを担当する。これらを統括する職種として介護保険利用者の場合は介護支援専門員がケアプランを作成し、ケア会議の開催などの準備を行う。

施設では日々のケアは介護職が担い、医療処置については看護師が行っている。夜勤帯には看護師が不在になるために、オンコール体制の対応などが行われている。

スタッフのだれもが看取りを経験しているとは限らない。経験の浅いスタッフの不安に対しても、適宜、研修や、カンファレンスを通してチームで対応していく。

3）チームケアを支えるケアカンファレンス

尊厳のある終末期ケアのために情報を共有したり、課題を解決するための会議が重要になる。定期的に、あるいは必要時にカンファレンスを開催する。カンファレンスは可能な限り、本人や家族が参加して開催されることが望ましい。

カンファレンス時の各専門職の主な役割は次のようになる。

○生活相談員：カンファレンスの日程調整。入院先の医師と家族の面談にも立

図3−10 チームケア：最期まで口から食べるケア

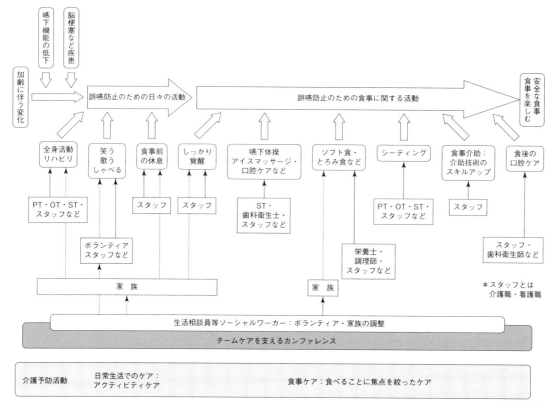

（佐瀬作成）

ち会う。家族支援の中心的な役割。
○介護職：他のスタッフに本人の状態やケアの状況を説明する。ケアプランの策定・実施・評価についての中心的な役割。
○看護職：他のスタッフからの医療的な疑問に応え、状況を解釈し、アドバイスしながらスタッフとともにケアの評価・ケア計画に参加。医師への連絡調整や、医師が参加できない会議における他のスタッフや家族への代替的な説明役。
○医師：参加する機会は多くはないが、ターミナル期には病状を説明し、家族の医療的な不安に応えると同時に、予測される看取り期のリスク（誤嚥、窒息、訪室したら亡くなっているかもしれないことなど）について説明。
○理学療法士・作業療法士：食事時の体位・安楽な体位・シーティングについてアドバイス。
○栄養士：最期まで口から食べるための支援。
○介護支援専門員：ケアプランの作成、家族への説明。
○その他：言語聴覚士、歯科衛生士など

最期まで口から食べるケアにおいて、多職種がどう関わるかを図3−10に示し

た。家族も最期まで口から食べてほしいと考える。胃ろう等の経管栄養になると施設ケアが困難になることもある。図に示したようにボランティアや家族も含め、多くの関係者が関わる。その調整役を生活相談員が担っている。

4）家族と協働し、家族をケアする

さまざまな局面で家族としての意見が求められ、本人の意思を尊重しながらその人らしい終末期のケアが提供される。本人の尊厳を保持する質の高いケアの提供のためには、スタッフとともに家族の協力が必須である。

施設利用者の場合、施設で最期を迎えるのか、病院を希望するのか、決断を家族に求めることも多くなる。緊急に決断を求められる場合もあり、家族の不安やストレスも高くなる場合がある。家族の間で意見の相違が出てくるなど、調整が必要な場合もある。

最期まで苦痛のないように、最期まで口から食べることを願いながら、ともにケアに関わることは、家族としても最期までケアにかかわったという満足感につながる。家族と協働しながら家族の最期の別れを支援することがスタッフの役割である。家族へのグリーフケアの視点も重要である。

5）終末期ケアの準備から振り返りまで

死は突然に訪れることがあるが、食事量が減り体重が減少する、移動が困難になる、呼吸が困難になるなど、終末期が近いことが予測される場合もある。いずれにしてもスタッフは死に向き合う必要があり、自身の死生観が問われる。

終末期を支えるケアについて研修の機会を準備する必要がある。痰の吸引を介護スタッフも実施できるようになり、技術について確認と研修が必要である。そのことがスタッフの不安の軽減につながる。

そして、看取り後にスタッフ間でケアの振り返りを行うことが必要である。スタッフのグリーフケアにもつながる。

3．終末期ケア（看取り）を支える制度

1）在宅での看取りを支える制度

在宅での看取りを支援する制度として医師による訪問診療や往診、看護師の訪問看護などの取り組みがある。また、2006（平成18）年度の診療報酬や介護保険制度の改定で、高齢者の自宅での看取りを促進する方向がより鮮明になった。2012（平成24）年度の診療報酬2015（平成27）年度の介護報酬改定ではさらに看取りが促進される方向が示された。

○訪問看護：訪問看護ステーションから看護師などが居宅を訪問して、主治医からの指示や連携を通じて在宅療養のために必要な看護を提供するサービスである。

1992（平成4）年に老人保健法に基づく制度として創設され、2000年の介護保険制度開始時には訪問看護サービスが創設された。現在は医療保険制度による訪問看護と、介護保険制度による訪問看護がある。健康状態の観察やアドバイス、日常生活の看護、在宅リハビリテーション看護、介護者の相談、サービスの使い方の相談等に対応している。訪問介護ステーションからは必要に応じ、理学療法士、作業療法士、言語聴覚士も訪問する。

終末期には痛みのコントロールや療養生活の援助、療養環境の調整、看取りの体制の相談・アドバイス、本人や家族の精神的支援を行う。

介護保険制度における訪問看護によるターミナルケア加算では、死亡日前14日以内に2回以上ターミナルケアを実施していることや、主治医との連携の下に、訪問看護におけるターミナルケアにかかる計画および支援体制について、利用者およびその家族等に対して説明し、同意を得てターミナルケアを実施している場合に加算ができた。2012年の介護報酬の改定により、在宅での看取りを強化するという観点から、死亡日及び死亡日前14日以内に2日（医療保険による訪問看護の場合1日）以上ターミナルケアを行った場合に加算されると、要件が緩和された。2015年度の介護報酬改定ではターミナルケア加算について一定割合以上の実績等がある事業者について、新たに看護体制強化加算が行われた。

2014年度の診療報酬改定では在宅医療を推進するために、機能の高い訪問看護ステーションが高く評価される機能強化型訪問看護管理療養費1・2が創設された。常勤の看護師が一定数以上配置されていること、看取りを支援する回数が一定数以上あることが算定要件になっている。

○在宅療養支援診療所・在宅療養支援病院

在宅療養支援診療所は2006年度の診療報酬の改定の際に、高齢者ができる限り住み慣れた家庭や地域で療養しながら生活を送れるよう、また、身近な人に囲まれて在宅での最期を迎えることも選択できるよう、診療報酬上の制度として創設された。

在宅療養支援診療所は、地域において在宅医療を支える24時間の窓口として、他の病院、診療所等と連携を図りつつ、24時間往診や訪問看護等を提供できる、緊急時に入院できる体制を確保している診療所である。

在宅療養支援病院は、4km以内に診療所がない又は200床未満の病院で、在宅支援診療所と同様に、在宅医療の主なる担い手となる病院である。2008年診療報酬改定において創設された。

訪問診療（医療保険）に関するターミナルケア加算では在宅療養支援診療所又は在宅療養支援病院の医師が訪問した場合と、それ以外の診療所の医師が訪問した場合では加算額に差が設けられている。

2012年の診療報酬改定では在宅支援診療所の機能を強化する方向性が示され、強化型在宅療養支援診療所や強化型在宅療養支援病院が創設された。在宅医療を

図3-11　平成24年診療報酬改定「在宅における看取りの充実」

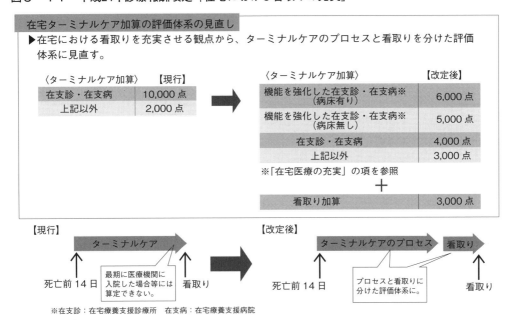

担当する常勤医師が3名以上配置されていること、過去1年間の緊急往診の実績5件以上、過去1年間の在宅における看取り実績2件以上等の要件を満たすことが必要である。ターミナルケア加算は強化型在宅療養支援診療所や強化型在宅療養支援病院を高く評価するなど細かく分けて評価している。

　また、在宅における看取りを充実させる観点から、ターミナルケアのプロセスと看取りを分けた評価体系に見直された。ターミナルケア加算は死亡日及び死亡日前14日以内に2回以上往診又は訪問診療を行った患者が、在宅で死亡した場合に算定される。さらに、この改定では、事前に患者の家族等に対して充分な説明等を行い、自宅で看取りを行った場合に「看取り加算」が創設された（図3-11）。

　2012年の診療報酬改定において有床診療所における看取り加算が新設され、ターミナルケの充実が意図されている。施設の基準としては夜間に看護職員を1名以上配置していることである。

　〇療養通所介護事業：2006年度の介護報酬の改定において制度化された。医療ニーズや介護ニーズのある難病やがん末期の在宅療養者等の中重度者を対象に、通所ニーズに対応するために創設された。看護師が入浴、排泄など日常生活上の世話および機能訓練を行うサービスである。利用者の主治医や訪問看護事業者等と密接な連携のもとで提供されるサービスである。全国的にはまだ普及は限定的である。

　〇定期巡回・随時対応型訪問介護看護におけるターミナルケア加算

　2012年（平成24年）4月に創設された定期巡回・随時対応型訪問介護看護事業所の一体型の事業所では介護報酬にターミナルケア加算が適応される。死亡日及

> **column**
>
> **地域で死を考える**──地域包括支援センター発エンディングノートの取り組み
>
> 　人々の間から死が遠くなっている。多くの人が病院で亡くなり、身近な人の死以外の臨終に立ち会う機会も限られている。家族の中でも死について語ることが少なくなっている。
> 　T市では地域包括支援センターがエンディングノートを作成して希望者に配布している。そこには緊急時の連絡先、病名告知や延命治療の意思、介護方法と費用、葬儀の場所や規模、訃報を知らせたい人のリストなどの記載欄があり、高齢期の暮らし方や死を迎える準備が記入できるようになっている。高齢者自身の整理のためのノートであるが、家族や支援者（サービス提供者等）や地域の人がそれらのことを理解することができる。地域で尊厳のある最期について議論し、できることを考える機会に、また、専門職として、市民として、死生観を醸成する機会になるとよい。

び死亡日前14日以内に2回（医療保険利用時は1回）以上ターミナルケアを実施した場合には加算される。

　さらに、一体型の事業所については重度化や緊急時に対する加算（緊急時訪問看護加算・特別管理加算）がつくなど、在宅での看取りケアが促進される条件が整えられつつある。

　○複合型サービス（看護小規模多機能型居宅介護）のターミナルケア加算

　在宅又は事業所で死亡した利用者に対して、死亡日及び死亡日前14日以内に2日以上ターミナルケアを行った場合にターミナルケア加算がつく。厚生労働省が定める状態（末期の悪性腫瘍等）にある場合はターミナルケアを1日行っていればよい。ターミナルケアを行った後、24時間以内に在宅又は事業所以外で死亡した場合も含む。

2）施設における終末期ケアを支える制度

　施設で最期まで尊厳をもって暮らすためにはスタッフによる手厚い介護や医療的ケアの充実が必要である。介護保険施設では多くの場合、最期は病院への転送という形を取ることが多かったが、介護保険制度では看取り介護加算やターミナルケア加算を付けるなど、制度として病院以外での看取りを促進している。

（1）介護老人福祉施設における制度

　2006年4月の介護報酬の改定において、入所者の重度化等に伴う医療ニーズ増大への対応として、看護師の配置と夜間における24時間連絡体制の確保、看取りに関する指針の策定などの一定の要件を満たす場合に加算される重度化対応加算が創設された。さらに、その施設において医師が終末期にあると判断した入所者について、医師、看護師、介護職員等が共同して、本人はまたは家族等の同意を得ながら看取り介護を行った場合に死亡前30日を限度とした、死亡月の加算をする看取り介護加算が導入された。

2009年の介護報酬改定では、常勤の看護師の配置や基準を上回る看護職員の配置を評価するとともに、常勤の医師の配置にかかる評価を見直すことになった。また、看取り介護加算については、重度化対応加算の要件のうち看取りに関する要件を統合するとともに、施設内における看取りの労力を適切に評価するため、看取りに向けた体制の評価と看取りの際のケアの評価を別個に行うこととなり、重度化対応加算は廃止された。つまり、看護体制加算が新設され、看取り介護加算は死亡日および死亡日前日・前々日の加算を高く評価する改定が行われた。2015年の介護報酬改定では看取り介護の体制構築・強化をＰＤＣＡサイクルにより推進することを要件として、手厚い看取り介護の実施を図ることを意図して死亡日以前4日以上30日以下の看取り介護加算の単位が80単位／日から144単位／日に引き上げている。

　ただし、看取り介護加算のために施設としては以下のことが求められている。

①常勤の看護師を1人以上配置し、当該指定介護老人福祉施設の看護職員により、または病院、診療所もしくは訪問看護ステーションの看護職員との連携により、24時間の連絡体制を確保していること。

②看取りに関する指針を定め、入所の際に、入所者または家族等に説明し、同意を得ていること。

③看取りに関する職員研修を行っていること。

④看取りを行う際に個室または静養室の利用が可能となるよう配慮を行うこと。

　ところで、特別養護老人ホームの入所者が末期の悪性腫瘍の治療や看護を受ける場合に医療保険の診療報酬から費用が支払われる。つまり、施設に地域の医師や看護師が訪問し治療や看護を行うことができる。訪問看護療養費、在宅患者訪問診療料、在宅患者訪問看護・指導料、訪問看護指示料が該当する。

(2) 介護老人保健施設における制度

　介護老人保健施設における夜間の職員配置については、現在の配置実態を踏まえ、夜間の介護サービスの質の向上および職員の負担軽減の観点から、基準を上回る配置を行っている施設を評価するとともに、介護老人保健施設における実態を勘案し、看取りの際のケアについて評価を行うターミナルケア加算が2009年の介護報酬改定時に新設された。

　その算定要件は、入所者が次のいずれにも該当する場合である。

①医師が医学的知見に基づき回復の見込みがないと診断した者であること。

②入所者またはその家族等の同意を得て、入所者のターミナルケアに係る計画が作成されていること。

③医師、看護師、介護職員等が共同して、入所者の状態または家族の求め等に応じ随時説明を行い、同意を得てターミナルケアが行われていること。

　2012年の介護報酬改定では、死亡日および死亡日前日・前々日の加算を高く評

価する改定が行われた（図3-12参照）。

(3) 介護療養型医療施設

2015年度の介護報酬改定では、介護療養型医療施設が担っている看取りやターミナルケアを中心とした長期療養及び喀痰吸引、経管栄養などの医療処置を実施する機能について、新たな要件を設定した上で、重点的に評価し、療養機能強化型A（多床室）で要介護5の場合1,307単位/日を新設した。

(4) 居住系施設における制度
　○認知症対応型共同生活介護

認知症対応型共同生活介護においても2009年に看取り介護加算が新設された。その算定要件は
①医師が一般的に認められている医学的知見に基づき回復の見込みがないと診断した者であること。
②利用者またはその家族等の同意を得て、利用者の介護に係る計画が作成されていること。

図3-12　看取り対応の強化（単位及び算定用件の見直し）

○看取り対応の強化（単位及び算定要件の見直し）

		特定施設入居者生活介護【看取り介護加算】	認知症対応型共同生活介護【看取り介護加算】	介護老人福祉施設【看取り介護加算】	介護老人保健施設【ターミナルケア加算】	介護療養型老人保健施設【ターミナルケア加算】	訪問看護（※）【ターミナルケア加算】
算定期間	死亡日	—	80単位/日	1,280単位/日	315単位/日	315単位/日	2,000単位/死亡月
	死亡前日～前々日			680単位/日			
	死亡4日～14日前			80単位/日			
	死亡15日～30日前				200単位/日	200単位/日	

改定後

算定期間	死亡日	1,280単位/日	1,280単位/日	1,280単位/日	1,650単位/日	1,700単位/日	2,000単位/死亡月
	死亡前日～前々日	680単位/日	680単位/日	680単位/日	820単位/日	850単位/日	
	死亡4日～30日前	80単位/日	80単位/日	80単位/日	160単位/日	160単位/日	
算定要件に係る主な見直し		夜間看護体制加算の算定が必要	「共同して介護を行う看護師は、当該事業所の職員又は当該事業所と密接な連携を確保できる範囲内の距離にある病院・診療所・訪問看護ステーションの職員に限る。」との規定を追加	—	「入所している施設又は当該入所者の居宅における死亡に限る」との規定を削除【要件緩和】	—	「死亡日前14日以内に2回以上のターミナルケアの実施した場合」との規定を、「死亡日及び死亡日前14日以内に2日以上のターミナルケアの実施した場合」に変更【要件緩和】

※定期巡回・随時対応型訪問介護看護、複合型サービスについても同様

（参考）介護老人福祉施設の配置医師と在支診・在支病といった外部の医師が連携して、特養における看取りを行った場合について、診療報酬において評価を行う。

③医師、看護師、介護職員等が共同して、利用者の状態又は家族の求め等に応じ随時、本人又はその家族へ説明を行い、同意を得て介護が行われていること。

　④医療連携体制加算が算定されていること。

　なお、医療連携体制加算とは、環境の変化に影響を受けやすい認知症高齢者が、可能な限り継続してグループホームで生活を継続できるように、日常的な健康管理を行ったり、医療ニーズが必要となった場合に適切な対応がとれる等の体制を整備している事業所に加算されるものである。

　2012年の介護報酬改定では以上の算定要件の③に「共同して介護を行う看護師は、当該事業所の職員又は当該事業所と密接な連携を確保できる範囲内にある距離にある病院・診療所・訪問看護ステーションの職員に限る。」との規定が追加された。また、死亡日と死亡日前日から前々日の単価が引き上げられた（図3-12参照）。

　○特定施設入居者生活介護施設

　特定施設入居者生活介護施設は2012年の介護報酬改定から、看取り介護加算が適応された（図3-12参照）。その算定要件は

　①医師が医学的知見に基づき回復の見込みがないと診断した者であること。

　②入所者またはその家族等の同意を得て、入所者の介護に係る計画が作成されていること。

　③医師、看護師、介護職員等が共同して、入所者の状態または家族の求め等に応じ随時説明を行い、同意を得て介護が行われていること。

　④夜間看護体制加算を算定していること。

　○小規模多機能型居宅介護

　2015年度の介護報酬で看取り連携体制加算が新設された。看護師により24時間連絡できる体制を確保していること、看取り期における対応方針を定め、利用開始の際に登録者又は家族等に対して、当該対応方針の内容の説明を行う場合等について、新たな加算として評価している。死亡日から死亡日以前30日以下で64単位/日である。

　以上のように、多様な看取りの場が準備されつつある。しかし、高齢者自身や家族が尊厳をもって最期を迎える場所を選択するためには課題も多い。どのように最期を迎えるか、専門職も市民も議論する必要がある。

> *column*
>
> **自宅でないもう一つの家のとりくみ**――かあさんの家
>
> 　2004年に宮崎市で開始されたホームホスピス「かあさんの家」では看取り期にある方が、病人としてではなく、生活をする人として暮らして家族やスタッフ、ボランティアなどに見送られている。ホームホスピスでは主治医（在宅療養支援診療所の医師）、ケアマネジャーなど介護関係者や地域のボランティア等が連携して活動を展開している。
>
> 　安心して最期まで尊厳を持って暮らせる取り組みは少しずつ全国に広まっている。平成27年8月には一般社団法人全国ホームホスピス協会（http://www.homehospice-jp.org/index.html）を設立している。

【引用文献】
（1）中央法規出版編集部編『社会福祉用語辞典5訂』2010年、p.46
（2）橋本泰子他『訪問介護員養成研修テキスト第2版第1巻　援助の基本視点と保健福祉の制度』長寿社会開発センター、2009年、p.39
（3）澤田信子他『社会福祉学習双書15　介護概論』全国社会福祉協議会、2009年、p.8
（4）介護福祉用語研究会編『介護福祉用語の解説（第3版）』建帛社、2006年、p.341

【参考文献】
（1）川井太加子、是枝祥子他『介護の基本Ⅰ』中央法規出版、2009年。
（2）川井太加子、橋本祥恵他『介護の基本Ⅱ』中央法規出版、2009年。
（3）橋本泰子他「訪問介護員養成研修テキスト第2版第2巻　利用者の理解・介護の知識と方法」長寿社会開発センター、2009年。
（4）地域包括支援センター業務マニュアル検討委員会「地域包括支援センター業務マニュアル」。
（5）「2015年の高齢者介護――高齢者の尊厳を支えるケアの確立に向けて」厚生労働省老健局長の私的研究会である高齢者介護研究会、2003年。
（6）黒澤貞夫編『ICFをとり入れた介護過程の展開』建帛社、2007年。
（7）津田裕子『介護記録の学校』日総研、2008年
（8）佐藤信人『ケアプラン作成の基本的考え方――試論ノート』中央法規出版、2008年。
（9）中村優一、一番ヶ瀬康子、右田紀久恵監修『エンサイクロペディア社会福祉学』中央法規出版、2007年。
（10）厚生労働省：認知症への取り組み（http://www.mhlw.go.jp/topics/kaigo/dementia/index.html）
（11）室伏君士『痴呆老人の理解とケア』金剛出版、1985年。
（12）PEAPについて：環境づくりCom　http://www.kankyozukuri.com/contents0103.html
（13）デヴィット・スノウドン『100歳の美しい脳――アルツハイマー病解明に手をさしのべた修道女たち』DHC、2004年。
（14）クリスティーヌ・ボーデン『私は誰になっていくの』クリエイツかもがわ、2003年。
（15）水野裕「実践パーソン・センタード・ケア」ワールドプランニング、2008年。
（16）佐瀬美恵子、山内恵子、後藤由美子他「カンファレンス記録に見る『任せる』と言う家族へのスタッフのかかわり」『季刊誌　認知症介護』日総研、2010年。
（17）K. K. キューブラ、P. H. ベリー、D. E. ハイドリッヒ著、鳥羽研二監訳『エンドオブライフ・ケア』医学書院、2004年。
（18）エリザベス・マッキンレー、コリン・トレヴィット著、馬場久美子訳『認知症のスピリチュアルケア――こころのワークブック』新興医学出版社、2010年。

第4章 介護保険制度

第1節 介護保険法の概要

1．介護保険制度の目的

1）制定の経緯

　介護保険法が成立するにあたっては、さまざまな要因・背景があった。その主なものに①核家族化、高齢世帯の増加など家族の変容と、②介護の長期化・重度化などといった介護内容の実質の変化、③福祉と保健、医療制度によって同じようなサービスを受けていても負担や仕組みが異なるという制度の不具合、④高齢者介護施設が足りず在宅介護サービスも不十分なため病気が治っても病院に入院し続けざるをえないという社会的入院の増加、⑤一段と進む高齢化に備えての新しい財源の必要性と⑥社会的入院などによる医療保険の赤字の解消などがあげられよう。

　以上のような背景があって、1990年代には高齢者介護の制度のあり方についてさかんに議論が交わされた。北欧諸国のように充実したサービスを税方式で提供するのか、ドイツの介護保険を参考に社会保険方式で介護給付を提供するのかといった選択もその焦点のひとつであった。

　1994（平成6）年には高齢社会福祉ビジョン懇談会の「21世紀福祉ビジョン──少子・高齢社会に向けて」、厚生省の高齢者介護自立支援システム研究会の報告書「新たな高齢者介護システムの構築を目指して」など、新たな仕組みを模索する政策提言の文書が出され、福祉、保健、医療などの各制度から介護にかかわる部分を再編成し、社会保険方式による制度でサービス供給を行う方針が示された。

　1997（平成9）年12月に介護保険法は成立、公布され、2000（平成12）年4月に施行された。施行後、3年ごとに介護報酬の見直しが行われている。介護保険法は施行5年後の2005（平成17）年6月に改正され、一部は2005年10月施行、その他は2006年4月に施行された。2008年（平成20）年にも介護事業運営の適正化を図るための法改正があり、2009年5月に施行された。2011年6月には地域包括ケアシステムの推進を図ることなどを目的とした改正があり、2012年4月に施行された。2014年6月に医療介護総合確保推進法が成立し、2015年4月より順次施行されている。

2）2005年改正介護保険法の要点

　介護保険施行後、介護保険の利用者は増加し続けている。2005年の改正は、国の全般的な社会保障費抑制策と高齢化の下で、今後見込まれる費用の増加をいかに抑制し効果的な給付を行っていくかという、費用抑制と効率性に向けての大幅な改正となった。ポイントは5点である。
　（1）予防重視型システムへの転換：新予防給付の導入と地域支援事業の創設
　（2）利用者負担の見直し：ホテルコスト（居住費用と食費）の自己負担化
　（3）新たなサービス体系の確立：地域密着型サービス導入と地域包括支援センターの創設
　（4）サービスの質の確保・向上：ケアマネジメントの見直し、情報開示や事業者規制
　（5）負担のあり方・制度運営の見直し：保険者機能の強化

(1) 予防重視型システムへの転換（2006年4月施行）
　①予防給付の見直し：軽度者への給付を見直し、予防給付の内容を大幅に変更した。要支援1と要支援2という新たな要介護区分を設け、この新しい予防給付の対象者とした。要支援者のケアマネジメントは市町村が責任主体となり、地域包括支援センターと介護予防支援事業者が実施することになった。介護報酬は定額制である。それまで要支援と要介護5段階であった要介護区分は、2006年以降要支援1〜2、要介護1〜5という計7段階になった。
　②地域支援事業の中の介護予防事業の実施：従来の老人保健事業、介護予防・地域支え合い事業を見直し、一般の高齢者や要支援、要介護になるおそれのある高齢者（特定高齢者）を対象とした、より効果的な介護予防事業を介護保険制度に位置づけた。地域支援事業は、介護予防事業、包括的支援事業、任意事業から構成され、事業実施の責任主体は市町村であり、介護保険の財源を用いて実施される。

(2) 利用者負担の見直し（2005年10月施行）
　在宅と施設の利用者負担の公平性の観点から、介護保険3施設（ショートステイを含む）の居住費用や食費については保険給付の対象外とした。ただし、低所得者には段階別に補足給付を用いて負担上限額を設けた。
　具体的には、居住費用（減価償却費、光熱費や水道代など）を介護給付の対象から外し、施設利用者に全額負担させることになった。厚生労働省の示した標準的な居住費は特別養護老人ホームの4人部屋で月額約1万円、個室に入居している場合6万円である。食費について、今までは給食費用の約4割の負担だったが、これを調理コストと食材料費全額を自己負担とした。特別養護老人ホームの場合、標準的な収入の入居者の例で、月額2万6,000円が4万2,000円に増額された。

(3) 新たなサービス体系の確立（2006年4月施行）

①地域密着型サービスの創設：高齢者の身近な地域で、多様で柔軟なサービス提供が可能となるよう地域密着型サービスを創設した。地域密着型サービスの事業者の指定は市町村ごとに行われ、その市町村内の被保険者だけがサービスを受けられる。

②地域包括支援センターの創設：公正、中立な立場から、地域における総合的なマネジメントを担う中核機関として、地域包括支援センターを創設した。地域包括支援センターは、地域支援事業の中の包括的支援事業、すなわち総合的相談支援事業、介護予防ケアマネジメント、権利擁護事業、包括的・継続的ケアマネジメント支援事業を行う。

(4) サービスの質の確保・向上（2006年4月施行）

①介護サービス事業者：すべての介護サービス事業者に介護サービス内容や運営状況に関する情報の開示を義務づけた〈介護サービス情報公表制度〉。また、介護サービス事業者の指定に更新制（6年ごと）を導入し、事業者に対する指定の取り消しなどの規制を強化した。

②ケアマネジメントの見直し：地域包括支援センターを創設して、包括的・継続的ケアマネジメント支援事業を実施し、居宅介護支援事業所の介護支援専門員（ケアマネジャー）の支援や地域の関係機関のネットワークの強化を図ることになった。また、軽度者に対する介護予防ケアマネジメントは一元的に地域包括支援センターで実施することになった。介護支援専門員の資質・専門性の向上のため、資格を5年ごとの更新制にし、定期的な研修を義務づけた。

(5) 負担のあり方・制度運営の見直し（2006年4月施行）

①第1号保険料の見直し：新第2段階（年金収入が基礎年金以下）を創設して保険料負担を軽減した。特別徴収の対象となる年金を遺族年金、障害年金に拡大した。

②要介護認定事務の見直し：申請代行と認定調査の見直し。高齢者が初めて認定調査を受ける場合は、原則として市町村が行い、事業所への委託は認められないことになった。

③市町村の保険者機能の強化：都道府県知事の事業者指定にあたり、市町村長の関与を強化した。また、市町村長の事業所への調査権限を強化した。

④介護保険事業計画（都道府県は介護保険事業支援計画）：老人福祉計画と一体的に作成されることになった。

3）2008（平成20）年改正の要点

2008年5月に介護保険法及び老人福祉法の一部を改正する法律案が成立し、2009年5月から施行された。これはある大手の居宅サービス事業所が不正請求や

虚偽の指定申請、人員基準違反等をしていることが東京都の立ち入り検査でわかった事件を受けたものである。この法改正では、介護サービス事業者の不正事案の再発を防止するための仕組みが設けられることになった。①法令遵守等の業務管理態勢の整備、②事業者の本部等に対する立ち入り検査権等の創設、③不正事業者の処分逃れ対策、④指定・更新時等の欠格事由の見直し、⑤廃止時のサービス確保対策などである。

4）2011（平成23）年改正の要点

2011年6月に「介護サービス基盤強化のための介護保険法等の一部を改正する法律」案が成立し、一部は公布日に、その他は2012年4月に施行された。高齢者が住み慣れた地域で自立した生活を営めるよう、医療、介護、予防、住まい、生活支援サービスが切れ目なく提供される〈地域包括ケアシステム〉の構築に向けた取り組みを進める事が、この改正の目的である。

改正の主な概要は以下である。

(1) 医療と介護の連携の強化等

①医療、介護、予防、住まい、生活支援サービスが連携した要介護者等への包括的な支援〈地域包括ケア〉を推進。

②日常生活圏域ごとに地域ニーズや課題の把握を踏まえた介護保険事業計画を策定。

③単身・重度の要介護者等に対応できるよう、24時間対応の定期巡回・随時対応型訪問介護看護や複合型サービス（2015年4月より看護小規模多機能型居宅介護に改称）を創設。

④保険者の判断による予防給付と生活支援サービスの総合的な実施を可能とする。

⑤介護療養病床の廃止期限（2012年3月末）を猶予。（新たな指定は行わない。）

※介護療養病床は、順次老人保健施設等へ転換し、制度を廃止するとしていたが、6年間（2018年3月末まで）転換期限を延長することになった。

(2) 介護人材の確保とサービスの質の向上

①介護福祉士や一定の教育を受けた介護職員等によるたんの吸引等の実施を可能とする。

※脳血管性疾患等で口から食べ物を飲み込みにくくなった高齢者が経管栄養（胃ろう等）をつけて退院した場合、介護老人福祉施設では看護師の数が限られているため受け入れを拒否したり、受け入れ人数を制限するということがあった。これに対応するため、介護福祉士などの介護職員が、一定の追加的な研修を修了すれば、医師の指示の下、「たんの吸引（口腔内、鼻腔内、気管カニューレ内部）・

経管栄養（胃ろう、腸ろう、経鼻経管栄養）等日常生活を営むのに必要な行為」を実施できるようになった。また新たに養成される介護福祉士は、これらの内容がその養成カリキュラムに組み込まれることになった。

②介護福祉士の資格取得方法の見直し（2012年4月実施予定）を延期。

③介護事業所における労働法規の遵守を徹底、事業所指定の欠格要件及び取消要件に労働基準法等違反者を追加。

※介護人材の確保を図るためには、事業所による雇用管理の取り組みを推進することが重要だが、介護事業を含む社会福祉関係の事業は、全産業と比較して労働基準法等の違反の割合が高い。特に残業等に対する割増賃金不払いの割合が2倍近くになっていた（社会福祉施設35.8％、全産業18.1％）。このため事業者による雇用管理改善の取り組みを推進するため、新たに、労働基準法等に違反して罰金刑を受けている事業者等について、指定拒否等を行うこととなった。

④公表前の調査実施の義務付け廃止など介護サービス情報公表制度の見直しを実施。

(3) 高齢者の住まいの整備等

①有料老人ホーム等における前払金の返還に関する利用者保護規定を追加。

②厚生労働省と国土交通省の連携による**サービス付き高齢者向け住宅**の供給を促進（高齢者住まい法の改正）。サービス付き高齢者向け住宅については175ページ参照。

(4) 認知症対策の推進

①市民後見人の育成及び活用など、市町村における高齢者の権利擁護を推進。

②市町村介護保険事業計画において地域の実情に応じた認知症支援策を盛り込む。

(5) 保険者による主体的な取組みの推進

①介護保険事業計画と医療サービス、住まいに関する計画との調和を確保。

②地域密着型サービスについて、公募・選考による指定を可能とする。

(6) 保険料上昇の緩和

各都道府県の財政安定化基金を取り崩し、介護保険料の軽減等に活用。

【施行日】(1)⑤、(2)②については公布日施行。その他は2012年4月1日施行。

なお、同じ2011年の4月に「地域の自主性および自立性を高めるための改革の推進を図るための関係法律の整備に関する法律」が成立し、これにより介護保険法と老人福祉法も一部改正され、2012年4月から施行されている。これまで厚生

労働省令で定められていた指定居宅サービスや指定介護老人福祉施設の基準の一部を、都道府県および市町村が独自に条例で定められるようになった。但し、その基準の内容は、厚生労働省令で定める基準に従って定めるもの、標準とするもの、参酌するものと分けられており、すべてを自由に条例で定められるようにはなっていない。

5）2014（平成26）年改正の要点

「地域における医療及び介護の総合的な確保を推進するための関係法律の整備等に関する法律」（略称：医療介護総合確保推進法）が2014年6月25日に成立し、一部は公布日に、その他は2015年4月より順次施行されている。2011年改正で創設された地域包括ケアシステムの構築をより一層進めていくことと共に、限られた財源の中で社会保障費の引き締めを図る事を目的としている。「重点化・効率化・公平化」とサービスの充実をいかに両立させるか、保険者である市町村や、地域包括ケアを担う地域包括支援センターにより一層の負担と役割が期待されている。

改正の主な概要は以下である。

2015年4月から

①地域包括ケアシステムの構築に向け、地域支援事業（介護保険財源を使用して市町村が取り組む事業）に在宅医療・介護連携の推進等4点を追加する。

②介護予防訪問介護と介護予防通所介護を地域支援事業に移行させる。（2017年4月までにすべての市町村で実施）。

③介護老人福祉施設（特別養護老人ホーム）の新規入居者は、原則として要介護3以上を対象とする。

④低所得者（市町村民税非課税世帯で年金収入が80万円以下の第1号被保険者）の保険料軽減を、5割から7割に拡充する。

⑤サービス付き高齢者向け住宅に住所地特例を適用する。

2015年8月から

⑥所得金額160万円（年金収入で、単身280万円以上、夫婦346万円以上）以上の高齢者の自己負担を1割から2割に引き上げる。

⑦低所得の施設利用者の食費・居住費を補填する「補足給付」の要件に、資産などを追加する。預貯金等が単身1000万円超、夫婦2000万円超の場合は補足給付の対象外とする。

2016年4月施行

⑧定員18人以下の通所介護は「地域密着型通所介護」として、地域密着型サービスに移る。

2018年4月施行

⑨居宅介護支援事業所の指定権限を市町村へ移譲する。

6）介護保険法の目的

介護保険法は、「加齢に伴って生ずる心身の変化に起因する疾病等により要介護状態となり、入浴、排せつ、食事等の介護、機能訓練並びに看護及び療養上の管理その他の医療を要する者等について、これらの者が尊厳を保持しその有する能力に応じ自立した日常生活を営むことができるよう、必要な保健医療サービス及び福祉サービスに係る給付を行うため、国民の共同連帯の理念に基づき介護保険制度を設け、その行う保険給付等に関して必要な事項を定め、もって国民の保健医療の向上及び福祉の増進を図ること」を目的としている（介護保険法第1条）。

介護保険の給付の際には、以下の3点に配慮しなければならないと定められている。

①要介護状態の軽減や予防、悪化の防止に資するよう行われるとともに、医療との連携に十分に配慮して行わなければならない。

②被保険者の心身の状況、環境に応じて、被保険者の選択に基づき、適切な保健医療サービスおよび福祉サービスが、多様な事業者または施設から、総合的かつ効率的に提供されるよう配慮して行わなければならない。

③保険給付の内容および水準は、被保険者が要介護状態となった場合においても、可能な限り、その居宅において、その有する能力に応じ自立した日常生活を営むことができるように配慮されなければならない。

2．介護保険制度の仕組み

1）保険者

介護保険制度を運営する主体（**保険者**）は市町村および特別区である。保険者は、この介護保険に関する収入と支出について**特別会計**を設けなければならない（介護保険法第3条）。保険を運営する保険者としては、あまりに財政規模が小さいと安定的で効率的な保険運営が難しい。そのため、いくつかの市町村が共同で事務を行う**広域連合**や、**一部事務組合**などの特別地方公共団体も保険者となることが認められている。

国、都道府県の責務についても定められており、国は、介護保険事業の運営が健全かつ円滑に行われるよう、保健医療サービスおよび福祉サービスを提供する体制の確保に関する施策その他の措置を講じなければならず、都道府県も、介護保険事業運営が健全に行われるように、必要な助言および適切な援助をしなければならない（同第5条）。また、医療保険者も、介護保険事業の健全かつ円滑な実施に協力しなければならない（同第6条）。

保険者である市町村を重層的に支える仕組みである。

なお、2011年の法改正により、国および地方公共団体の努力義務が2点付け加えられた。

1. 国及び地方公共団体は、被保険者が、可能な限り住み慣れた地域でその有する能力に応じ自立した日常生活を営むことができるよう、保健医療福祉サービスや介護予防、地域における日常生活支援のための施策を、医療及び居住に関する施策との有機的な連携を図りつつ包括的に推進するよう努めなければならない（第5条第3項）。
2. 国及び地方公共団体は、被保険者に対して認知症に関する適切な保健医療福祉サービスを提供するため、認知症の予防、診断及び治療および介護方法に関する調査研究の推進とその成果の活用に努めるとともに、認知症である者の支援に係る人材の確保及び資質の向上を図るために必要な措置を講ずるよう努めなければならない（認知症に関する調査研究の推進等）（第5条の2）

政府は「高齢者を自助・互助・共助・公助の組み合わせにより地域で包括的に支えること」を〈地域包括ケア〉と名付け、その提供を可能とする地域の仕組みや体制を〈地域包括ケアシステム〉とし、これを今後進める方針を示した。また、国や地方公共団体が認知症支援策をより一層進めていくことを明記したのである。

2）被保険者

被保険者については、以下のように定められている（表4-1）。
○第1号被保険者：市町村の区域内に住所を有する65歳以上の者
○第2号被保険者：市町村の区域内に住所を有する40歳以上65歳未満の医療保険加入者（外国人登録をしている人も含む）

なお、障害者支援施設や国立ハンセン病療養所、救護施設等に入所や入院している人たちは、当分の間、被保険者の適用から除外される。これは、それぞれの施設ですでにサービスが提供されているためである。

表4-1 介護保険制度における被保険者・受給権者等

	第1号被保険者	第2号被保険者
対象者	65歳以上の者	40歳以上65歳未満の医療保険加入者
受給権者	・要介護者（寝たきりや認知症で介護が必要な者） ・要支援者（要介護状態となるおそれがあり日常生活に支援が必要な者）	左のうち、初老期における認知症、脳血管疾患などの老化に起因する疾病（特定疾病）によるもの
保険料負担	所得段階別定額保険料（低所得者の負担軽減）	・健保：標準報酬×介護保険料率 　（事業主負担あり） ・国保：所得割、均等割等に按分 　（国庫負担あり）
賦課・徴収方法	年金額一定以上は特別徴収（年金天引）、それ以外は普通徴収	医療保険者が医療保険料とともに徴収し、納付金として一括して納付

出典）厚生労働統計協会編『国民の福祉と介護の動向2015/2016』2015年、p 153

●住所地特例

　被保険者の要件には必ず「市町村の区域内に住所を有する」という文字が入っているが、例外が生じる。介護保険施設や特定施設（有料老人ホームや軽費老人ホーム）、養護老人ホームに入所・入居し、その施設の所在地に住所変更をした被保険者は、**住所地特例**といって、元の住所地市町村の被保険者とすることが定められている（第13条）。施設が集中している市町村の施設給付費等の負担が重くなることを防ぐための制度である。

　2015年4月からサービス付き高齢者向け住宅（通称:サ高住）にもこの住所地特例が適用される。サ高住に住む高齢者は通常、住宅外部の居宅サービスを利用する。2015年度から住所地特例対象者は、保険者市町村または施設所在市町村が指定した**特定地域密着型（介護予防）サービス**および地域支援事業を利用できる（126ページ参照）。特定地域密着型（介護予防）サービスとは、小規模多機能型居宅介護や認知症対応型通所介護等を指しており、認知症対応型共同生活介護や地域密着型特定施設入居者生活介護等の居住系サービスは含まれない。

3）要介護認定・要支援認定

(1) 要介護者・要支援者（介護保険法第7条）

　介護保険法では「要介護状態」「要支援状態」を以下のように定めている。

　「身体上または精神上の障害があるために、入浴、排せつ、食事等の日常生活における基本的な動作の全部または一部について、継続して……」

- 要介護状態：「常時介護を要すると見込まれる状態であって、その介護の必要の程度に応じて厚生労働省令で定める区分（要介護状態区分）のいずれかに該当する者」
- 要支援状態：「常時介護を要する状態の軽減、もしくは悪化の防止に特に資する支援を要すると見込まれる、または日常生活を営むのに支障があると見込まれる状態であって、支援の必要の程度に応じて厚生労働省令で定める区分（要支援状態区分）のいずれかに該当する者」である。

　要介護者は、①「要介護状態」にある65歳以上の者、②「要介護状態」にある40歳以上65歳未満の者で、その要介護状態の原因である身体上または精神上の障害が「特定疾病」（第1章表1－9〈p.33〉参照）によって生じた者と規定される。

　要支援者は、同じく「要支援状態」にある65歳以上か、40歳以上65歳未満で「特定疾病」による障がいのある者である。

(2) 要介護認定・要支援認定の手続き（図4－1参照）

　保険給付を受けようとする被保険者は、要介護者または要支援者に該当するかどうか、およびその該当する要介護状態区分について、市町村の認定（法文上はそれぞれ要介護認定、要支援認定と定義されているが、ここでは要介護認定と総称する）

図4−1　介護サービスの利用の手続き

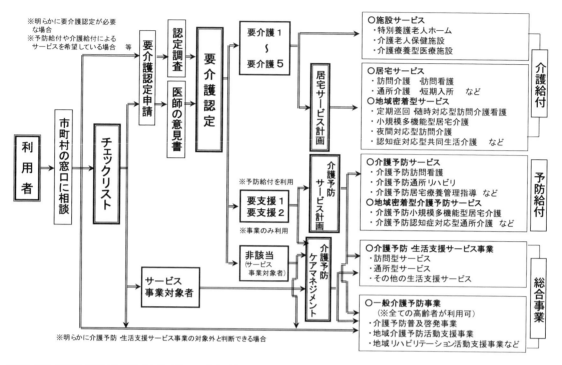

出典）厚生労働省老健局振興課「介護予防・日常生活支援総合事業ガイドライン（概要）」p.19

を受けなければならない。

　①まず、要介護認定を受けようとする被保険者は、申請書に被保険者証を添付して市町村に申請する。この場合、その被保険者は、家族や親族、成年後見人などの他、法律に規定する指定居宅介護支援事業者、地域密着型介護老人福祉施設、介護保険施設または地域包括支援センターに、この申請に関する手続を代行してもらうことができる。

　市町村は、申請があったとき、職員をその被保険者に面接させて、その心身の状況やおかれている環境その他について調査させる。市町村は、その申請者が遠隔地に住んでいる場合、その調査を他の市町村に嘱託することができる。2005年改正により、新規の認定調査については、公平性の観点から居宅介護支援事業者等に委託することはできず、市町村が実施することになった。但し、この認定調査を指定市町村事務受託法人に委託することができる。

　②市町村は、申請があったときは、この申請にかかわる被保険者の主治医に対し、被保険者の身体上または精神上の障害の原因である疾病、負傷の状況などにつき意見を求める（**主治医意見書**）。

市町村は、認定調査に基づくコンピューター判定の結果（**一次判定**）ならびに前項の主治医の意見などを介護認定審査会に通知し、この申請にかかわる被保険者について、第1号被保険者か第2号被保険者かに応じて審査および判定を求める。
　○第1号被保険者の場合：要介護状態に該当すること、およびその該当する要介護状態区分
　○第2号被保険者の場合：要介護状態に該当すること、その該当する要介護状態区分、およびその要介護状態の原因である障害が特定疾病によって生じたものであること

　介護認定審査会は、一次判定結果、主治医意見書、訪問調査の特記事項の情報に基づいて、厚生労働大臣が定める基準に従って審査および判定（**二次判定**）を行い、その結果を市町村に通知する。この申請に対する処分は、申請のあった日から30日以内にしなければならない。

●**介護認定審査会**

　市町村は、審査判定業務を行わせるため介護認定審査会をおくと定められている（介護保険法第14条）。複数の市町村が協力して共同設置することもできる。委員は、保健、医療、福祉に関する学識経験者のうちから市町村長が任命する。

③市町村は、通知された介護認定審査会の審査および判定の結果に基づき、要介護認定をして、その結果を要介護認定を受ける被保険者に通知しなければならない。

　要介護認定は、その申請のあった日にさかのぼってその効力を生ずる。また要介護認定には有効期間があり、継続してサービスを受けるためには、市町村に対し要介護認定の更新の申請をする（**更新申請**）。

　要介護認定の更新の際は、指定居宅介護支援事業者、地域密着型介護老人福祉施設、介護保険施設等に認定調査を委託することができる。委託を受けた指定居宅介護支援事業者等は、介護支援専門員（ケアマネジャー）等にこの委託にかかわる調査を行わせる。その際、介護支援専門員等またはこれらの職にあった者は、正当な理由なしに委託業務に関して知りえた個人の秘密を漏らしてはならないと定められている。この委託業務に従事する者は、刑法その他の罰則の適用については、法令により公務に従事する職員とみなされる。

　有効期間中に状態が変化した場合は、要介護状態区分の変更の認定も求めることができる（**区分変更申請**）。

　この結果に不服、異議などのある場合は、都道府県に設置されている介護保険審査会に申し立てを行うことができる。介護保険審査会では、保険給付に関する処分や保険料その他の徴収金に関する処分に対する審査請求を扱っている（同第183条）。

●**介護支援専門員**（ケアマネジャー）（p.184参照）

　要介護者または要支援者（以下、要介護者等）からの相談に応じ、要介護者等がその心身の状況などに応じ適切なサービスを利用できるよう、市町村やサービス事業者との連絡調整を行う者で、要介護者等が自立した日常生活を営むのに必要な援助に関する専門的知識および技術を有する者として、介護支援専門員証の交付を受けた者をいう。2005年の法改正により、資質および専門性の向上のため定期的な研修を強化するとともに、介護支援専門員証に5年の有効期間を設け、更新時にも研修を義務づけることになった。

●**介護保険審査会**

　介護保険審査会は、各都道府県に置くと定められている（介護保険法第184条）。審査会は、被保険者を代表する委員3名、市町村を代表する委員3名、公益を代表する委員3名以上から構成され、委員は都道府県知事が任命する。介護保険審査会では、保険給付に関する処分（被保険者証の交付の請求や要介護認定に関するもの）や保険料その他の徴収金に関する処分に対する審査請求を扱っている（同第183条）。すなわち、被保険者が要介護認定の結果や、保険料の決定等の処分に異議申し立てを行う場合は、この介護保険審査会に審査請求を行う。審査請求は、処分があったことを知った日から起算して60日以内に、文書または口頭でしなければならない。

4）居宅介護支援・介護予防支援（介護保険法第8条）

　居宅介護支援・介護予防支援（ケアマネジメント（P198参照））とは、要介護認定で要介護者等と認定された者が次に居宅サービスを利用するために必要なプロセスである。「居宅介護支援」は要介護者を、「介護予防支援」は要支援者を対象とする。

　要介護者等がその居宅において日常生活を営むために必要な保健医療サービスや福祉サービスを適切に利用できるよう、介護支援専門員（ケアマネジャー）が要介護者等の依頼を受けて、その心身の状況やおかれている環境、本人およびその家族の希望などを考え合わせて、利用する居宅サービスなどの種類および内容、これを担当する者等を定めた計画（要介護者に「**居宅サービス計画**」、要支援者には「**介護予防サービス計画**」：通称「**ケアプラン**」）を作成する。そして、その計画に基づく居宅サービスなどの提供が確保されるよう、サービス事業者との連絡調整その他の便宜の提供を行う。その際、サービスの提供が、特定の種類または特定の事業者に偏ることがないよう調整する。また、要介護者が介護保険施設や地域密着型介護老人福祉施設への入所を要する場合にあっては、それらの施設への紹介その他の便宜の提供を行うことをいう。

　なお、要支援者の介護予防サービス計画は、市町村長により指定を受けた地域包括支援センターおよび介護予防支援事業者によって作成される。介護予防サー

ビス計画では、利用者と一緒に家事をするなど、利用者の残存能力を最大限に活用する事が重要となっている。

ケアプラン作成の際は、利用者、介護者合意の下でケアプランの原案を作成し、**サービス担当者会議**（ケアカンファレンス）を経てケアプランを完成させなければならない。居宅介護支援・介護予防支援に関する費用は、全額保険給付され、利用者負担はない。

また、施設入所の際は、施設に必置の介護支援専門員が必ず施設サービス計画を作成しなければならない。施設サービス計画には、サービスの目標およびその達成時期、サービス内容などが明記される（介護サービスの利用の手続きについては図4－1参照）。

5）保険給付とその内容

介護保険法による保険給付は3種類ある。

①被保険者の要介護状態に関する（すなわち要介護者に対する）保険給付を「介護給付」という（介護保険法第40条）。

②被保険者の要支援状態に関する（すなわち要支援者に対する）保険給付を「予防給付」という（同第52条）。

③この2つの給付のほか、市町村が要介護状態または要支援状態の軽減や悪化の防止に資する保険給付として条例で定めるものを「市町村特別給付」という（同第62条）。

介護給付には13項目ある。予防給付は、施設サービスに関する給付を除く11項目である（表4－2）。

被保険者が要介護状態等になったときに、労働者災害補償保険による療養補償給付等の、介護給付等に相当するサービスを受けている場合、または国や地方公

表4－2　介護給付と予防給付

介護給付	予防給付
①居宅介護サービス費の支給	①介護予防サービス費の支給
②特例居宅介護サービス費の支給	②特例介護予防サービス費の支給
③地域密着型介護サービス費の支給	③地域密着型介護予防サービス費の支給
④特例地域密着型介護サービス費の支給	④特例地域密着型介護予防サービス費の支給
⑤居宅介護福祉用具購入費の支給	⑤介護予防福祉用具購入費の支給
⑥居宅介護住宅改修費の支給	⑥介護予防住宅改修費の支給
⑦居宅介護サービス計画費の支給	⑦介護予防サービス計画費の支給
⑧特例居宅介護サービス計画費の支給	⑧特例介護予防サービス計画費の支給
⑨施設介護サービス費の支給	⑨高額介護予防サービス費の支給
⑩特例施設介護サービス費の支給	⑨の2　高額医療合算介護予防サービス費の支給
⑪高額介護サービス費の支給	⑩特定入所者介護予防サービス費の支給
⑪の2　高額医療合算介護サービス費の支給	⑪特例特定入所者介護予防サービス費の支給
⑫特定入所者介護サービス費の支給	
⑬特例特定入所者介護サービス費の支給	

（清水作成）

共団体の負担で介護給付等に相当するサービスを受けている場合は、介護給付・予防給付を受けることはできない。

■保険給付の概要

保険者である市町村は、被保険者である利用者が介護保険法で定めるサービスを利用したとき、そのサービスに要した費用を支給する。利用者は1割〜2割の利用者負担を支払う。

たとえば、要介護者が指定居宅サービス事業者から訪問介護という居宅サービスを利用した場合、市町村は居宅介護サービス費を支給する。その額はサービスの種類ごとの基準に基づいて算定した費用の9〜8割で、残りの1割〜2割は利

表4−3 居宅サービスにおける区分支給限度基準額　　　　　平成27（'15）年4月

区分に含まれるサービスの種類	限度額の管理期間	区分支給限度基準額
訪問介護、訪問入浴介護、訪問看護、訪問リハビリ、通所介護、通所リハビリ、短期入所生活介護、短期入所療養介護、福祉用具貸与、介護予防サービス	1カ月（暦月単位）	要支援1　　5,003単位 要支援2　　10,473単位 要介護1　　16,692単位 要介護2　　19,616単位 要介護3　　26,931単位 要介護4　　30,806単位 要介護5　　36,065単位

注1：1単位：10〜11.26円（地域やサービスにより異なる）（「厚生労働大臣が定める1単位の単価」（平成12.2.10厚告22））
　2：経過的要介護は6,150単位である
出典）厚生労働統計協会編『国民の福祉と介護の動向2015/2016』 p.157

表4−4 各施設のサービス費　　　　　平成27（'15）年4月〜（単位／日）

	介護老人福祉施設 （特別養護老人ホーム）		介護老人保健施設			介護療養型医療施設 （病院・多床室）		
多床室	要介護1 要介護2 要介護3 要介護4 要介護5	594 661 729 796 861	通常型	要介護1 要介護2 要介護3 要介護4 要介護5	768 816 877 928 981	療養機能 強化型A	要介護1 要介護2 要介護3 要介護4 要介護5	778 886 1,119 1,218 1,307
ユニット型個室	要介護1 要介護2 要介護3 要介護4 要介護5	625 691 762 828 894	在宅強化型 在宅復帰率50％超 ベッド回転率10％以上等	要介護1 要介護2 要介護3 要介護4 要介護5	812 886 948 1,004 1,059	療養機能 強化型B	要介護1 要介護2 要介護3 要介護4 要介護5	766 873 1,102 1,199 1,287
						その他	要介護1 要介護2 要介護3 要介護4 要介護5	745 848 1,071 1,166 1,251

出典）厚生労働統計協会編『国民の福祉と介護の動向2015/2016』 p.157

用者本人が自己負担する。

その際、居宅サービス、地域密着型サービスならびに施設サービスに要した費用については、食費、居住費または滞在費その他日常生活に要する費用を別途支払う。低所得者に対しては資産も勘案し、施設に補足給付（⑫特定入所者介護サービス費等）が支払われ、負担上限額が低く定められている。

表4－2の⑦⑧の居宅介護（介護予防）サービス計画費に関しては算定した費用の全額が給付され、利用者負担はない。

利用者負担が著しく高額になる場合は、利用者に対し高額介護（予防）サービス費が支給される。すなわち、利用者負担の1世帯当たり総支払金額が、所得段階別に定められた利用者負担上限額を超えた場合には払い戻しを受ける。

また、実際には、①居宅介護（介護予防）サービス費の支給③地域密着型介護（予防）サービス費の支給⑦居宅介護（介護予防）サービス計画費の支給⑨施設介護サービス費の支給については、現物給付化されている。市町村は、その要介護者等がサービス事業者に支払うべき費用について、その要介護者等に代わりサービス事業者に支払うことができる。つまり、給付に要した費用は市町村から事業者に直接支払われるので、被保険者はあらかじめ全額支払う必要はなく、自己負担分だけ支払えばよいのである（**法定代理受領方式**による現物給付）。その他の場合、たとえば特定福祉用具を購入したときなどは、要介護者等はいったん事業者にその代金（全額）を支払ってから、あとでその9割分の給付（表4－2の⑤居宅介護福祉用具購入費の支給）を受ける（**償還払い**：保険者から払い戻しを受ける）。

「特例」がついている給付は、a 要介護認定を受ける前に、緊急その他やむをえない理由により指定サービスを利用した場合や、b 指定サービス以外のサービス（基準該当サービス：人員基準や設備・運営基準のすべてを満たしていないが、そのうちの一定基準を満たしている事業者によるサービス）を受けた場合、c サービスの確保が著しく困難である離島などで指定サービスおよび基準該当サービス以外のサービス等を受けた場合などで、いずれも市町村が必要と認めるときに支給される。

要介護者は、居宅サービス、地域密着型介護サービスおよび施設サービス等すべてを受給できるが、要支援者は、施設サービスおよび地域密着型サービスの一部のサービスは利用できない（表4－8参照）。

居宅サービスおよび地域密着型サービスの場合、要介護度により区分支給限度額があり、区分支給限度を超えてサービスを利用する場合は、超えた分は全額（10割）自己負担となり保険給付は受けられない（表4－3）。施設サービスの場合は、施設の種類ごとおよび要介護度により施設に支払われる給付費が異なっており、自己負担の額も異なる（表4－4）。

6）予防給付について

要支援者に対する給付を予防給付という。居宅サービスについては介護給付に

準じた内容のものが介護予防サービスとして提供される（介護予防サービス費の支給や介護予防福祉用具購入費の支給等）。地域密着型サービスについては、要介護者は8種類利用できるが、要支援者はそのうち3種類（介護予防認知症対応型通所介護、介護予防小規模多機能型居宅介護、介護予防認知症対応型共同生活介護）を地域密着型介護予防サービスとして利用できる（地域密着型介護予防サービス費の支給）。施設サービスは利用できない（表4-8参照）。

2005年の介護保険法改正により予防給付の内容が見直された。要支援者の生活機能を低下させないよう、より一層予防に力を入れることになった。

サービス内容は、必要に応じて筋力向上トレーニングなど運動機能の向上、管理栄養士等による栄養改善、口腔機能向上ケア（歯磨き指導等）などを既存サービスのプログラムに取り入れた。軽度者には廃用症候群が多く、早期からの予防やリハビリが本人の自立支援に効果的であるとしている。また介護報酬は定額制である。脳梗塞・心疾患・末期がんなどで心身の状態が不安定な人や認知症などにより適切な理解が困難な人など、サービスの利用が適当でない人は対象から除かれる。

この要支援者のケアマネジメント（介護予防支援）は、市町村が責任主体となり、市町村が設置した地域包括支援センターの保健師等が中心となって行う（第3節介護予防ケアマネジメント業務参照）。

なお、2014年の改正により、介護予防訪問介護と介護予防通所介護は地域支援事業の枠組みに移行することになった。

7）給付の流れと各事業者について　（図4-2参照）

医療保険、介護保険等の社会保険においては、まず拠出（保険料の支払い）なくして給付は受けられない。その上で介護保険の場合は、受給資格を判断するのは医師ではなく、要介護認定であり、加えてケアプラン作成という段階を踏まないと受給には至らない。医療保険でいう審査支払機関にあたるのが、国民健康保険団体連合会である。ケアプランの作成を行い、介護サービスを提供するのは、都道府県知事および市町村長の指定を受けた指定サービス事業者である。

●指定サービス事業者

介護保険法に基づく介護保険事業者になるためには、厚生労働省令等で定める人員、設備及び運営に関する基準（指定の要件）を満たす必要がある。それらを満たした事業者が都道府県知事や市町村長の指定を受けてサービスを提供する。

①都道府県知事・政令指定都市・中核市長の指定を受けるもの（2012年4月の改正介護保険法の施行により、これまで都道府県が行っていた知事の権限に属する事務のうち、居宅サービス等事業者等の指定・指導等の事務は、指定都市と中核市に権限が移譲された）

図4－2　介護給付費の流れ

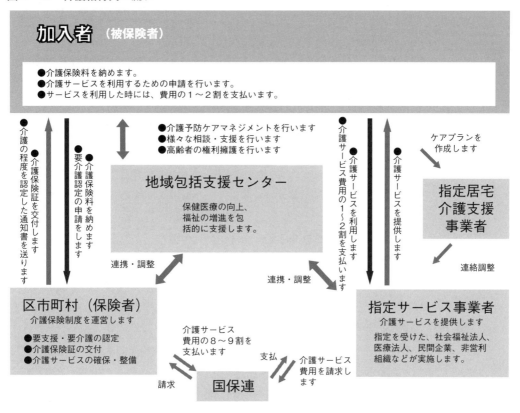

出典）東京都国民健康保険団体連合会「介護保険制度について」を一部改変

・指定居宅サービス事業者（第41、73条）～要介護者に訪問介護等の居宅サービスを提供する事業所。
・指定居宅介護支援事業者（第46条）～要介護者に対してケアマネジメントを行う事業所
・介護保険施設（第87条）
・指定介護予防サービス事業者（第53条）～要支援者に介護予防訪問介護等の介護予防サービスを提供する事業所
②市町村長の指定を受けるもの
・指定地域密着型サービス事業者（第42の2）～要介護者に地域密着型サービスを提供する事業所
・指定地域密着型介護予防サービス事業者（第54条）～要支援者に地域密着型介護予防サービスを提供する事業所
・指定介護予防支援事業者（第58条）～要支援者にケアマネジメントを行う事業所

● **国民健康保険団体連合会（略称：国保連）**

　国民健康保険法（第83条）に基づき、各都道府県に一つ設置されている。国民健康保険の事業を行う市町村及び国保組合が会員となって設立された公法人である。国民健康保険、介護保険だけでなく、障害者総合支援制度の請求・支払い業務も担っている。

　介護保険制度においては次の事業を行う。

　①介護給付費審査委員会　介護保険法の規定により保険者（市町村）の委託を受けて介護給付費請求書の審査を行うため、国保連合会に設置されている。介護給付費等（居宅介護サービス費、地域密着型介護サービス費、居宅介護サービス計画費、施設介護サービス費等）の請求に関する審査及び支払いを行う。

　②市町村から委託を受けて、介護予防・日常生活支援総合事業の実施に必要な費用の支払決定に係る審査及び支払い等を行う。

　③介護サービス苦情処理委員会　介護保険法の規定により、指定居宅サービス、指定居宅介護支援及び指定施設サービス等の質の向上に関する調査、並びに必要な指導及び助言を公正かつ適正に行う。

　サービスを利用している利用者やその家族からの苦情や異議申し立てに関して、事実関係の調査を行い、指定サービス事業者に対して指導や助言を行う。

　④介護保険代表者協議会　国保連合会理事長の諮問機関で、国保連合会理事選出の市町村の事務担当者等で構成されている。調査、研究及び審議する事項は、国保連合会介護保険事業の企画及び運営、財政計画等に関する事項となっている。

　⑤その他、第三者行為についての損害賠償請求権に関する事務等も保険者から委託されている。

8）介護報酬

　利用者が介護保険サービスを利用した際、事業者（指定事業所や施設）はその費用を介護給付費単位数表に基づき、保険者（市町村）に請求する。保険者は事業者に単位数表の8割〜9割分を支払い、残りの1割〜2割は利用者から直接事業者に支払うことになる。

　この単位数表は、厚生労働大臣が社会保障審議会介護給付費分科会の意見を聞いて定めることとされている。医療保険の診療報酬は1点10円だが、介護保険の介護報酬では1単位10〜11.26円で、地域やサービスにより異なる。

　介護報酬の改定は、原則として3年に1回のペースで行われる。これまで2003年度改定では−2.3％（在宅＋0.1％、施設−4.0％）、2006年度改定では−0.5％（2005年改正施行と同時の改定を含めると−2.4％）といずれもマイナス改定であった。2009年度改定では初のプラス3.0％（在宅分1.7％、施設分1.3％）となった。

近年、介護従事者の離職率が高く、特に都市部では人材確保が困難となっている。マイナス改定の際には、人件費を削らざるを得ない事業者が多く、非正規職員の割合も増えた。人員基準等は変化がないが、ユニット型施設が増え介護職員一人ひとりの負担が増えるようになった。特に「仕事の割に給与が低い」「やりがいはあるが、家族を養えない」という実態が報道等でよく知られるようになった。2008年には「介護従事者の人材確保のための介護従事者の処遇改善に関する法律」が成立し、この2009年度改定はこれを受けたものである。この改定は、①介護従事者の人材確保・処遇改善、②医療との連携や認知症ケアの充実、③効率的なサービスや新たなサービスの検証等、これらの点の改善をねらったものであった。

2012年度改定においてもプラス1.2%（在宅分1.0%、施設分0.2%）となった。前年の2011年に「介護サービスの基盤強化のための介護保険法等の一部を改正する法律」が成立した。ここで描かれた地域包括ケアシステムの構築を推進するため、①在宅サービスの充実と施設の重点化（施設の認知症行動・心理症状への対応強化や重度化への対応）、②自立支援型サービス（リハビリや在宅復帰支援機能）の強化と重点化③医療と介護の連携・機能分担（入院・退院時の情報共有や、看取りの対応の強化）④介護人材の確保とサービスの質の向上（介護職員処遇改善加算、人件費の地域差の反映）等を目的としている。

2015年度の介護報酬改定は、物価の動向、介護事業者の経営状況等を踏まえ再びマイナス改定となった。改定前には財務省より「介護保険施設においては高い収支差により内部留保が蓄積している」という報告もあり、政府の骨太の方針2014により、それらの状況を踏まえた適正化の方針が出された。改定率はマイナス2.27%（在宅分－1.42%、施設分－0.85%）である。その中でも、介護職員処遇改善加算は引き続き行われ、中重度者への重点化を図るという観点から 訪問看護体制強化加算,通所介護の認知症加算等が新設された。

3．費用負担の仕組み

介護給付に必要な費用は、利用者負担を除いた額を100％とすると、50％が公費、50％が保険料で賄われている。保険料の内訳は、計画期間（3年間）ごとの全国の第1号被保険者と第2号被保険者の比率によって50％中の割合を見直すことになっている。第1号保険料が約20％、第2号保険料が約30％となっている（図4－3参照）。2015年度からの3年間は、第1号被保険者分22％、第2号被保険者分28％となる。

1）保険料
(1) 第1号被保険者（65歳以上の者）

　第1号被保険者は、市町村が所得段階ごとに定めた定額保険料を支払う。標準的な段階設定は9段階となっており、第5段階を基準額とし、第1段階は基準額の半額、第3段階が0.75倍、第9段階が1.7倍となっている。市町村によって、条例により所得段階を9段階以上に設定したり、低額所得者や災害の被災者に対する保険料の減免・猶予制度も設けられている。市町村は、介護保険事業計画に定めた見込み量に基づいて算定した費用の予想額に照らし、3年ごとに保険料を見直すことになっている。

　保険料の徴収については、受け取っている老齢・退職年金、障害年金、遺族年金の金額によって**特別徴収**と**普通徴収**の2種類に分かれる。

　年金の金額が年額18万円以上の場合、その年金から天引きする（特別徴収：年金の支払いをする者〈年金保険者〉に保険料を徴収させ、かつ、その徴収すべき保険料を納入させること）。

　年額18万円未満の場合は、納付書により個別に徴収する（普通徴収：市町村が、保険料を課せられた第1号被保険者またはその第1号被保険者の属する世帯の世帯主もしくは配偶者に対し、納入の通知をすることによって保険料を徴収すること）。普通徴収の場合、世帯主もしくは配偶者の一方が、連帯して納付する義務を負っている。

(2) 第2号被保険者（40〜65歳未満の医療保険加入者）

　第2号被保険者は、加入している医療保険（国民健康保険や職場の健康保険、共

図4-3　介護保険制度の財源構成

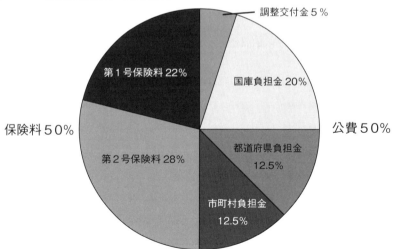

（注1）第1号保険料と第2号保険料の割合は、計画期間ごとの第1号被保険者と第2号被保険者の人口比率によって決まる。上記は第6期（H27〜H29）における割合。
（注2）保険者ごとにみた場合、調整交付金と第1号保険料の構成割合は、調整交付金の交付状況により異なる。
（注3）都道府県が指定する介護保険3施設及び特定施設の給付費負担割合は、国庫負担金15％、都道府県負担金17.5％。

出典）厚生労働省　公的介護保険制度の現状と今後の役割　2013年 p10　筆者修正

済組合など)の保険料に介護保険の保険料を加算して支払う。医療保険者は、被保険者1人当たり全国均一の額に各医療保険制度に加入している第2号被保険者の数を乗じた額を介護給付費・地域支援事業支援納付金として社会保険診療報酬支払基金に納付する。社会保険診療報酬支払基金は、集めた納付金を各市町村に一定割合で介護給付費交付金、地域支援事業支援交付金という名称で交付する。

● 保険料の未納・滞納時の給付制限

保険料を未納・滞納していて、災害等の特別の事情がない場合は、保険給付の全部または一部の支払いが一時差し止めとなる。①特別の事情がなく滞納が1年以上続く場合は、利用した介護サービスの費用をいったん全額(10割分)支払わなければならない。後で申請により費用の8~9割は保険者から払い戻される。②同様に1年6ヶ月以上滞納が続くと、8~9割の払い戻しも一時差し止められる。以降も保険料を納付しない場合は保険給付の額から滞納している保険料額が差し引かれる。③同様に2年以上続く場合、未納期間の長さに応じて、介護サービスの利用時に一定期間自己負担が3割に引き上げられる(保険給付が8~9割から7割に引き下げ)。さらに、高額介護サービス費の支給や食費・居住費の負担軽減も受けられなくなる。未納時にサービスを利用していない場合も、その後サービスを利用する際に3割負担となる。

● 生活保護と介護保険

第1号被保険者は、市町村の区域内に住所を有する65歳以上の者である。医療保険の加入の有無に関わらず被保険者となるため、生活保護受給者も第1号被保険者として保険料を支払う。その費用は、生活保護費の生活扶助費により賄われる(保険料分は生活扶助費に加算される)。また、要介護(支援)状態となって介護保険から給付を受ける場合の1~2割の自己負担金は、生活保護費の介護扶助費で賄われる。8~9割は通常通り介護保険からの給付である。

第2号被保険者は、市町村の区域内に住所を有する40歳から64歳までの医療保険加入者で、通常、医療保険料と介護保険料を合わせて医療保険者に支払う。生活保護受給者は国民健康保険(国保)の適用除外となっているため、40歳から64歳までの生活保護受給者は、(国保以外の医療保険に加入している場合を除き)介護保険の被保険者とはならない(保険料を払うことはない)。この人たちが介護サービスが必要になった場合、その費用は全額生活保護費の介護扶助費で賄われる。

2) 利用者負担

サービスを利用したときは、1割または2割の利用者負担を支払う。通常は1割だが、第1号被保険者のうち、一定以上の所得(収入から控除などを引いた所得

が160万円以上、単身で年金収入のみの場合280万円以上）のある利用者の自己負担を原則2割負担とする。要介護度別に定められた支給限度額を超えて利用した分は、全額自己負担となる。居宅介護（介護予防）サービス計画費は全額給付なので、自己負担はない。

　施設利用時（デイサービス、ショートステイ含む）は、食費、居住費または滞在費の標準負担額が定められている。食費や居住費の具体的な水準は施設ごとに異なり、利用者と施設との契約により支払うことになる（表4－5）。低所得者には負担限度額を設定し、施設には平均的な費用（基準費用額）と負担限度額との差額を保険給付（特定入所者介護サービス費等）で補足する（表4－2の⑫）。この「補足給付」に2015年8月より資産要件が加わった。預貯金が単身1000万円超、夫婦2000万円超の場合は対象外とする。世帯分離した場合でも、配偶者が課税されている場合は対象外とする。給付額の決定の際には、非課税年金（遺族年金、障害年金）を収入として勘案する。

　また、1世帯の利用者負担が高額になる場合にはその上限を設けており、それを超える金額は高額介護・介護予防サービス費として払い戻しを受ける（低所得者に対する低額の基準がある。表4－6）。

　なお、医療保険の自己負担に関しては、自己負担上限額を定める「高額療養費」制度がある。2008年より医療保険と介護保険両方を利用した人の利用者負担を軽

表4－5　介護保険施設の居住費・食費の負担額（ショートステイを含む）　【単位：万円】（月額概数）

対象者		区分	居住費（居住の種類により異なる）				食費
			多床室（相部屋）の場合	従来型個室の場合※	ユニット型準個室の場合	ユニット型個室の場合	
市町村民税非課税者 世帯全員が	生活保護受給者 老齢福祉年金受給者	利用者負担第1段階	0	①1.0 ②1.5	1.5	2.5	＋ 1.0
	課税年金収入額と合計所得金額の合計が80万円以下の人	利用者負担第2段階	1.0	①1.3 ②1.5	1.5	2.5	＋ 1.2
	利用者負担第2段階以外の人（課税年金収入が80万円超266万円未満の人など）	利用者負担第3段階	1.0	①2.5 ②4.0	4.0	5.0	＋ 2.0
上記以外の人		利用者負担第4段階	施設との契約により設定される。なお、所得の低い人に補足的な給付を行う場合に基準となる平均的な費用額は次のとおり。				
			1.0	①3.5 ②5.0	5.0	6.0	＋ 4.2

※①は特別養護老人ホーム、短期入所生活介護の場合。②は老人保健施設、介護療養型医療施設、短期入所療養介護の場合。
・実際の負担額は、日額で設定される（ショートステイも同じ）。
・利用者の負担は居住費・食費のほか、介護保険サービスの1割負担がある。その他、施設によっては、日常生活費、特別な室料（特別な食費）がかかる場合がある。
出典）厚生労働省「みんなで支えよう介護保険」2005年8月。

表4-6　高額介護サービス費

区　分	自己負担の上限（月額）
現役並み所得者に相当する者のいる世帯	44,400円（世帯）
一般（住民税課税世帯）	37,200円（世帯）
住民税非課税世帯等	24,600円（世帯）
うち年金収入80万円以下、老齢福祉年金受給者	15,000円（個人）
生活保護受給者	15,000円（個人）

出典）厚生労働省　高額介護サービス費を一部改変

減する制度「高額医療・高額介護合算制度」が設けられた（第5章表5-3〈p.159〉参照）。同一世帯の1年間の医療保険と介護保険における自己負担の合算額が著しく高額となる場合、上限額を定めて、それを超える部分について給付を行う（払い戻しを受ける）。これについても所得段階別に上限額は異なる（上記およびその他の低所得者に対する減免については表4-5、表4-6、表4-7を参照）。

3）公費負担〈図4-3参照〉

(1) 国の負担

国は、市町村に対し、介護給付および予防給付に要する費用の額の20％に相当する額を負担する。ただし、施設給付費に関しては、国の負担は15％である。

(2) 都道府県の負担

都道府県は、市町村に対し、介護給付および予防給付に要する費用の額の12.5％に相当する額を負担する。ただし、施設給付費に関しては、17.5％である。

(3) 市町村の一般会計における負担

市町村は、その一般会計において、介護保険給付費の12.5％に相当する額を負担する。

(4) 調整交付金

国は、市町村間（保険者間）の介護保険の財政の調整を行うため、第1号被保険者の年齢階級別の分布状況（後期高齢者の割合）、第1号被保険者の所得の分布状況などを考慮して、市町村に対して調整交付金を交付する。調整交付金の総額は、各市町村の介護保険給付費の総額の5％に相当する額とする。

(1)から(4)を合わせると、施設等給付費について国が全体の20％、都道府県が17.5％、市町村が12.5％負担している。居宅給付費（施設等給付費以外の給付）については、国が25％、都道府県が12.5％、市町村が12.5％となる。施設数等を管理

表4-7 低所得者に対する利用者負担の減免制度

	対象者	内容
■高額介護サービス費の支給（高額介護サービス費の対象とならないもの） ・福祉用具購入費または住宅改修費の1割負担分 ・施設利用時の食費や居住費、日常生活費など介護保険の給付対象外の利用者負担分 ・支給限度額を超える利用者負担分	介護保険のサービス利用者	1月あたりの利用者負担の上限額を設定。超えた分を申請により払い戻す 〈利用者負担段階〉 第1段階：生活保護受給者、または老齢福祉年金受給者で世帯全員が市民税非課税　　　　　　　　　　　　　　　　　　　　個人の上限15,000円／月 第2段階：世帯全員が市民税非課税で、本人の課税年金収入額と合計所得金額の合計が、80万円以下の人　　　　　　個人の上限15,000円／月 第3段階：世帯全員が市民税非課税で第2段階以外の人（課税年金収入が80万円超　　　　　　　　　　　　　　　266万円未満の人等）　　　　　　世帯の上限24,600円／月 第4段階：上記以外の人　　　　　　　　　　　　　　世帯の上限37,200円／月 第5段階：現役並み所得に相当する人のいる世帯　　　世帯の上限44,400円／月
■社会福祉法人等による利用者負担の軽減	社会福祉法人等が提供する訪問介護（ホームヘルプサービス）・通所介護（デイサービス）・短期入所生活介護（ショートステイ）特別養護老人ホームのサービスの利用者	低所得者に対して社会福祉法人が利用者負担の軽減を行う。世帯全員が市民税非課税で特に生計が困難であると市町村が認めた人に対し、利用者負担、食費、居住費・滞在費の1/4を減額する（利用者負担第1段階の人は1/2）
■介護保険施設入所者の食費・居住費（滞在費・ショートステイの場合）の軽減 ※デイサービス・デイケアの食費は軽減なし	介護保険施設入所者 ショートステイ利用者	自己負担する食費・居住費について申請により軽減する（第1～第3段階が対象）。食費・居住費の具体的な水準は、利用者と施設との契約によるが、低所得者には国が負担限度額を設定する。資産要件がある。 例（月額）：ユニット型個室　　特養従来型（4人部屋） 　　第4段階：　6万円　　　　　1万円 　　第3段階：　5万円　　　　　1万円 　　第2段階：2.5万円　　　　1.2万円 　　第1段階：2.5万円　　　　　1万円 　　　　　　食費 　　第4段階：　4万円 　　第3段階：　2万円 　　第2段階：1.2万円 　　第1段階：　1万円 第4段階の高齢夫婦世帯で、一方が個室入所した場合、在宅の配偶者の生計が困難になる場合（世帯の年間収入から施設の利用者負担（1割負担＋居住費・食費）を除いた額が80万円など）、第3段階に準じて軽減される
	高齢夫婦世帯	
■介護保険の施行前からのサービス利用者に対する経過措置	特別養護老人ホームの旧措置入所者（2000年3月31日以前から継続的に特別養護老人ホームに入所していた人）で利用者負担割合が5％以下であった人	利用者負担と食費・居住費の自己負担部分と食費・居住費の合計額が、介護保険施行前の費用徴収額を上回らないように設定。ユニット型個室を利用する場合は、利用者負担と食費のみ従来の徴収額を上回らないよう設定
■都道府県社会福祉協議会による生活福祉資金（療養・介護費）の貸し付け制度	低所得世帯に属する人おおび高齢者	介護サービスを受けるのに必要な経費（負担が困難な期間が1年以内の場合に限る）おおびその介護サービス受給期間中の生計を維持するための経費の貸付け限度額170万円以内（無利子）。申し込みは民生委員を通じて行う

（『国民の福祉の動向（2005年版）』、厚生労働省資料をもとに清水作成）

する都道府県が、施設等給付費について多くを負担する仕組みとなっている。

(5) 財政安定化基金

都道府県は、介護保険の財政の安定化に資する事業に必要な費用にあてるため、財政安定化基金を設けている（財源は、国、都道府県、市町村が3分の1ずつ）。実績保険料収納額が予定保険料収納額に不足すると見込まれ、かつ、基金事業対象収入額が基金事業対象費用額に不足すると見込まれる市町村に対し、その2分の1に相当する額を基礎として、算定した額を交付する。

(6) 地域支援事業に要する費用

地域支援事業のうち、「介護予防・日常生活支援総合事業」については、その負担構造は居宅給付費と同じ、国25％都道府県12.5％市町村12.5％である（残りの50％は第1号保険料約20％第2号保険料約30％）。その他の「包括的支援事業、任意事業」には、第2号保険料が支弁されないため、第1号保険料分約20％を除いた約80％の2分の1の約40％を国が、4分の1の約20％ずつを都道府県と市町村が負担する。

第2節　介護保険法における給付サービス（表4-8参照）

1．居宅サービス

介護保険法において「居宅サービス」とは、訪問介護、訪問入浴介護、訪問看護、訪問リハビリテーション、居宅療養管理指導、通所介護、通所リハビリテーション、短期入所生活介護、短期入所療養介護、特定施設入所者生活介護、福祉用具貸与、および特定福祉用具販売をいう（介護保険法第8条）。

①訪問介護（ホームヘルプサービス）：要介護者に対し、居宅（軽費老人ホームや有料老人ホームその他の居室を含む）において、介護福祉士等の訪問介護員（ホームヘルパー）により行われる入浴、排泄、食事などの介護、調理・洗濯・掃除などの家事援助、これらに付随する相談や助言、その他の日常生活上の世話であって、厚生労働省令で定めるもの（定期巡回・随時対応型訪問介護看護または夜間対応型訪問介護に該当するものを除く）をいう。

②訪問入浴介護：自宅に住む要介護者（居宅要介護者）に対して、入浴車等により、その居宅で浴槽を提供して行われる入浴の介護。

③訪問看護：主治医が訪問看護を要すると認めた居宅要介護者に対して、居宅で看護師等により行われる療養上の世話や必要な診療の補助。主治医の指示に基づいて看護師等が家庭訪問し、病状の観察・管理、褥瘡の処置、体位交換、リハビリテーション、家族への療養指導などを行う。

表4-8 サービス等の種類　　　　　　　　　　　　　　　　　　　　　　　　　　　　平成27（'15）年4月

	予防給付におけるサービス	介護給付におけるサービス
都道府県が指定・監督を行うサービス	◎介護予防サービス 【訪問サービス】 ○介護予防訪問入浴介護 ○介護予防訪問看護 ○介護予防訪問リハビリテーション ○介護予防居宅療養管理指導 【通所サービス】 ○介護予防通所リハビリテーション 【短期入所サービス】 ○介護予防短期入所生活介護 ○介護予防短期入所療養介護 ○介護予防特定施設入居者生活介護 ○介護予防福祉用具貸与 ○特定介護予防福祉用具販売	◎居宅サービス 【訪問サービス】 ○訪問介護 ○訪問入浴介護 ○訪問看護 ○訪問リハビリテーション ○居宅療養管理指導 【通所サービス】 ○通所介護 ○通所リハビリテーション 【短期入所サービス】 ○短期入所生活介護 ○短期入所療養介護 ○特定施設入居者生活介護 ○福祉用具貸与 ○特定福祉用具販売 ◎居宅介護支援 ◎施設サービス 　○介護老人福祉施設 　○介護老人保健施設 　○介護療養型医療施設
市町村が指定・監督を行うサービス	◎介護予防支援 ◎地域密着型介護予防サービス 　○介護予防小規模多機能型居宅介護 　○介護予防認知症対応型通所介護 　○介護予防認知症対応型共同生活介護（グループホーム）	◎地域密着型サービス 　○定期巡回・随時対応型訪問介護看護 　○小規模多機能型居宅介護 　○夜間対応型訪問介護 　○認知症対応型通所介護 　○認知症対応型共同生活介護（グループホーム） 　○地域密着型特定施設入居者生活介護 　○地域密着型介護老人福祉施設入所者生活介護 　○複合型サービス
その他	○住宅改修	○住宅改修
市町村が実施する事業	◎地域支援事業 ○介護予防・日常生活支援総合事業 　(1) 介護予防・生活支援サービス事業 　　・訪問型サービス 　　・通所型サービス 　　・生活支援サービス（配食等） 　　・介護予防支援事業（ケアマネジメント） ○包括的支援事業 　(1) 地域包括支援センターの運営 　　・介護予防ケアマネジメント業務 　　・総合相談支援業務 　　・権利擁護業務 　　・包括的・継続的ケアマネジメント支援業務 　　・地域ケア会議の推進 ○任意事業	(2) 一般介護予防業務 　・介護予防把握事業 　・介護予防普及啓発事業 　・地域介護予防活動支援事業 　・一般介護予防事業評価事業 　・地域リハビリテーション活動支援事業 (2) 在宅医療・介護連携の推進 (3) 認知症施策の推進 　・認知症初期集中支援チーム 　・認知症地域支援推進員　等 (4) 生活支援サービスの体制整備 　・コーディネーターの配置 　・協議体の設置　等

出典）厚生統計協会編『国民の福祉と介護の動向　2015/2016』p.155

　④訪問リハビリテーション：計画的な医学的管理のもとにおけるリハビリテーションを要すると主治医が認めた居宅要介護者に対して、居宅においてその心身機能の維持回復をはかり、日常生活の自立を助けるために行われる理学療法、作業療法その他必要なリハビリテーション。

　⑤居宅療養管理指導：病院、診療所の医師、歯科医師、薬剤師等が、通院が困難な要介護者に居宅を訪問して行う療養上の管理および指導。

　⑥通所介護（デイサービス）：老人デイサービスセンター、特別養護老人ホームなどに通ってくる要介護者に対して入浴、排泄、食事等の介護その他の日常生活上の世話や機能訓練を行うこと。

⑦通所リハビリテーション（デイケア）：居宅要介護者が、主治医の指導により介護老人保健施設、病院、診療所などに通って、心身の機能の維持をはかり、日常生活の自立を助けるために行われる理学療法、作業療法その他必要なリハビリテーション。

⑧短期入所生活介護（ショートステイ）：特別養護老人ホームや老人短期入所施設に短期間入所する要介護者に対して、入浴、排泄、食事などの介護その他の日常生活上の世話および機能訓練を行うこと。

⑨短期入所療養介護（ショートステイ）：介護老人保健施設、介護療養型医療施設などに短期間入所する要介護者に対して、看護、医学的管理の下における介護および機能訓練その他必要な医療ならびに日常生活上の世話を行うこと。

⑩特定施設入居者生活介護：有料老人ホーム、軽費老人ホーム、その他厚生労働省令で定める施設（特定施設）に入所している要介護者に対して、その特定施設が提供するサービス内容などを定めた計画（特定施設サービス計画）に基づき行われる入浴、排泄、食事などの介護その他の日常生活上の世話、機能訓練など。

⑪福祉用具貸与：福祉用具とは、心身の機能が低下し日常生活を営むのに支障がある要介護者等の日常生活上の便宜をはかるための用具および機能訓練のための用具である。このうち車いすや特殊寝台（付属品含む）、床ずれ防止用具（空気マットなど）、歩行器、歩行補助つえ、工事を伴わない手すりやスロープ、移動用リフトなど12品目が、厚生労働大臣が定めるものとして貸与の対象となっている（第6章表6-1参照）。

⑫特定福祉用具販売（福祉用具購入費の支給）：在宅要介護者に、貸与になじまない入浴または排泄のための福祉用具その他の厚生労働大臣が定める福祉用具（特定福祉用具）を販売すること。便器や尿器、入浴補助用具（入浴用いすや手すり、すのこなど）、簡易浴槽、移動用リフトのつり具の部分の5品目が対象（第6章表6-1参照）。特定福祉用具販売を行う指定居宅サービス事業者から、特定福祉用具を購入したとき、市町村は要介護者に対し、購入に要した費用の9割に相当する額を、居宅介護福祉用具購入費として給付する（介護保険法第44条）。支給限度額は1年間に10万円である。

⑬居宅介護住宅改修費の支給（介護保険法第45条）：在宅要介護者が、手すりの取り付けなどの住宅改修を行ったとき、市町村は要した費用の9割に相当する額を居宅介護住宅改修費として給付する。例をあげると、手すりの取り付けや段差の解消の工事、和式便器から洋式便器への取り替え工事などである。厚生労働大臣が定めた支給限度額は20万円である（第6章第2節「2．住宅改修費の支給対象と改修のポイント」〈p.171〉参照）。

なお、要介護度が3段階以上重くなった場合は、改めて住宅改修費を受けることが出来る。但し、要支援2と要介護1は同じ段階とみなされる。

図4-4　24時間対応の定期巡回・随時対応サービスの創設

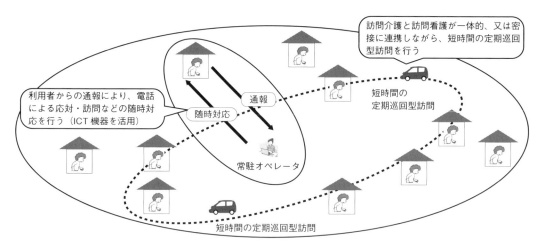

※　1つの事業所から訪問介護・訪問看護を一体的に提供する、又は、外部の訪問看護事業所と緊密な連携を図って訪問介護を実施するなど、訪問介護と訪問看護の密接な連携を図りつつ実施する。
※　在宅支援診療所等、地域の医療機関との連携も重要となる。
※　地域密着型サービスとして位置づけ、市町村（保険者）が主体となって、圏域ごとにサービスを整備できるようにする。

出典）厚生労働省老健局『平成23年介護保険法改正について』2012年

2．地域密着型サービス

　地域密着型サービスは、認知症高齢者や独居高齢者の増加をふまえ、高齢者が要介護状態となっても、できる限り住み慣れた地域で生活を継続できるようにするため、原則として、日常生活圏域内でサービスの利用および提供が完結するようにサービスを類型化したもので、市町村が事業者の指定および指導・監督を行うことになっている。また、サービスの整備や介護報酬も地域の実態に合わせて市町村が決定することができる。原則として、その市町村の住民（被保険者）だけがサービスを受けられる。

　「地域密着型サービス」は、定期巡回・随時対応型訪問介護看護、夜間対応型訪問介護、地域密着型通所介護、認知症対応型通所介護、小規模多機能型居宅介護、認知症対応型共同生活介護（認知症高齢者グループホーム）、地域密着型特定施設入居者生活介護、地域密着型介護老人福祉施設入所者生活介護及び複合型サービスである。

　「特定地域密着型サービス」とは、定期巡回・随時対応型訪問介護看護、夜間対応型訪問介護、地域密着型通所介護、認知症対応型通所介護、小規模多機能型居宅介護及び複合型サービスをいう（第8条-14）。

●特定地域密着型サービス、特定地域密着型介護予防サービス

　2015年4月からサービス付き高齢者向け住宅（略称：サ高住）が住所地特

例の対象となった。サ高住の入居者は、住宅から安否確認と生活相談サービスを受けることができるが、必要な介護サービスは適宜外部の事業所を利用する。A市の住民である高齢者がB市のサ高住に入居した場合、住所地特例によりその費用はA市が負担する。しかし、この高齢者（住所地特例対象者）は、B市の地域密着型サービスを利用することができなかった。それを解消するため「特定」の枠組みを設け、この高齢者はB市の「特定地域密着型サービス」については利用できることにした。この「特定」サービスから認知症高齢者共同生活介護（グループホーム）などの居住系サービスは、省かれている。

①定期巡回・随時対応型訪問介護看護：居宅要介護者が、定期的な巡回訪問により、または随時通報を受け、－aその居宅において、介護福祉士等により行われる入浴、排せつ、食事等の介護その他の日常生活上の世話を受けるとともに、看護師等により行われる療養上の世話または必要な診療の補助を受けること。ただし、療養上の世話又は必要な診療の補助にあっては、主治医がその治療の必要の程度につき厚生労働省令で定める基準に適合していると認めた居宅要介護者についてのものに限る。

－b訪問看護を行う事業所と連携しつつ、その者の居宅において介護福祉士等により行われる入浴、排せつ、食事等の介護その他の日常生活上の世話を受けること（第8条-15）。

aは一体型事業所におけるサービス提供を、bは連携型事業所（定期巡回・随時対応型訪問事業所と訪問看護事業所が別で連携している）におけるサービス提供を示している。その内容は、要介護高齢者の在宅生活を支えるため、日中・夜間を通じて、訪問介護と訪問看護を一体的にまたはそれぞれが密接に連携しながら、定期巡回訪問と随時の対応を行うもので、2012年4月より始められた。対象者は要介護者のみで介護予防サービスは規定していない（図4－4）。

②夜間対応型訪問介護：居宅要介護者に対して、夜間に、定期的な巡回訪問または随時通報により、居宅において介護福祉士等により行われる入浴、排泄、食事等の介護その他の日常生活上の世話をいう（定期巡回・随時対応型訪問介護看護に該当するものを除く）。

夜間は、排泄介助などの日常生活上のニーズに対するサービスも必要であるし、転倒などの緊急事態、体調の不安、不眠等の精神的な不安なども起こりやすい時間帯である。それらに対応するため、定期的なおむつ交換、体位交換などの訪問介護を行う「定期巡回サービス」、要介護者からの連絡を受け付ける「オペレーションセンターサービス」と、その連絡内容から必要とされたケースの「随時訪問サービス」で構成される。

③地域密着型通所介護：小規模の通所介護（定員18名以下）をいう。

④認知症対応型通所介護（認知症対応型デイサービス）：居宅要介護者で認知症

（脳血管疾患、アルツハイマー病その他の要因に基づく脳の器質的な変化により日常生活に支障が生じる程度にまで記憶機能およびその他の認知機能が低下した状態）である人が、老人デイサービスセンター等に通って、入浴、排泄、食事などの介護その他の日常生活上の世話などを受けたり機能訓練を行うことをいう。

⑤小規模多機能型居宅介護：居宅要介護者が、その心身の状況やおかれている環境などに応じて、その人の選択に基づき、居宅またはサービス拠点に通い、もしくは短期間宿泊して、入浴、排泄、食事などの介護その他の日常生活上の世話を受けたり機能訓練を行うことをいう。

利用者の状態や希望に沿って、「通い」（デイサービス）を中心として、随時「訪問」（ホームヘルプ）や「泊まり」（ショートステイ）を組み合わせてサービスを提供することにより、安心感もありなじみの関係も生まれやすい。在宅での生活継続を支援するサービスである。

⑥認知症対応型共同生活介護（認知症高齢者グループホーム）：要介護者であって認知症である人（その認知症の原因となる疾患が急性の状態にある人を除く）が、共同生活を営むその住居（グループホーム）において、入浴、排泄、食事などの介護その他の日常生活上の世話を受けたり機能訓練を行うことをいう。

⑦地域密着型特定施設入居者生活介護：有料老人ホーム、軽費老人ホーム、養護老人ホームなどの施設で、その入居者が要介護者とその配偶者、その他厚生労働省令で定める人に限られるもの（これを「介護専用型特定施設」という）のうち、その入居定員が29人以下であるものを「地域密着型特定施設」という。これに入居している要介護者に対して、その地域密着型特定施設が提供するサービスの内容や担当者等を定めた計画に基づき行われる入浴、排泄、食事などの介護その他の日常生活上の世話、機能訓練および療養上の世話をいう。

⑧地域密着型介護老人福祉施設入所者生活介護：地域密着型介護老人福祉施設に入所する要介護者に対し、地域密着型施設サービス計画に基づいて行われる入浴、排泄、食事などの介護その他の日常生活上の世話、機能訓練、健康管理および療養上の世話をいう。2015年8月より、新規入所は原則として要介護3以上の人が対象となる。

●地域密着型介護老人福祉施設とは

入所定員が29人以下の特別養護老人ホームで、入所する要介護者に対し、地域密着型施設サービス計画に基づいてサービスを提供することを目的とする施設をいう。地域密着型施設サービス計画とは、その施設に入所している要介護者について、その施設が提供するサービスの内容、これを担当する者その他厚生労働省令で定める事項を定めた計画のことである。

これまで介護老人福祉施設の定員の一部を個室ユニット型のサテライトとして別の場所に移し、本体施設と一体的に運営する「サテライト型居住施設」という試みがあった。この考え方を踏まえて、本体施設との一体的な運営を

前提とするサテライト型を基本とすることで、小規模ながら効率的な運営も可能であるとしている。

⑨複合型サービス：居宅要介護者に対して、訪問介護、訪問入浴介護、訪問看護、訪問リハビリテーション、居宅療養管理指導、通所介護、通所リハビリテーション、短期入所生活介護、短期入所療養介護、定期巡回・随時対応型訪問介護看護、夜間対応型訪問介護、地域密着型通所介護、認知症対応型通所介護又は小規模多機能型居宅介護を二種類以上組み合わせることにより提供されるサービスのうち、訪問看護及び小規模多機能型居宅介護の組合せその他の居宅要介護者について一体的に提供されることが特に効果的かつ効率的なサービスの組合せにより提供されるサービスとして厚生労働省令で定めるものをいう（第8条-23）。

2012年に「訪問看護」と「小規模多機能型居宅介護」を組み合わせて提供するサービスを創設し「複合型サービス」としていたが、提供するサービス内容のイメージがしにくいという意見を踏まえ、2015年度介護報酬改定において「看護小規模多機能型居宅介護」と改称された（運営基準事項）。退院直後の高齢者やがん末期等の看取り期にあるような医療ニーズの高い利用者が、ニーズに応じて柔軟にサービス等が受けられるようになることを目的としている。

3．介護予防サービス・地域密着型介護予防サービス（第8条の2）

介護予防サービス・地域密着型介護予防サービスは、2005年改正で新たに定められたサービス内容である。居宅で生活する要支援者を対象として、その介護予防（常時介護を要し、または日常生活を営むのに支障がある状態の軽減や悪化の防止）を目的として行われる居宅サービスならびに地域密着型サービスをいう。

「介護予防サービス」は、介護予防訪問入浴介護、介護予防訪問看護、介護予防訪問リハビリテーション、介護予防居宅療養管理指導、介護予防通所リハビリテーション、介護予防短期入所生活介護、介護予防短期入所療養介護、介護予防特定施設入居者生活介護、介護予防福祉用具貸与、および特定介護予防福祉用具販売である。介護予防住宅改修費の支給もある。

介護予防訪問介護と介護予防通所介護は2014年改正により、地域支援事業の介護予防・日常生活支援総合事業に移行した。

なお、介護予防福祉用具貸与では、福祉用具貸与にある、車いすや特殊寝台、床ずれ防止用具、体位変換器、移動用リフトについては、福祉用具選定の判断基準で要支援者の利用は想定しにくいとしている。個別のマネジメントで必要と認められるものについて、例外的に対象とする。

「地域密着型介護予防サービス」は、介護予防認知症対応型通所介護、介護予防小規模多機能型居宅介護、および介護予防認知症対応型共同生活介護の3種類である。

表4-9 介護保険制度における施設サービス

	介護老人福祉施設	介護老人保健施設	介護療養型医療施設（療養病床を有する病院の場合）	医療保険適用の療養型病床群
	介護保険	介護保険	介護保険	医療保険
対象者	身体上または精神上著しい障害があるために常時の介護を必要とし、かつ、居宅においてこれを受けることが困難な要介護者	病状安定期にあり、入院治療をする必要はないが、リハビリテーションや看護・介護を必要とする要介護者	病状が安定している長期療養患者であって、カテーテルを装着している等の常時医学的管理が必要な要介護者（右に該当する者を除く）	病状が安定している長期療養患者のうち、密度の高い医学的管理や積極的なリハビリテーションを必要とする者・40歳未満の者および40〜65歳未満の特定疾病以外の者
指定基準	〈従来型〉 居室：4人以下 （1人当たり10.65m²以上） 医務室 機能訓練室 食堂 浴室 等 廊下幅 片廊下1.8m以上 中廊下2.7m以上 〈小規模生活単位型〉 ユニット 居室：個室 （1人当たり13.2m²以上） 共同生活室 医務室 浴室 等 廊下幅 片廊下1.8m以上 中廊下2.7m以上 （アルコーブを設ける場合） 片廊下1.5m以上 中廊下1.8m以上 その他 生活相談員 等 医師（非常勤可） 1人 看護職員 3人 介護職員 31人 介護支援専門員 1人	療養室：4人以下 （1人当たり8m²以上） 診察室 機能訓練室 談話室 食堂 浴室 等 廊下幅 片廊下1.8m以上 中廊下2.7m以上 その他 理学療法士 または作業療法士 1人 介護支援専門員 1人 支援相談員 等 医師（常勤） 1人 看護職員 9人 介護職員 25人	病室：4床以下 （1人当たり6.4m²以上） 機能訓練室 談話室 食堂 浴室 等 廊下幅 片廊下1.8m以上 中廊下2.7m以上 理学療法士 または作業療法士 適当数 介護支援専門員 1人 その他 薬剤師、栄養士 等 医師 3人 看護職員 17人 介護職員 17人	病室 （1人当たり6.4m²以上） 機能訓練室 談話室 食堂 浴室 等 廊下幅 片廊下1.8m以上 中廊下2.7m以上 その他 薬剤師、栄養士 等 医師 3人 看護師 17人 介護職員 17人

注：人員基準については対象者100人当たり。小規模生活単位型の居室面積は一人あたり10.65m²以上に変更される
出典）厚生統計協会編『厚生の指標・臨時増刊 国民の福祉の動向（2004年版）』厚生統計協会、2004年、p.187。

「特定地域密着型介護予防サービス」は、介護予防認知症対応型通所介護、介護予防小規模多機能型居宅介護をいう。

4．施設サービス

　介護保険法で定める「介護保険施設」とは、同法で規定する指定介護老人福祉施設、介護老人保健施設および指定介護療養型医療施設をいう。「施設サービス」は、この3つの施設のいずれかに入所して受けるサービスをいい、「施設サービス計画」とは、3施設に入所している要介護者についてこれらの施設が提供するサービスの内容、これを担当する者その他を定めた計画をいう（介護保険法第8条）（表4－9）。なお、指定介護療養型医療施設については、2012年度以降新規に指定されることがなく、その基準については2011年改正前の旧法に基づいている。

　①介護老人福祉施設：老人福祉法に規定する特別養護老人ホーム（入所定員が30人以上であるものに限る）であって、厚生労働省令で定める基準に合うものを、申請により都道府県知事が指定介護老人福祉施設として指定する。入所する要介護者に対し、施設サービス計画に基づいて、入浴、排泄、食事などの介護その他の日常生活上の世話、機能訓練、健康管理および療養上の世話を行うことを目的とする施設をいう。

　2015年4月より、特別養護老人ホームの入所は要介護3以上が原則となり、要介護1、2の者はやむを得ない事情があれば特例として認めるということになった。この「特例入所」の条件には、「認知症により日常生活に支障を来すような症状・行動や意思疎通の困難さが頻繁に見られ、在宅生活が困難な状態」、「知的障害・精神障害等を伴い、日常生活に支障を来すような症状・行動や意思疎通の困難さが頻繁に見られ、在宅生活が困難な状態」、「家族等による深刻な虐待が疑われ、心身の安全・安心の確保が困難な状態」、「単身世帯、または同居家族が高齢や病弱で，家族による支援が期待できず、地域の介護サービスの供給も不十分で在宅生活が困難な状態」などが挙げられている。いずれの場合も、この運用に関しては、市町村が適切に関わることとしている。

　②介護老人保健施設：要介護者に対し、施設サービス計画に基づいて、看護、医学的管理の下における介護および機能訓練その他必要な医療ならびに日常生活上の世話を行うことを目的とする施設として介護保険法の定めるもので、都道府県知事の許可を受けたものをいう。

　③介護療養型医療施設：療養病床等を有する病院または診療所であって、厚生労働省令で定める基準に合うものを、申請により都道府県知事が指定介護療養型医療施設として指定する。入院する要介護者に対し、施設サービス計画に基づいて、療養上の管理、看護、医学的管理の下における介護その他の世話および機能訓練その他必要な医療を行うことを目的とする施設をいう。

国は、この介護保険を適用する療養病床（介護療養病床）を介護老人保健施設や介護老人福祉施設などに転換し、2011年度末に制度を廃止する予定であった。しかし、2006年に12万床あったものが、2010年時点で8.6万床と、十分に転換は進まなかった。また、医療ニーズの高い高齢者が、在宅では医療サービスを十分に受けられないため医療体制の整った当施設を選択するなど、介護療養病床のニーズは引き続き残っている。このため、2011年の改正では、現在存在するものについては2017年度末まで転換期限を延長することになった。ただし、2012年4月以降、介護療養型医療施設の新設は認められない。

第3節　地域支援事業と介護保険事業計画

1．地域支援事業（介護保険法第115条の45）

　2005年の介護保険法改正により、市町村は被保険者が要支援や要介護状態となることを予防するとともに、要介護状態等となった場合においても、可能な限り地域において自立した日常生活を営むことができるよう支援するため、包括的・継続的マネジメント機能を強化する観点から、地域支援事業（介護予防事業、包括的支援事業、任意事業）を行うこととなった（施行は2006年4月）。その後2011年改正により、各市町村の判断により行う介護予防・日常生活支援総合事業（総合事業）が創設された。

　2014年改正では、この総合事業の内容を見直した上で、2017年4月までに全ての市町村で実施することになった（表4－10）。政府が最重要としている地域包括ケアシステムの構築（高齢者が住み慣れた地域で生活を継続できるようにするため、介護、医療、生活支援、介護予防を充実させる）には、地域支援事業の充実が重要であるとしている。

　地域支援事業実施の責任主体は市町村であり、事業内容は、介護予防・日常生

表4－10　地域支援事業の内容

		2006年度〜	2012年度〜	2017年度
予防給付		介護予防訪問看護、介護予防通所リハ等	──→（そのまま）──→	介護予防訪問看護、介護予防通所リハ等
		介護予防訪問介護、介護予防通所介護	──→（総合事業に移行）──→	介護予防・日常生活支援総合事業（要支援＋一般高齢者） ・介護予防・生活支援サービス事業 ・一般介護予防事業
地域支援事業		介護予防事業 ・二次予防事業 ・一次予防事業	介護予防事業または介護予防・日常生活支援総合事業（自治体が選択）	
		包括的支援事業	包括的支援事業	包括的支援事業
		任意事業	任意事業	任意事業

清水作成

活支援総合事業、包括的支援事業、任意事業から構成される。包括的支援事業は地域包括支援センターに委託することができる。

　旧介護予防事業では、要支援・要介護状態になる前の介護予防を推進するため、地域の全ての高齢者を対象とする一次予防事業と、虚弱高齢者（旧特定高齢者）を対象とした二次予防事業が行われた。それぞれ新介護予防・日常生活支援総合事業では、「一般介護予防事業」と「介護予防・生活支援サービス事業」となっている。

1）介護予防・日常生活支援総合事業（略称：総合事業）（第115条-45）

　市町村は、被保険者の要介護状態等となることの予防または要介護状態等の軽減、もしくは悪化の防止及び地域における自立した日常生活の支援のための施策を総合的かつ一体的に行うため、厚生労働省令で定める基準に従って、地域支援事業として、介護予防・日常生活支援総合事業を行う。

(1) 介護予防・生活支援サービス事業（第1号事業）

　要支援者および市町村窓口や地域包括支援センターに相談して基本チェックリストに該当した者（要支援になるリスクが高いと判断された人）が対象となる。地域包括支援センターで介護予防ケアマネジメントを受けてサービスの利用を開始する。

①第1号訪問事業

　従来の介護予防訪問介護が2014年改正により移行したものである。居宅の要支援高齢者等の介護予防を目的として行われるホームヘルプサービスである。

②第1号通所事業

　同じく従来の介護予防通所介護が2014年改正により移行したものである。居宅の要支援高齢者等の介護予防を目的として行われるデイサービスである。

③第1号生活支援事業（配食など）

　厚生労働省令で定める基準に従って、介護予防サービス事業、地域密着型介護予防サービス事業、第1号訪問事業、第1号通所事業と一体的に行われる場合に効果があると認められる、居宅の要支援高齢者等の地域における自立した日常生活の支援として厚生労働省令で定めるもの。

④第1号介護予防支援事業（ケアマネジメント）

　居宅要支援被保険者等（指定介護予防支援または特例介護予防サービス計画費に係る介護予防支援を受けている者を除く）の介護予防を目的として、厚生労働省令で定める基準に従って、その心身の状況、その置かれている環境その他の状況に応じて、選択に基づき、①から③の事業、その他の適切な事業が、包括的かつ効率的に提供されるよう必要な援助を行う事業である。

(2) 一般介護予防事業

　第1号被保険者である65歳以上の高齢者が要介護状態等となることの予防、または、要介護状態等の軽減、悪化の防止のために必要な事業を行う。介護予防把握事業、介護予防普及啓発事業、地域介護予防活動支援事業、一般介護予防事業評価事業、地域リハビリテーション活動支援事業がある。

　市町村は、介護予防・日常生活支援総合事業については、この総合事業を適切に実施することができるものとして厚生労働省令で定める基準に適合する者に対して、介護予防・日常生活支援総合事業の実施を委託することができる。

2）包括的支援事業
(1) 介護予防ケアマネジメント業務――アセスメント、介護予防ケアプランの作成
　被保険者が要介護状態等となることを予防するため、その心身の状況や置かれている環境その他の状況に応じて、本人の選択に基づき、介護予防事業その他の適切な事業が包括的かつ効率的に提供されるよう必要な援助を行う。

(2) 総合相談・支援業務――地域の高齢者の実態把握、介護保険以外の生活支援
　　サービスとの調整
　被保険者の心身の状況、その居宅における生活の実態その他の必要な実情の把握、保健医療、公衆衛生、社会福祉その他の関連施策に関する総合的な情報の提供、関係機関との連絡調整その他の被保険者の保健医療の向上および福祉の増進を図るための総合的な支援を行う。

(3) 権利擁護業務――虐待の防止・早期発見など
　被保険者に対する虐待の防止およびその早期発見のための業務、その他の被保険者の権利擁護のために必要な援助を行う。

(4) 包括的・継続的ケアマネジメント支援業務――支援困難事例に関する介護支
　　援専門員（ケアマネジャー）への助言、地域のケアマネジャーのネットワークづ
　　くりなど
　保健医療および福祉に関する専門的知識を有する者による、被保険者の居宅サービス計画および施設サービス計画の検証、その心身の状況、介護給付等対象サービスの利用状況、その他の状況に関する定期的な協議、その他の取り組みを通じ、被保険者が地域において自立した日常生活を営むことができるよう、包括的かつ継続的な支援を行う。

図4-5 認知症施策の推進

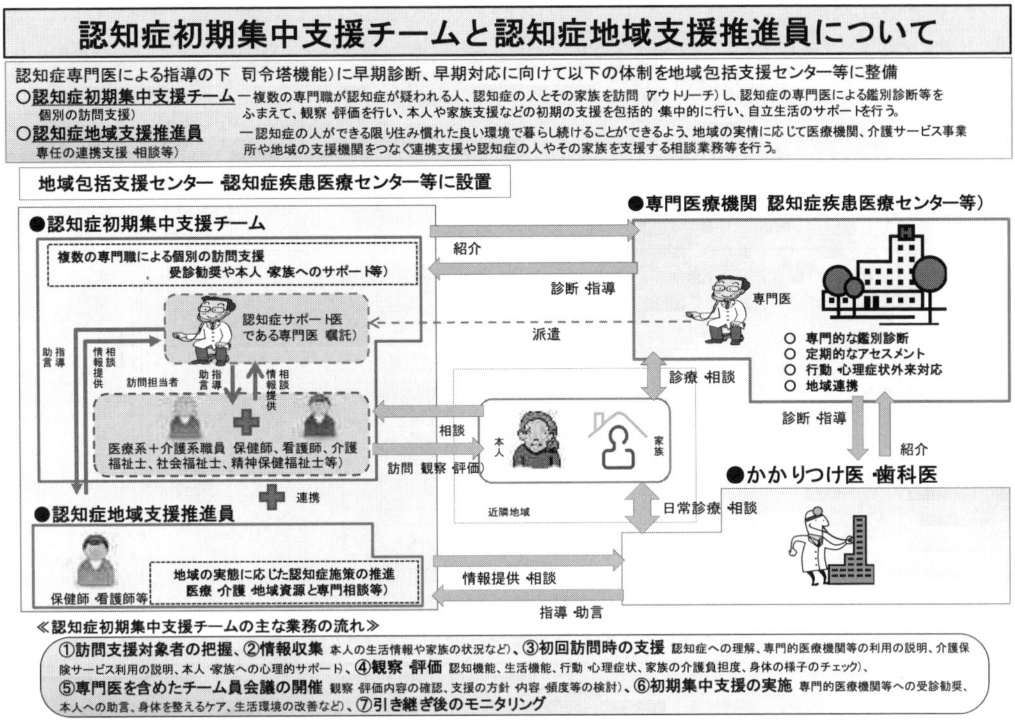

認知症初期集中支援チームと認知症地域支援推進員について

認知症専門医による指導の下(司令塔機能)に早期診断、早期対応に向けて以下の体制を地域包括支援センター等に整備
- ○認知症初期集中支援チーム ― 複数の専門職が認知症が疑われる人、認知症の人とその家族を訪問(アウトリーチ)し、認知症の専門医による鑑別診断等を
  個別の訪問支援 ふまえて、観察・評価を行い、本人や家族支援などの初期の支援を包括的・集中的に行い、自立生活のサポートを行う。
- ○認知症地域支援推進員 ― 認知症の人ができる限り住み慣れた良い環境で暮らし続けることができるよう、地域の実情に応じて医療機関、介護サービス事業
  専任の連携支援・相談等 所や地域の支援機関をつなぐ連携支援や認知症の人やその家族を支援する相談業務等を行う。

≪認知症初期集中支援チームの主な業務の流れ≫
①訪問支援対象者の把握、②情報収集 本人の生活情報や家族の状況など、③初回訪問時の支援 認知症への理解、専門的医療機関等の利用の説明、介護保険サービス利用の説明、本人・家族への心理的サポート、④観察・評価 認知機能、生活機能、行動・心理症状、家族の介護負担度、身体の様子のチェック、⑤専門医を含めたチーム員会議の開催 観察・評価内容の確認、支援の方針・内容・頻度等の検討、⑥初期集中支援の実施 専門的医療機関等への受診勧奨、本人への助言、身体を整えるケア、生活環境の改善など、⑦引き継ぎ後のモニタリング

出典：厚生労働省「平成26年介護保険法改正」p6

(5) 在宅医療・介護連携の推進

医療に関する専門的知識を有する者が、介護サービス事業者、居宅における医療を提供する医療機関その他の関係者との連携を推進するものとして厚生労働省令で定める事業である。市町村が主体となり、地域の医師会等と連携して取り組んでいく。

(6) 認知症施策の推進

保健医療及び福祉に関する専門的知識を有する者による認知症の早期における症状の悪化の防止のための支援、その他の認知症、またはその疑いのある被保険者に対する総合的な支援を行う事業である。認知症初期集中支援チーム（認知症専門医および医療と介護の専門職）による認知症の早期診断・早期対応、認知症地域支援推進員による相談対応を行う（図4-5）。

認知症初期集中支援チームは、これまでモデル事業として実施されてきたものが2014年改正で地域支援事業に位置づけられたものである。地域包括支援センターまたは認知症疾患医療センター内に配置することが予定されている。認知症専門医と医療系・介護系職員がチームを組み、認知症の人とその家族を訪問（アウトリーチ）、混乱しがちな認知症の初期段階から集中的に関わるしくみを作るものである。

図4-6 地域ケア会議

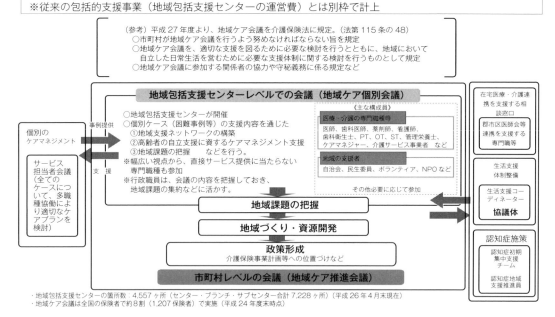

出典）厚生労働省「平成26年介護保険法改正」p7

　認知症地域支援推進員は、地域包括支援センターに配置する専門職で保健師・看護師を想定している。認知症初期集中支援チームと連携し（チーム員としても可）、認知症の人とその家族への支援が行われるよう調整していくものである。

(7) 地域ケア会議の推進（第115条の48）

　2011年改正により、厚生労働省が定める省令により、地域包括支援センターは、地域の課題の把握や地域の関係者による対応策の検討のため、地域ケア会議を実施する役割を担うことになった（図4-6参照）。2014年改正では、地域ケア会議を介護保険法に規定し、市町村が地域ケア会議を開催するよう努めなければならないとした。

　市町村は、介護支援専門員、保健医療及び福祉に関する専門的知識を有する者、民生委員その他の関係者、関係機関及び関係団体（「関係者等」）により構成される会議を置くように努めなければならない。会議は、「支援対象被保険者」への適切な支援を図るために必要な検討を行うとともに、支援対象被保険者が地域において自立した日常生活を営むために必要な支援体制に関する検討を行う。多職種協働によるケーススタディだけでなく、地域のネットワーク構築や地域課題の把握等を推進するものである。

(8) 生活支援の充実・強化

生活支援コーディネーター（地域支え合い推進員）の配置および協議体の設置等により、ボランティア等の養成やサービスの担い手となる人材の発掘を行うと共に、元気な高齢者などが担い手として活動する場を作り社会参加を推進する。

なお、2014年改正で設けられた(5)～(8)のうち、(7)は2015年4月から、(5)(6)(8)は2018年4月までにすべての市町村で実施される。

3）任意事業

市町村は、その他に地域支援事業として、次に掲げる事業を行うことができる。
(1) 介護給付等費用適正化事業
　真に必要なサービス提供の検証、制度趣旨や良質な事業展開のための情報提供等。
(2) 家族介護支援事業
　介護方法の指導、その他の要介護被保険者を現に介護する人の支援。具体的には家族介護教室、認知症高齢者見守り事業、家族介護継続支援事業等となっている。
(3) その他の事業
　介護保険事業の運営の安定化および被保険者の地域における自立した日常生活の支援。具体的には、成年後見制度利用支援事業、福祉用具・住宅改修支援事業、地域自立生活支援事業となっている。

2．地域包括支援センター（介護保険法第115条の46）（図4－7参照）

高齢者が住み慣れた地域で、その人らしい生活を継続して暮らせるようにするには、要介護状態にならないための予防対策から、状態に応じた保健・医療・福祉などのさまざまなサービスを、高齢者の変化に応じ、切れ目なく提供することが大切である。

地域包括支援センターは、介護保険法改正により2006年度から、地域支援事業の包括的支援事業等を実施し、地域住民の心身の健康の保持および生活の安定のために必要な援助を行うことにより、その保健医療の向上および福祉の増進を包括的に支援する**中核機関**として設置された。

市町村は、地域包括支援センターを設置し、もしくは、老人介護支援センターの設置者等に対し、包括的支援事業の実施を委託することができる。これまでは包括的支援事業を一括して委託するものとなっていたが、2014年改正で新たな事業が増えたため、(5) 以降を除く (1) から (4) までの全てについて一括して行わなければならないという規定になっている。委託を受けた者は、あらかじめ厚生労働省令で定める事項を市町村長に届け出て、地域包括支援センターを設置することができる。

図4-7 地域包括支援センターのイメージ

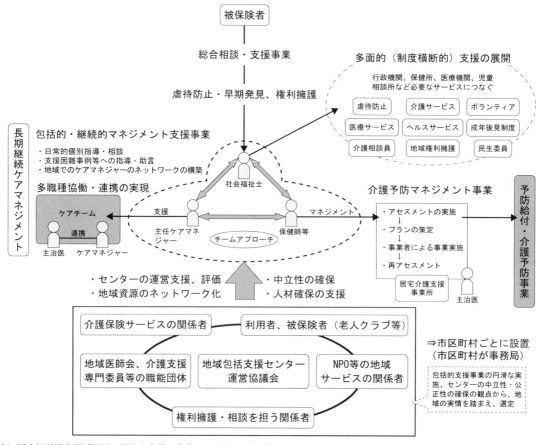

出典）厚生統計協会編『国民の福祉と介護の動向 2015/2016』p.159

　地域包括支援センターの設置者（その役員）もしくはその職員、またはこれらの職にあった人は、正当な理由なしに、その業務に関して知りえた秘密を漏らしてはならないと定められている。

　2014年改正により、地域包括支援センターの設置者は、自らその実施する事業の質の評価を行って、その質の向上に努め、市町村も地域包括支援センターの事業の内容及び運営状況に関する情報を公表するよう努めることになった。

　地域包括支援センターの具体的な事業として4点ある。

(1) 介護予防・日常生活支援総合事業および予防給付に関する介護予防ケアマネジメント業務

　介護予防の効果を高めるため、非該当者から要支援者に至るまでの連続的で一貫したケアマネジメントの実施、および地域における健康づくりのためのボランティア活動などを促進させ、介護保険以外のさまざまな社会資源の活用に留意することとなっている。

▶介護予防・日常生活支援総合事業に関するケアマネジメント：介護予防・生活支援サービスの対象者に対して、地域包括支援センターが実施する。対象者ごとの課題分析等を行い、課題に応じた支援計画（ケアプラン）を作成し、介護予防事業の実施後には、対象者の状況の再評価を行う。
▶予防給付に関するケアマネジメント業務：要支援認定を受けた利用申込者とケアプランの内容について契約して、市町村に届け出た上で実施する。アセスメント、介護予防サービス計画原案の作成、サービス担当者会議の開催、介護予防サービス計画書の交付、サービスの提供、モニタリング、再評価という一連のケアマネジメントを実施する。

これらの実施にあたっては、地域包括支援センターにおいて実施する介護予防・日常生活支援総合事業に関するケアマネジメントと予防給付に関するケアマネジメント、居宅介護支援事業所が行う介護給付のケアマネジメント相互の連携を図ることとしている。

(2) 介護保険外のサービスを含む高齢者や家族に対する総合相談・支援

地域におけるネットワーク構築業務、実態把握業務、総合相談業務などがあげられている。

(3) 被保険者に対する虐待の防止・早期発見等の権利擁護業務

高齢者虐待の通報、相談の対応、成年後見制度の活用（地域包括支援センターは成年後見制度に関する相談窓口でもある）、虐待事例への介入支援などの対応、虐待等の場合で、高齢者を老人福祉施設などへ措置入所させることが必要と判断した場合は、市町村の担当部局に措置入所の実施を求める、消費者被害の防止、地域住民の啓発活動などを行う。

(4) 長期継続的なケアマネジメントの後方支援を行う、包括的・継続的ケアマネジメント支援業務

日常的個別指導・相談業務、支援困難事例への対応など、ケアマネジャーへの指導・助言業務、包括的・継続的なケア体制の構築業務、地域におけるケアマネジャーのネットワークの形成などがあげられている。

このため、地域包括支援センターの実施体制として、保健師または地域ケアに経験のある看護師（(1)対応）、社会福祉士（(2)(3)対応）、主任介護支援専門員（主任ケアマネジャー）（(4)対応）等の専門職種を配置するが、各職種が相互に連携・協働しながらチームとして実施することとなっている（図4－7）。

《地域包括支援センター運営協議会》市町村は地域包括支援センター運営協議会を（各市町村に一つ）設置する。地域包括支援センターはこの運営協議会の意見を踏まえて、適切、公正かつ中立な運営を確保することとされている。

運営協議会の構成員は、次の①から④を標準として、地域の実情に応じて市町村長が選定する。①介護サービス・介護予防サービスに関する事業者および職能団体（医師、歯科医師、看護師、介護支援専門員等）②介護サービス等の利用者、介護保険の被保険者③介護保険以外の地域の社会資源や地域における権利擁護、相談事業等を担う関係者④地域ケアに関する学識経験者

運営協議会では、地域包括支援センターの設置等に関する事項の承認、運営、職員の確保、その他地域包括ケアに関すること等の事務を担当する。

3．介護保険事業計画

1）基本指針

厚生労働大臣は、介護保険事業に関する保険給付の円滑な実施を確保するための基本的な指針（基本指針）を定めることになっている。その内容は、介護給付等対象サービスを提供する体制の確保、および地域支援事業の実施に関する基本的事項、市町村介護保険事業計画において介護給付等対象サービスの種類ごとの量の見込みを定めるにあたって考慮すべき標準等を示すものである。

2）市町村介護保険事業計画

市町村は、基本指針に即して、3年を一期としてその市町村が行う介護保険事業に関する保険給付の円滑な実施に関する計画（以下「市町村介護保険事業計画」）を定めるよう規定されている。

その内容は、以下の4点である。

①市町村は、まず住民が日常生活を営んでいる地域として、地理的条件、人口、交通事情その他の社会的条件、介護給付等対象サービスを提供するための施設の整備の状況その他を総合的に考え合わせて、いくつかの区域（日常生活圏域）に分ける。その区域における各年度の認知症対応型共同生活介護、地域密着型特定施設入居者生活介護および地域密着型介護老人福祉施設入所者生活介護にかかわる必要利用定員総数、その他の介護給付等対象サービスの種類ごとの量の見込み、ならびにその見込み量の確保のための方策

②各年度における地域支援事業に要する費用の額、ならびに地域支援事業の量の見込み、およびその見込み量の確保のための方策

③指定居宅サービスの事業、指定地域密着型サービスの事業または指定居宅介護支援の事業を行う者相互間の連携の確保に関する事業等

④指定介護予防サービスの事業、指定地域密着型介護予防サービスの事業また

は指定介護予防支援の事業を行う者相互間の連携の確保に関する事業等、および地域支援事業の円滑な実施をはかるための事業に関する事項

　市町村介護保険事業計画の作成に関しては、その市町村の区域における要介護者等の人数、要介護者等の介護給付等対象サービスの利用に関する意向、その他の事情を考え合わせて作成されなければならない。また、市町村老人福祉計画と一体のものとして作成され、医療介護総合確保推進法に規定する市町村計画との整合性も確保される。さらに、社会福祉法に規定する市町村地域福祉計画と調和が保たれたものでなければならないと規定されている（介護保険法第117条）。

3）都道府県介護保険事業支援計画

　都道府県は、基本指針に即して、3年を一期とする介護保険事業に関する保険給付の円滑な実施の支援に関する都道府県介護保険事業支援計画（以下①～④）を定めるものと規定されている。

　①その都道府県が定める区域ごとに、各年度の介護専用型特定施設入居者生活介護、地域密着型特定施設入居者生活介護および地域密着型介護老人福祉施設入居者生活介護にかかわる必要利用定員総数、介護保険施設の種類ごとの必要入所定員総数（指定介護療養型医療施設にあっては、その施設の療養病床群等の必要入所定員総数）、その他の介護給付等対象サービスの量の見込み

　②介護保険施設その他の介護給付等対象サービスを提供するための施設における生活環境の改善をはかるための事業

　③介護サービス情報の公表に関する事項

　④ケアマネジャーその他の介護給付等対象サービスおよび地域支援事業に従事する者の確保または資質の向上に資する事業に関する事項等

　都道府県介護保険事業支援計画も、都道府県老人福祉計画と一体のものとして作成されなければならない。また、医療介護総合確保推進法に規定する都道府県計画および医療法に規定する医療計画との整合性の確保が図られたものでなければならない。さらに、社会福祉法に規定する都道府県地域福祉支援計画と調和が保たれたものでなければならないと定められている（介護保険法第118条）。

4．介護保険制度の今後の課題

　介護保険にかかる総費用は制度開始の2000（平成12）年度に3.6兆円だったが、2012（平成24）年度には9.1兆円と2倍以上に増え、保険料も第1期（2000～2002年）に平均月額2,911円だったが、第5期（2012～2014年度）には4,972円（1.7倍）に上昇している。

　施設の利用者数は2000年の52万人から2012年には86万人（1.7倍）に、居宅サー

ビス利用者は同じく97万人から328万人と3倍以上に増えた。特に居宅サービス利用者の伸びが大きくなっている。

　一方で、特別養護老人ホーム入所待機者は2014年には52万人に上る。国、都道府県、市町村は、介護保険費用の急激な増加を抑えようと、介護報酬の伸びや費用のかかる施設建設を抑制してきた（**総量規制**）。介護療養型病床を全廃する国の方針も2006年に公表された。施設入所希望者は年々増加しているのに、利用したくても施設がないという状態である。特に、独居や高齢夫婦、および医療ニーズの高い高齢者を介護保険で支えるしくみも不十分である。2011年改正はこの問題に対応しようとした。

　高齢者が住み慣れた地域で自立した生活を営めるよう、医療、介護、予防、住まい、生活支援サービスが切れ目なく提供される〈地域包括ケアシステム〉の構築に向けた取り組みを進める事が目的であった。新設された定期巡回・随時対応型訪問介護看護や複合型サービスは、いずれも訪問介護と訪問看護が連携してサービスを提供することを主眼としている。また、高齢者住まい法の改正による「**サービス付き高齢者向け住宅（サ高住）**」には見守り機能をつけ、これに定期巡回・随時対応サービスを組み合わせた仕組みの普及を図ることで、施設入所希望者のニーズを充足することも期待している。

　今後の課題はその費用である。施設入所希望者は、介護保険施設やケアハウス等公的な施設の待機者が多く入れないため、もしくはより良いサービスを求めて有料老人ホームやサービス付き高齢者向け住宅（サ高住）に誘導されていく。サ高住の費用は住居費と食費に安否確認と生活相談のサービスがついて都市部でおよそ月額20万円ほど、これに加えて利用した介護保険サービスの自己負担を支払う。有料老人ホームと違い、入居時に高額な入居金が不要で、今後中間層が多く利用すると見込まれる。高度経済成長を過ごし、ある程度の老齢年金が確保され貯蓄も多い団塊の世代向けの「住宅サービス」である。今後、低所得の高齢者は介護保険施設や老人福祉施設、中間層はサ高住、高所得者層は有料老人ホームへという「高齢者の経済格差」が目に見える形で広がるのではないかと懸念される。また、多様な供給主体がこの高齢者住宅にかかわる介護サービスに参入しており、サービスや職員の質の確保も今後の課題となるだろう。

　2014年改正では地域包括ケアシステムの一層の充実と費用負担の公正化（社会保障費の引き締め）という方向性が明確に打ち出された。2025年には団塊の世代が後期高齢者に達し、高齢化率は30％超、要介護者の一層の増加が予想されているのを睨んでのことである。だが、現状でも、特別養護老人ホームの待機者52万人という数字は減少する兆しがなく、逆に介護人材不足も危惧されている。

　今回、さまざまな負担増が実施された。注意が必要なのは、高齢者は現役世代と比べ所得格差も大きく、低所得者も多い点である。自己負担が1割から2割になるのは所得160万円以上（単身で年金収入のみの場合280万円以上、2人以上世帯で346

万円以上）である。高額介護サービス費についても現役並み所得者（課税所得145万円以上）という枠組みが新設され、上限額が37200円から44400円に引き上げられた。これらのことによってサービスの利用控えが生じないだろうか。

　また、2005年改正では要支援者と要支援者になる恐れがある虚弱高齢者（旧二次予防対象者、旧特定高齢者）に対するサービスが拡充されたが、2014年改正では縮小される。例えば、これまで要支援者の生活を支えてきた介護予防訪問介護と介護予防通所介護が地域支援事業に移行した。これまで予防給付では全国一律の基準で給付が行われたが、今後は各市町村が「多様な担い手による多様なサービス」を開発して提供していくことになる。地域格差やサービスの質の低下に繋がらぬよう注意して見守っていく必要があるだろう。

【参考文献】
（1）厚生労働省老健局　『平成23年介護保険法改正について』2012年。
（2）厚生労働省老健局振興課『地域包括ケアシステムについて』2013年。
（3）厚生労働省老健局総務課『公的介護保険制度の現状と今後の役割』2013年。
（4）厚生統計協会編『厚生の指標・臨時増刊　国民の福祉の動向（2004年版）』厚生統計協会、2004年。
（5）厚生統計協会編『厚生の指標・増刊　国民の福祉の動向（2005年版）』厚生統計協会、2005年。
（6）厚生労働統計協会編『厚生の指標・増刊　国民の福祉と介護の動向　2015/2016』厚生労働統計協会、2015年。

第5章 老人福祉法と高齢者の医療の確保に関する法律

第1節 老人福祉法の概要

1．老人福祉法

1）制定と改正の経緯

「老人福祉法」は、老人の心身の健康の保持および生活の安定のために必要な措置を講じ、もって老人の福祉をはかることを目的（老人福祉法第1条）として、1963（昭和38）年に制定・施行された。高齢者に対する初めての単独法であった。日本は、高度経済成長期に入り貧困からの脱却が進んだが、他方では対象別の社会福祉サービスの必要性が高まった。産業構造の変化（第1次産業から第2・3次産業へ）や人口移動（農村部から都市部への労働力移動）などの社会構造上の変化から、家族扶養が揺らぎ始めた時期である。それまで唯一貧困であることを理由に救貧制度の対象となっていた高齢者は、「老人」であることからくるリスクや、そこから生じるニーズに基づく対応が必要な存在として認識されたのである。

社会福祉に関する法についていえば、1960年代初めに知的障害者、老人、母子に対する三法が成立し、いわゆる「福祉六法」時代を迎えることとなった。その直前には一新された「国民健康保険法」（1958年）と新たに「国民年金法」（1959年）が制定され、その実質はいまだ乏しいが、生活の安定への準備は一応整った。

老人福祉法制定により、それまでの養老施設（生活保護法の定める保護施設）が養護老人ホームという名称で同法に制度上位置づけられた。環境上の理由および経済的理由により在宅で世話を受けられない高齢者を入所させ、養護することを目的とする施設である。加えて、特別養護老人ホームという常時介護が必要な高齢者のための施設を規定、老人家庭奉仕員（現在のホームヘルパー）の制度も老人福祉法上に組み入れられた。

しかし、1982（昭和57）年に「老人保健法」が制定されて以降、高齢者の保健と医療に関する施策は同法に移行し、老人福祉法は福祉施策に特化したものになる。また、2000（平成12）年の「介護保険法」施行とともに、主な介護福祉サービスの実施は介護保険法で行われることになり、老人福祉法は介護保険法などと密接にかかわりあいながら、老人福祉の基本理念と枠組みを示す基盤として存在することになった。その後、老人保健法は2006年に改正され「高齢者の医療の確

保に関する法律」となった。

　老人福祉法はいくどもの改正を経ているが、以下はその主なものである

《1972（昭和47）年改正》　1960年代、健康保険の家族給付率は5割、国民健康保険も1968（昭和43）年まで給付率は5割であった（1968年以降7割）。国民年金の水準もまだ低く、高齢者の自己負担分を公費で支出することにより受診しやすくしようという試みが先進的自治体で行われており、1973（昭和48）年には70歳以上の高齢者に対する国の制度として全国に広がった。それが老人福祉法の措置による老人医療費支給制度（老人医療費無料化）である。

《1982（昭和57）年改正》　老人保健法の制定に伴い、老人健康診査等の規定は同法に移行した。老人医療費支給の規定も削除された。

《1990（平成2）年改正》　1989（平成元）年の「高齢者保健福祉推進十カ年戦略」（ゴールドプラン）を受けて、1990（平成2）年にはその基盤整備のため社会福祉関係八法の改正が行われた。ゴールドプランや中央社会福祉審議会などの福祉関係三審議会の合同企画分科会の意見具申「今後の社会福祉の在り方について」で明確になった「施設福祉から在宅福祉へ」という流れ、そして住民へのサービスは一番身近な自治体である市町村中心にという地域福祉の体制づくりを受けたものである。老人福祉法では、①市町村が在宅、施設の福祉サービスを総合的に提供、②在宅福祉サービスの位置づけの明確化、③特別養護老人ホームの入所措置権の都道府県から町村への委譲（従来は都道府県および市が決定してきたが、今後は市町村が措置決定権をもつ）、④都道府県と市町村による老人保健福祉計画の策定などが定められた。

《1997（平成9）年改正──介護保険法制定との関連》　1997（平成9）年の介護保険法の制定（2000年施行）により、主たる在宅・施設福祉サービスは介護保険制度により給付することになった。なお特別養護老人ホームは、老人福祉法で規定された老人福祉施設であるが、介護保険法上、介護老人福祉施設となる。

　しかし、やむをえない事由により、介護保険法に規定するサービスを利用することが困難であると認められる要援護高齢者は、市町村が訪問介護や施設入所などの措置をとることになる。これは、例えば身寄りがなく認知症のある高齢者が自らの意思で介護サービスを選択できない場合、もしくは家族の放任など虐待のある場合に、市町村が必要と認める介護サービスを措置するケースなどである。

　また、介護保険法の規定に移行せず、老人福祉法に残ったサービスもある。施設サービスでは養護老人ホームや老人福祉センター、在宅サービスでは日常生活用具の給付・貸与のうち電磁調理器や火災警報器である。

《2005（平成17）年改正》　介護保険法改正に伴ったもので、新しい小規模多機能型居宅介護事業が老人居宅生活支援事業に位置づけられた。また、養護老人ホームへの入所措置の要件から「身体上もしくは精神上の理由」が削除され、「環境上もしくは経済上の理由」だけになった。

《2011（平成23）年改正》　介護サービスの基盤強化のための介護保険法等の一部を改正する法律により法改正、2012年4月より施行されている。これにより老人居宅生活支援事業に複合型サービス福祉事業が加わった。また、成年後見人を確保するため、市町村は、**市民後見人**（後見、保佐及び補助の業務を適正に行うことができる人材）の育成及び活用を図るために必要な措置を講ずるよう努めることになった（老人福祉法第32条の2を創設）。

　認知症対応型老人共同生活援助事業を行う者に対しては、家賃、敷金及び入浴、排せつ、食事等の介護その他の日常生活上必要なサービス費用を受領するほかは、権利金その他の金品受領の禁止の規定（同第14条4）、有料老人ホームの設置者に対しても同様の規定（第29条6）および契約解除の際の前払い金を一定の方法で返還する旨の契約を締結する義務を定めた（第29条8）。

2）目的と基本的理念

　老人福祉法は、老人の福祉に関する原理を明らかにするとともに、老人に対し、その心身の健康の保持および生活の安定のために必要な措置を講じ、もって老人の福祉をはかることを目的（老人福祉法第1条）としている。

　その基本的理念は、第1に老人は、多年にわたり社会の進展に寄与してきた者として、かつ、豊富な知識と経験を有する者として敬愛されるとともに、生きがいをもてる健全で安らかな生活を保障される者とする（同第2条）。第2に老人は、老齢に伴って生ずる心身の変化を自覚して、常に心身の健康を保持し、または、その知識と経験を活用して、社会的活動に参加するように努めるものとする（同第3条-1）。第3に老人は、その希望と能力とに応じ、適当な仕事に従事する機会その他、社会的活動に参加する機会を与えられるものとする（同第3条-2）となっている。

3）老人福祉行政の実施体制

　国および地方公共団体は、老人の福祉を増進する責務を有すると定められている。また、国および地方公共団体は、老人の福祉に関係のある施策を講ずるにあたっては、その施策を通じて基本的理念が具現されるように配慮しなければならない（同第4条）。

　市町村は、65歳以上の者および65歳未満の者であって特に必要があると認められる者に対して、居宅介護や施設入所などの措置を行う（1997年改正の項〈p.140〉を参照）。また、市町村は老人の福祉に関し必要な実情の把握に努めること、および必要な情報の提供を行い、ならびに相談に応じ、必要な調査および指導を行い、これらに付随する業務を行わなければならない（同第5条の4-②）。具体的には、市町村の設置する福祉事務所がその業務を行い、福祉事務所には老人福祉に関する専門的業務を行う社会福祉主事をおかなければならないと定めている（同第6

条の1)。その他、保健所、民生委員が老人福祉に関する業務に協力するものとして規定されている（同第8条、第9条）。

○介護支援相談

市町村が行わなければならない老人の福祉に関する必要な情報の提供ならびに相談および指導のうち、介護保険法に規定する諸サービスの利用などに関するものは、市町村に設置する老人介護支援センターやその他の施設に委託することができる（同第6条の2）。

○支援体制の整備

また市町村は、要援護高齢者が、その心身の状況やおかれている環境などに応じて自立した日常生活を営むために最も適切な支援が総合的に受けられるように、さまざまな措置の実施とともに、これらの措置や介護保険法に規定する福祉サービス事業を行う者の活動の連携および調整をはかるなど、地域の実情に応じた体制の整備に努めなければならない（同第10条の3）。

以上のように、介護保険法施行以降、市町村の役割は直接的な福祉の措置や介護支援相談から支援体制の整備へと重心が移りつつある。しかし、介護保険制度になじまない高齢者への援助や介護保険制度外の諸サービスの実施など、基盤的役割は残されており、また総合的な見地からのサービス事業者の調整・管理など幅広い機能が求められている。

なお都道府県は、市町村相互間の連絡調整、情報の提供や市町村域を超えた広域的な見地から実情の把握に努めるなどの業務を行わなければならないと定められている（同第6条の3）。

2. 老人福祉施策の体系と内容

1）在宅福祉サービス（老人居宅生活支援事業）

老人福祉法で定める「老人居宅生活支援事業」には、①老人居宅介護等事業（ホームヘルプサービス）、②老人デイサービス事業、③老人短期入所事業（ショートステイ）、④小規模多機能型居宅介護事業、⑤認知症対応型老人共同生活援助事業（グループホーム）および複合型サービス福祉事業がある（老人福祉法第5条の2）。その他に、⑥日常生活用具の給付・貸与（同第10条の4）がある。

▶老人居宅介護等事業（ホームヘルプサービス）

訪問介護員（ホームヘルパー）が要援護高齢者の自宅を訪問して、入浴、排泄、食事等の介護、身体の清拭、洗髪などの身体介護サービスや調理、洗濯、掃除などの家事援助サービス、これらに付随する相談、助言を行い日常生活を支援する。介護保険法の訪問介護、定期巡回・随時対応型訪問介護看護、夜間対応型訪問介護、介護予防訪問介護に対応する事業である。

▶老人デイサービス事業

　在宅の要援護高齢者がデイサービスセンターなどに通所して、健康チェック、入浴、排泄、食事等の介護、日常動作訓練、生活指導、家族介護者教室などの総合的なサービスを受ける。介護保険においては、通所介護、認知症対応型通所介護、介護予防通所介護、介護予防認知症対応型通所介護として位置づけられている。

　また、1990（平成2）年度から高齢者世話付き住宅生活援助員派遣事業が始まった。デイサービスセンターは、近隣の「高齢者世話付き住宅」（シルバーハウジング）に生活援助員（life support adviser：LSA）を派遣して、入居者の生活相談、緊急時の対応などの業務を行う。

　その他、デイサービスセンターの一形態として、居住部門を加えた「生活支援ハウス」（高齢者生活福祉センター）がある。これは、過疎地域などに住む高齢者に対する介護支援、居住、地域との交流機能を有する小規模複合施設である。居住部門利用者（たとえば、冬期の一人暮らしに不安な高齢者が積雪の間だけ利用するなど）に対する相談、管理などを行う生活援助員が配置されている。

▶老人短期入所事業（ショートステイ）

　自宅で要援護高齢者を介護している人が病気や介護疲れ、旅行などの場合に、その高齢者を特別養護老人ホームなどに短期間入所させて介護者の負担の軽減をはかり、在宅介護を支援する。介護保険法においては、短期入所生活介護または介護予防短期入所生活介護として位置づけられている。

▶小規模多機能型居宅介護事業

　要援護高齢者の心身の状況やおかれている環境などに応じて、本人の選択に基づいて、自宅や通所または短期宿泊などをさせて、入浴、排泄、食事等の介護、機能訓練等を提供する事業である。介護保険法においては、小規模多機能型居宅介護または介護予防小規模多機能型居宅介護として位置づけられている。

▶認知症対応型老人共同生活援助事業（グループホーム）

　1997（平成9）年度から実施されている。要援護高齢者で認知症の状態にあるが、少人数による共同生活が可能な高齢者を対象に、小規模な生活空間、家庭的な環境、雰囲気の中で、認知症をよく理解し訓練された職員にケアを提供されて生活することを支援する事業である。グループホームの定員は5人以上9人以下で、居室は原則個室、居間、食堂など入居者が相互交流できる場所を有する。介護保険法上では、認知症対応型共同生活介護または介護予防認知症対応型共同生活介護として位置づけられている。

　認知症対応型老人共同生活援助事業では、介護サービス費用は通常介護保険の給付を受けるが、利用者から徴収する衣食住の費用（生活費）については、介護保険法の規制を受けない。認知症のある利用者の保護のため2011年の改正では、家賃等以外の、権利金等の金品受領の禁止の規定が加えられた。

▶複合型サービス福祉事業

　介護保険法に規定する訪問介護、訪問入浴介護、訪問看護、訪問リハビリテーション、居宅療養管理指導、通所介護、通所リハビリテーション、短期入所生活介護、短期入所療養介護、定期巡回・随時対応型訪問介護看護、夜間対応型訪問介護、認知症対応型通所介護又は小規模多機能型居宅介護を2種類以上組み合わせることにより提供されるサービスのうち、訪問看護及び小規模多機能型居宅介護の組合せその他の居宅要介護者について一体的に提供されることが特に効果的かつ効率的なサービスの組合せにより提供されるサービスとして厚生労働省令で定めるものを供与する事業をいう。介護保険法においては複合型サービスと位置づけられる。

▶老人日常生活用具給付等事業

　在宅の要援護高齢者の生活の利便をはかり、介護者の負担を軽減するため、身体の機能低下の防止と介護補助のための日常生活用具を給付・貸与する事業である。2000（平成12）年度より、対象品目の多くが介護保険法による「福祉用具貸与」または「居宅介護福祉用具購入費等」に移行したため、火災警報器、自動消火器、電磁調理器、老人用電話（貸与）が対象品目である。2006（平成18）年度から一般財源化され、対象品目や対象者等は地域の実情に応じて取り組まれている。

2）老人福祉施設

　老人福祉法で定める「老人福祉施設」には、老人デイサービスセンター、老人短期入所施設、養護老人ホーム、特別養護老人ホーム、軽費老人ホーム、老人福祉センター、老人介護支援センター（在宅介護支援センター）がある（老人福祉法第5条の3）。

　その他の施設には、老人憩いの家、老人休養ホーム、有料老人ホームなどがある。

　2011年成立、2012年4月施行の「地域の自主性および自立性を高めるための改革の推進を図るための関係法律の整備に関する法律」により、老人福祉法も一部改正され、養護老人ホームおよび特別養護老人ホームの設備および運営については、厚生労働大臣ではなく都道府県が条例により定めることになった。

▶特別養護老人ホーム（介護老人福祉施設・地域密着型介護老人福祉施設）

　65歳以上の人で身体上または精神上著しい障害があるために常時の介護を必要とし、かつ居宅においてこれを受けることが困難な人を入所させる施設である。2000（平成12）年度以降は、介護保険法に規定する施設サービスの一つである介護老人福祉施設と位置づけられている。高齢者がやむをえない事由により介護老人福祉施設に入所することが困難であるとき、措置制度の定める特別養護老人ホームに入所することになる。

　また、2002（平成14）年度よりユニット型特別養護老人ホームの整備が始めら

表5−1　特別養護老人ホームの特徴

	従来型および地域密着型 特別養護老人ホーム	ユニット型 特別養護老人ホーム
居室定員	1人（既存のものは4人以下）	1人（必要と認める場合2人）
入所者1人当たりの床面積	10.65㎡（入所者1人当たり）	10.65㎡（1人の居室面積）
ユニットの入居定員		10人以下
共同生活室の床面積		ユニットの入居定員×2㎡以上
洗面設備とトイレ	居室のある階ごと	居室ごと又は共同生活室に適当数
職員配置基準	入居者3人に介護職員1人以上	入居者3人に介護職員1人以上

（清水作成）

れた。ユニット型特養とは、従来の4人部屋居室を基本とするのではなく、全室個室で、約10人のグループごとに居室に隣接した共有のリビング（入所者が交流し、共同で日常生活を営むための場所：共同生活室）を設け、一体的に構成されるユニットでの日常生活に対する支援（ユニットケア）を行うという特徴をもつ（表5−1）。厚生労働省は、今後新設する特養はユニット型特養を原則としており、特別養護老人ホームにおける個室の割合を2014年度に入所定員の70％以上に増やす方針である。

　ただし、2005年10月より介護保険では入居者は居住費と食費を自己負担することになった。低所得者には高額な個室費用（月額約5万円）が払えないことから、減免制度が設けられているが、それでも月額約2.5万円である。自治体によっては、低所得者対策として相部屋（月額約1万円）を併設する施設を建設している現状があり、厚生労働省も容認することになった（2010年9月）。

▶養護老人ホーム

　65歳以上の者で環境上の理由および経済的理由により居宅において生活することが困難な人を入所させ養護し、自立した日常生活を営み、社会的活動に参加するために必要な援助を行う施設である。施設への入所は市町村の措置によって行われる。環境上の理由には、在宅で1人で生活することが困難であると認められるさまざまな理由が含まれる。

　また、2006年より養護老人ホームは、介護保険の特定施設入居者生活介護の、外部サービス利用型特定施設入居者生活介護の指定を受けることができるようになった。

▶軽費老人ホーム

　60歳以上の人で家庭環境や住宅事情などの理由により居宅での生活が困難な人を、無料または低額な料金で入所させ、食事の提供その他、日常生活上必要な便宜を供与する施設である。A型、B型、介護利用型（ケアハウス）に分類される。

2008（平成20）年度からは、軽費老人ホームの基準はケアハウスを基準とすることになり、既存のA型、B型については、経過的にこのまま置かれることになった。
- 軽費老人ホーム（A型）：給食サービスがある。
- 軽費老人ホーム（B型）：利用者の食事は原則として自炊による。
- 介護利用型軽費老人ホーム（ケアハウス）：高齢者のケアに配慮しつつ自立した生活を確保できるよう工夫された施設である。居室はトイレ、洗面所のついた個室が多く、給食サービス、生活相談、緊急時の対応などを提供する。介護保険が規定する特定施設入所者生活介護事業者の指定を受けた施設では、特定施設入所者生活介護という居宅サービスを受けることができる。

▶老人福祉センター

無料または低額な料金で、老人に関する各種の相談に応じ、健康の増進、教養の向上、レクリエーションのための便宜を総合的に供与することを目的とした施設である。

なお、前項で述べたように、介護保険法施行後は同法で規定する以下の居宅サービスおよび施設サービスに対応する老人福祉法の措置は、やむをえない事由によりこれらのサービスを利用することが著しく困難な要援護高齢者に限って行われることになった（老人福祉法第10条の4、第11条）。

〔訪問介護・夜間対応型訪問介護・介護予防訪問介護（ホームヘルプサービス）、通所介護・認知症対応型通所介護・介護予防通所介護・介護予防認知症通所介護（デイサービス）、短期入所生活介護・介護予防短期入所生活介護（ショートステイ）、小規模多機能型居宅介護・介護予防小規模多機能型居宅介護、認知症対応型共同生活介護・介護予防認知症対応型共同生活介護（グループホーム）、介護老人福祉施設（特別養護老人ホーム）、地域密着型介護老人福祉施設〕

3）在宅介護支援センター（老人介護支援センター）

在宅介護支援センター（法律上の名称は老人介護支援センター）は、在宅要援護高齢者やその家族、地域住民に、社会福祉士や保健師等が専門的・総合的に情報提供ならびに相談に応じるとともに、そのニーズに対応した保健・福祉サービスなどが円滑に受けられるよう、市町村、老人居宅生活支援事業者、老人福祉施設などとの連絡・調整その他の援助を総合的に行う地域相談機関である。介護機器の展示や地域住民に対する公的サービスの周知、啓発なども行っている。

1990（平成2）年より事業化され、1994（平成6）年より老人福祉施設の一つとして位置づけられている。夜間の緊急の相談に対応できるよう、24時間365日対応可能な相談体制とするため、特別養護老人ホーム、老人保健施設および病院などに併設されることが多い。1998（平成10）年には、市町村の保健福祉センターなどに併設して、市町村内のすべての在宅介護支援センターを統括、支援業務を併

せ行う「基幹型」が整備された。2000（平成12）年からは特養などへの併設型や単独設置のセンターを「地域型支援センター」として統一した。また、「基幹型支援センター」を地域ケアの中核を担うものとして位置づけ、地域型支援センターを支援するほか、地域ケア会議の開催を業務として位置づけた。

2006（平成18）年度には、介護保険法改正により、地域ケアの中核拠点として地域包括支援センターが市町村により設置されることになった。自治体により差はあるが、ほとんどの在宅介護支援センターが地域包括支援センターとして機能することになった。

4）老人福祉計画

老人福祉法では老人福祉計画策定の規定があり、介護保険法に規定する介護保険事業計画と一体のものとして作成されなければならないと定められている。

《市町村老人福祉計画》　市町村は、老人居宅生活支援事業および老人福祉施設による事業（以下、老人福祉事業）の供給体制の確保に関する計画を策定することが定められている（老人福祉法第20条の8）。具体的には、①その市町村で確保すべき老人福祉事業の量の目標、②その確保のための方策、③その他老人福祉事業の供給体制の確保に関し必要な事項である。その際、介護保険法に規定する諸サービスの量の見込みも考え合わせる必要がある。もちろん、その市町村域における要援護高齢者の人数、その障害の状況などの事情を考え合わせて作成されなければならない。また、養護老人ホームや老人介護支援センターの目標量は、国が参考にすべき標準を示すことになっている。

市町村老人福祉計画は、市町村介護保険事業計画と一体のものとして作成されなければならないと規定されている。また、社会福祉法の定める市町村地域福祉支援計画との調和も重視される。

《都道府県老人福祉計画》　都道府県は市町村を援助するため、広域的な見地から老人福祉事業の供給体制の確保に関する計画を定めることになっている（同第20条の9）。具体的には、その都道府県が定める区域ごとの養護老人ホーム、特別養護老人ホームの必要入所定員総数、その他老人福祉事業の目標量などのほか、老人福祉施設の整備とその相互の連携のための措置、老人福祉事業従事者の確保、資質向上のための措置などである。市町村計画と同じく、都道府県老人福祉計画も、都道府県介護保険事業支援計画と一体のものとして作成されなければならない。また、社会福祉法による都道府県地域福祉支援計画と調和が保たれたものでなければならないと定められている。

5）有料老人ホーム

有料老人ホームとは、老人が入居し、入浴、排泄、食事の介護、食事の提供、その他日常生活上必要な便宜、介護の提供を受ける事業を行う施設であって、老

人福祉施設ではないものをいう（老人福祉法第29条）。民間業者が経営することが多く、多額の入居金などを支払う場合も多い。高齢者の保護のため、設置者・管理者に対してさまざまな規定がある。

　有料老人ホームを設置しようという人は、予定地の都道府県知事に、施設の名称や設置予定地、設置者、条例や定款、事業開始日、施設管理者、施設において提供されるサービスの内容、事業の休止や廃止などを届け出なければならない。設置者は、入居者または入居しようとする人に対し、提供する介護などの内容に関する情報を開示しなければならない（第29条5）。また、家賃、敷金及び介護その他の日常生活上必要な便宜の供与の対価として受領する費用を除くほかの、権利金その他の金品を受領してはならない（第29条6）。前払い金を受領する場合は、その前払い金の保全措置を講ずること、および契約解除の際、前払い金から厚生労働省令で定める方法により算定される額を控除した額に相当する額を返還する旨の契約を締結すること（第29条7, 8）が義務づけられている。

　都道府県知事は、この法律の目的を達成するため、有料老人ホームの設置者・管理者等に対して、運営状況に関する事項などの報告を求め、事務所に立ち入り、設備などを検査させることができる。また、設置者が規定に違反したり、入居者に不当・不利益になる行為をしたときは、入居者の保護のため、改善に必要な措置を命ずることができる。

　有料老人ホームの健全な発展に資することを目的として、有料老人ホームの設置者を会員とする有料老人ホーム協会という法人が設立されている。

　有料老人ホームは、介護保険法に規定する居宅サービスの一つである特定施設入所者生活介護事業者の指定を受けることができる。

6）今後の課題

　高齢者人口の増加、平均寿命の延びとともに、高齢者福祉の分野では今後ますます、福祉、保健、医療の連携が重要になる。加えて、住宅保障、都市計画、所得保障や生きがい・余暇活動の充実、社会参加の保障など、高齢者の尊厳を守り、長い平均余命を充実したものにするための施策が不可欠となる。老人福祉法は制定当初の施設福祉中心の時代から、在宅福祉中心へと重点施策が変遷したが、高齢者を取り巻くさまざまな環境整備や社会参加を促す積極的施策などはいまだ不十分である。また歴史的経過から、法律は福祉、保健・医療、介護と分かれて存在している。

　介護保険制度の登場で老人福祉法は理念法的存在となった。しかし、介護保険制度が発展し財政規模が増大する中で、利用者負担も増え、対象者を限定する方針も見えてきた。介護保険制度内のサービスだけでは生活困難な高齢者を支えきることが難しい。介護保険の対象外とされた高齢者をどう支援していくのかは大きな課題となっている。

第2節　高齢者の医療の確保に関する法律の概要

1．高齢者の医療の確保に関する法律

1）目的と基本的理念

　高齢者の医療の確保に関する法律（以下、高齢者医療確保法）は、国民の高齢期における適切な医療の確保を図るため、医療費の適正化を推進するための計画の作成及び保険者による健康診査等の実施に関する措置を講ずるとともに、高齢者の医療について、国民の共同連帯の理念等に基づき、前期高齢者に係る保険者間の費用負担の調整、後期高齢者に対する適切な医療の給付等を行うために必要な制度を設け、もつて国民保健の向上及び高齢者の福祉の増進を図ることを目的としている（第1条）。

　基本的理念において、第一に国民は、「自助と連帯の精神に基づき、自ら加齢に伴つて生ずる心身の変化を自覚して常に健康の保持増進に努めるとともに、高齢者の医療に要する費用を公平に負担するものとする」とともに「年齢、心身の状況等に応じ、職域若しくは地域又は家庭において、高齢期における健康の保持を図るための適切な保健サービスを受ける機会を与えられるものとする」と定められている（第2条）。

　国は、国民の高齢期における医療に要する費用の適正化を図るための取組が円滑に実施され、高齢者医療制度（前期高齢者に係る保険者間の費用負担の調整および後期高齢者医療制度）の運営が健全に行われるよう必要な各般の措置を講ずるとともに、法の目的を達成するため医療、公衆衛生、社会福祉その他の関連施策を積極的に推進しなければならない（第3条）と定められている。

2）制定の経緯

(1) 国民皆保険から老人保健法まで

　日本では歴史的経過から、さまざまな医療保険制度が並列している。大企業の被用者が加入する健康保険組合管掌健康保険、中小企業の被用者が加入する全国健康保険協会管掌健康保険（旧政府管掌健康保険）、公務員や私学教職員には共済組合の短期給付、船員に船員保険（以上を総称して被用者保険という）といった具合である。農業や自営業者に対する保険である国民健康保険は1957年に法律が全面改正され、全市町村が、それまで任意事業であった国民健康保険事業の運営を義務付けられた。1961（昭和36）年の同法の完全実施により、すべての国民が何らかの公的医療保険制度に加入するという国民皆保険が実現することになった。

　しかし、日本の医療保険制度では、被用者（会社員や公務員等）が退職すると、それまで加入していた被用者保険を離れて、国民健康保険に入るという仕組みになっている。すなわち、健康で収入が安定している現役世代には被用者保険に保険料を払い、退職して、受療率の上がる高齢者になってから国民健康保険に加入

するという制度は、高齢化の進展とともに、その矛盾を市町村の運営する国民健康保険に負わせることになる。後に制度の進展とともに、市町村国民健康保険財政は赤字となり、それを埋めるために巨額の国庫負担が必要となった。

一方で、当時、病院を受診したときに患者が払う自己負担の割合は異なっていた。市町村国民健康保険は1961（昭和36）年に5割、1968（昭和43）年には3割の患者負担割合であったのに比べ、被用者保険では本人0割、家族は1973年より3割負担であった。現金収入の少なかった農業者、年金水準の低かった当時の高齢者にとって自己負担の多さは大きな負担であり、どのようにして高齢者の患者負担を減らして健康を守るかが社会的な問題となっていた。

そのような中、先進的な自治体が高齢者や乳幼児の患者負担を公費で負担する（老人医療無料化と呼ばれた）制度を始めたのを契機に、多くの自治体がこの制度を導入した。それを受けて、1972（昭和47）年に老人福祉法を改正し、国の制度として高齢者の患者負担を無料とする老人医療費支給制度が1973（昭和48）年より実施されることになった。

この老人医療費支給制度（老人福祉法《1972年改正》p.140参照）は、70歳以上（寝たきり等の場合は65歳以上）の高齢者が医療機関を受診したときの自己負担を公費（国が3分の2、都道府県および市町村が各6分の1）で補填するもので、高齢者は医療機関にかかりやすくなり受診率も上昇、医療保障は進展した。しかし、高齢者は年齢とともに多病を抱えやすく、慢性疾患も多い。医療費を押し上げる大きな要因となる。高齢者人口のますますの増加と1973（昭和48）年からの第1次オイルショックによる経済の停滞により、老人医療費の急速な伸びが問題になり始めた。また、その背景には社会的入院の増加もあった。高齢者福祉サービスが質量ともに不十分で、治療は終了したが日常生活に介護が必要な高齢者が自宅に帰ることができず、自己負担が安く外聞もよい病院に入院したままという状態である。その結果、医療保険の中で高齢者の割合の多い国民健康保険の財政状態が厳しく、巨額の国庫負担に加えて、保険者である市町村の財政まで圧迫していた。

(2) 老人保健法の成立

1982（昭和57）年に老人保健法が成立、1983（昭和58）年に施行された。同法に基づく老人保健制度は、①予防からリハビリテーションまで一貫した包括的保健医療の実施、②不適切な医療・受診を抑制し高齢者にも一部費用を負担させるため、自己負担無料を廃止し高齢者に少額の窓口負担を導入する、③世代間の連帯の下に老人医療費を国、地方自治体、医療保険者全体で負担するということを目的としたものである。

■老人保健制度

この制度は、「医療等以外の保健事業」（保健事業）と「医療等」（老人医療）に分かれていた。保健事業では、市町村が40歳以上65歳未満の住民に対し、健康診

査、健康教育、健康相談等の保健事業を行った。

　老人医療は、70歳以上（2007年より75歳以上）および寝たきり等の場合65歳以上の住民で、医療保険各法の被保険者とその被扶養者に医療費の支給を行うものである。給付は、他の医療保険制度によるものと同じく、医療、入院時食事療養費、老人訪問看護療養費、高額医療費等である。自己負担は制度開始当初は定額（外来月額400円、入院一日300円）であったが、徐々に引き上げられ、2002年より定率1割負担（一定以上所得者は2割、後に3割）となった。

　給付に関する費用は、保健事業の場合は国、都道府県、市町村が3分の1ずつ負担した。老人医療に関する費用は、患者負担を除き、当初は各医療保険者から徴収した拠出金が7割、公費が3割（国が3分の2、都道府県、市町村が各6分の1）で負担した。2002年改正により2007年より拠出金5割、公費5割で費用を負担することになった。

　1986（昭和61）年には、同法の改正により、長期療養患者の早期退院を促進するためリハビリテーションなどに重点をおく中間施設として老人保健施設が創設された。

　1991（平成3）年の改正では、在宅療養生活を支える老人訪問看護制度を創設している。老人保健施設療養費や高齢者看護・介護体制の整った病院の入院医療費に関しては、公費負担割合を3割から5割に引き上げた。

■老人保健施設

　1986（昭和61）年の改正により創設され、1988（昭和63）年より本格的に実施された。病院から在宅復帰のための中間施設として位置づけられ、利用者はリハビリテーションや日常生活動作訓練、看護や介護を受ける。対象者は、病状安定期にあり入院治療の必要はないが、リハビリなどを必要とする寝たきり等の高齢者である。老人保健施設は、2000（平成12）年の介護保険法施行により、老人保健法から介護保険法を根拠とする介護老人保健施設となった。

　老人医療の自己負担についてはたびたび増額の方向で改正されたが、2002（平成14）年に大幅な改正があった。医療等の対象年齢が70歳以上から75歳以上に変更（2007年までに段階的に実施）され、自己負担割合も一般は1割、一定以上所得者は2割、後に3割となった。

　これまで被用者保険財政はおおむね黒字であったのが、老人医療費拠出金の負担の重さから、赤字に転落する被用者保険も出てきた。このようなことから老人保健制度自体の見直しが議論に上がるようになった。老人医療費の財政負担の割合も、公費と各医療保険からの拠出金の割合が3対7から5対5へと（2007年までに段階的に実施）変更された。

(3) 高齢者の医療の確保に関する法律の成立

このように政府は対象年齢を引き上げ、自己負担を段階的に増やして老人医療費の伸びを抑制しようとしたが、高齢化の進展とともに老人医療費は増え続けている。政府は2006（平成18）年の医療制度改革の一環として、老人医療をより保険原則に基づくかたちで改革することを決定した。すなわち、老人保健法による老人医療を廃止し、2008（平成20）年4月より高齢者医療確保法による後期高齢者医療制度を発足させた。

これにより、自己負担1割や高額医療費の支給など、受けられるサービスはほぼ同じだが、75歳以上の高齢者は今までとは別の保険制度に加入し、保険料を払うという制度となった。

従来の老人保健法の保健事業では「医療等以外の保健事業」（保健事業）と「医療等」（老人医療）を行っていたが、老人医療部分は後期高齢者医療制度へと引き継がれた。保健事業部分は、健康保険、国民健康保険など各医療保険者が40歳以上の被保険者を対象に特定健康診査、特定保健指導を行うほか、その他の保健事業は健康増進法へ移行することになった。老人保健法は、題名改正を含む大幅な改正により2008年4月1日より高齢者の医療の確保に関する法律となり、後期高齢者医療制度は同じく2008年4月1日から施行された。

■変更のポイント

これまで老人医療制度では、当該制度にあてはまる高齢者（その市町村に在住する75歳以上の者、ならびに寝たきりなどの、政令で定める程度の障害の状態にあると市町村長の認定を受けた、65歳以上75歳未満の者）は、それまで加入していた他の医療保険制度の被保険者資格を有したまま、老人医療の適用を受けていた。後期高齢者医療制度では、75歳になるとそれらの医療保険を脱退して、独立した後期高齢者だけで構成する保険に加入し保険料を払う。例えば健康保険に加入している子に扶養されていた高齢者の場合、扶養からはずれて、自分で後期高齢者医療制度の保険料を払うことになった。またその保険料も、介護保険と同様の方法（年金からの天引き）で徴収される。国民健康保険では、市町村によって減免制度が整っていたため、保険料が低額で済んでいた高齢者も多かった。

そのようなことから、この制度への反発は大きく、保険料の減免制度を大幅に導入した。

3）高齢者医療確保法の内容

高齢者医療確保法の内容は、第1章　総則、第2章　医療費適正化の推進（医療費適正化計画ならびに特定健康診査）、第3章　前期高齢者に係る保険者間の費用負担の調整、第4章　後期高齢者医療制度となっている。第3章では、前期高齢者（65歳以上75歳未満）を対象とした医療費を各医療保険者でどのように負担するか、その財政調整制度の創設について規定している。

2．後期高齢者医療制度（別称：長寿医療制度）の概要

1）運営主体（後期高齢者医療制度では、保険者と言わず運営主体という）

市町村は、後期高齢者医療の事務を処理するため、都道府県の区域ごとに当該区域内のすべての市町村が加入する広域連合（後期高齢者医療広域連合）を設ける。これが後期高齢者医療制度の運営主体となり、保険料の決定や医療の給付を行う。

2）被保険者

被保険者は、広域連合の区域内に住所を有する75歳以上の人および65歳以上75歳未満で、厚生労働省令で定めるところにより、政令で定める程度の障害の状態にある旨広域連合の認定を受けた人である。被用者保険の被扶養者であった人も被用者保険から外れて、後期高齢者医療制度に加入する。なお、生活保護を受給している人は、適用除外である。

3）保険給付

保険給付は、他の医療保険で受けられる給付とほぼ同じである。療養の給付、入院時食事療養費、入院時生活療養費、保険外併用療養費、療養費、訪問看護療養費、特別療養費、移送費の支給、高額療養費および高額介護合算療養費の支給である。また、後期高齢者医療広域連合の条例で定めるところにより行う給付も

表5－2　後期高齢者医療制度（長寿医療制度）の医療費自己負担限度額

（1人1カ月）平成20年4月～

		外来（個人ごと）	自己負担額
現役並み所得者（課税所得145万円以上）		44,400円	80,100円＋（医療費－267,000円）×1％（44,400円）
一般		12,000円	44,400円
低所得者（住民税非課税）	Ⅱ	8,000円	24,600円
	Ⅰ（年金収入80万円以下等）		15,000円

注：（　）内の金額は、多数該当（過去12カ月に3回以上高額療養費の支給を受け、4回目の支給に該当）の場合の4回目以降の自己負担限度額。
出典）『国民の福祉と介護の動向2015/2016』p.171

表5－3　高額介護合算療養費の自己負担限度額（年額）（世帯内の加入者全員分）

所得区分	後期高齢者医療制度＋介護保険自己負担限度額
現役並み所得者	67万円
一般	56万円
低所得者　Ⅱ	31万円
Ⅰ	19万円

出典）厚労省資料より

認められる。詳細を以下に述べておく。

《療養の給付》　他の医療保険制度によるものと同じく、疾病または負傷に関して行われる診察、薬剤などの支給、処置、手術その他の治療、家庭における療養上の管理およびその療養に伴う世話その他の看護、病院または診療所への入院およびその療養に伴う世話その他の看護などの現物給付である。

《入院時食事療養費の支給》　入院時の食事に要した費用について厚生労働大臣が定めた平均的な費用（患者負担）を差し引いた額が現物給付される。すなわち、入院した患者は食事療養標準負担額（一般1食260円、市町村民税非課税世帯は1食210円で90日を超える入院は1食160円、市町村民税非課税世帯等に属する老齢福祉年金受給者は1食100円）を自己負担する。

《入院時生活療養費の支給》　療養病床への入院時に要した費用について、厚生労働大臣が定めた平均的な費用（食費および光熱水費）を差し引いた額が現物給付される。すなわち、療養病床に入院した患者は生活療養標準負担額を自己負担する。これも食事療養標準負担額と同様に、一般、低所得者などで負担額が異なる。難病等で入院医療の必要性の高い患者は、食事療養標準負担額と同額となっている。

《保険外併用療養費の支給》　基礎部分は保険外併用療養費として給付を受けるが、高度先進医療を受ける場合や特別室（差額ベッド）を利用する場合など、それ以外の部分（差額）は患者が負担する。

《療養費の支給》　被保険者が被保険者証を提出しないで保険医療機関等について診療または薬剤の支給を受けた場合、療養費を支給する。すなわち、やむを得ない事情で被保険者証を提示できなかったときは、窓口で全額自己負担し、後ほど療養費の支給を受ける。

《訪問看護療養費の支給》　寝たきりなどの医療対象者が、主治医が必要と認めた場合、指定訪問看護事業者（訪問看護ステーション）から訪問看護（家庭での療養上の世話または必要な診療の補助）を受けたときは、訪問看護療養費の支給を受ける。実際は、現物給付化されている。

なお、訪問看護の制度自体は、1994（平成6）年の健康保険法改正により、高齢者だけでなくすべての年齢の在宅療養者が利用できるようになっている。また、介護保険法施行後、「訪問看護」は居宅サービスの一つとなり、介護保険制度で認定された要介護者等は同制度の給付を受ける。

《特別療養費の支給》　被保険者が保険料を1年以上滞納して、被保険者資格証明書の交付を受けている場合、保険医療機関等で治療を受けたときは、窓口で全額自己負担し、後ほど特別療養費を支給される。

《移送費》　老人医療受給対象者が、医師の指示により医療を受けるため医療機関に移送されたとき、厚生労働省令で定めるところにより算定した額を給付される。

《高額療養費》　上記の医療を受けて支払った自己負担金が一定額以上であるとき、その一定以上の額を高額療養費として給付する。同じ月の同じ医療機関に受

> *column*

北欧の高齢者と日本の高齢者

　北欧では、政府の統計等においては高齢者と言わず年金受給者（pensioner）という言葉を使用している。長年働き続けた、もしくは障害や疾病がある、その結果、権利として年金を受給し生活している人々という、高齢者＝弱者としてのイメージをはねのける強さがある言葉である。

　スウェーデンには労働組合を通じ、同じ立場の人々が連帯して交渉し、さまざまな権利を獲得してきた歴史がある。高齢者も主な政党別に年金者連盟を結成し、政府に高齢者の意見を伝えてきた。

　高齢者の生活はどうなのだろう。スウェーデンでは年金は基本的に所得比例で、最低基準は税金で保障される。高齢者施設や高齢者住宅（現在、古い施設は、順次廃止されている）では、施設の居室は個室が基本で、トイレ、ミニキッチン、洗面台、シャワーがある。1970年代に建てられた老人ホームは個室の平均面積は約20㎡と狭いが、1990年代以降に建てられた介護付き高齢者住宅では55～60㎡はある。費用は、所得に応じて居住費、食費等が徴収されるが、手元に小遣いくらいは残る。デンマークの資料では、国民年金が約11万円、そこから施設に家賃として約4万5千円、食費・水光熱費に約3万円、介護費用は無料となっている。年金しか収入のない高齢者には約2万7千円の家賃補助がある。すべてを支払った後、自分の手元に約1万5千～3万円が残るということである（松岡洋子『老人ホームを越えて』かもがわ出版、p.125）。

　日本でも介護保険法の2005年改正でホテルコスト（家賃、食費）を徴収することになった。理由として「自宅で生活している人との公平を図る」「外国でも徴収している」ことが挙げられた。

　2つの疑問点を挙げておく。第1に、「ホテル」の基準があまりに貧しいことである。確かに日本の住宅水準自体が低く、都市部では一人当たり占有面積は狭い。しかし、特別養護老人ホームではユニット型個室でさえ洗面所かトイレだけが付いているのが普通で、シャワーやキッチンは望むべくもない。面積はユニット型個室の基準で13.2㎡だったが、待機者が多く、特別養護老人ホーム建設を進めるため、多床室（相部屋）と同じ10.65㎡でもよいことになった。

　第2に、高齢者は「多年にわたり社会の進展に寄与してきた者として、かつ、豊富な知識と経験を有する者として敬愛されるとともに、生きがいをもてる健全で安らかな生活を保障される者とする」（老人福祉法第2条）という存在である。現実には低年金、無年金で暮らす高齢者も多い。配偶者が特別養護老人ホームに入居し、居住費、食費、介護の利用者負担を払うと、残されたほうの生活が苦しくなるという話も報道された。高齢者が年金や資産の格差によって個室を利用できないという状態は、私たちが高齢者になったときに望む生活だろうか。公営住宅では所得によって家賃は変わる（応能負担）。介護保険施設の個室料については、所得に応じて支払うかたちにし、いずれ個室の割合が100％に近づいたときには、誰もが個室を利用できるようにこの室料差額は撤廃するべきではないだろうか。

診したときの自己負担の上限が一般、低所得者、上位所得者別に定められている（表5-2）。

　《高額介護合算療養費》　被保険者が上記の医療を受けて支払った自己負担の額、

ならびに介護サービス利用者負担額（高額介護サービス費が支給される場合、その支給額を控除して得た額）の合計額が一定額以上であるとき、その一定額を超えた額を高額介護合算療養費として支給される（表5-3）。

4）費用負担の仕組み

自己負担を別として、後期高齢者の保険料が1割、各医療保険からの支援金である「後期高齢者支援金」が4割、公費負担が5割となっている。

(1) 自己負担

被保険者は医療機関を受診した際、1割の自己負担を窓口に支払う。なお、現役並み所得者は3割となっている（現役並み所得者は、課税所得145万円（月収28万円以上）および高齢者複数世帯520万円以上もしくは高齢者単身世帯383万円以上の収入がある人）。

この自己負担額には月ごとの上限額が設定されており（高額療養費）、所得段階別に上限額は異なる。また、医療保険と介護保険両方を利用した人の自己負担を軽減する制度もあり、同一世帯の1年間の医療保険と介護保険における自己負担の合算額の上限額を定めて、それを超える部分について給付を行う（高額医療・高額介護合算療養費）。これについても所得段階別に上限額は異なる（表5-3）。

(2) 保険料

保険料は、被保険者一人ひとりが支払う。保険料額は広域連合が年度ごとに決定し、所得割額（所得に応じて計算する）と均等割額（広域連合内の人数で割った定額）の合計額となる。所得が低い場合は均等割額の軽減措置がある。賦課限度額は年額57万円となっている。前項で述べたように、制度変更に伴う保険料負担の増大が問題となり、さまざまな負担軽減策が制度開始直後から実施されている。また保険料の納付についても、年金から天引きという一律の方法だけでなく、2009年からすべての人が年金天引きと口座振替とを選択できるようになった。

(3) 後期高齢者支援金

各医療保険者は後期高齢者支援金を支出する（老人保健制度時は老人医療費拠出金という名称であった）。各医療保険者は社会保険診療報酬支払基金に一括して納付し、基金から支援金として広域連合に交付する。

(4) 公費

公費負担は、老人医療のときと同じく、国が3分の2、都道府県、市町村が各6分の1となっている。

【参考文献】

厚生労働統計協会編『厚生の指標・臨時増刊　国民の福祉と介護の動向　2015/2016』厚生労働統計協会、2015年。

第6章 福祉用具と住環境

「介護保険法」の第7条に福祉用具の貸与が、第44条に福祉用具購入費の支給が、第45条に住宅改修費の支給が規定されたことで、福祉分野においても福祉用具や住宅改修についての一定の知識が必要となっている。福祉用具や住宅改修の選定においては、医学・工学などの専門的な知識が必要であることはいうまでもない。また、生活機能低下に対応する住環境の改善は、福祉用具の活用と一体的に考えることも重要である。したがって福祉職は、実際に仕事をする上では、建築士や、理学療法士、作業療法士、福祉用具の専門家などと協働する必要がある。ここでは、福祉分野において必要と思われる基礎的な知識を概括する。

高齢者の生活において住宅は物理的環境を形づくる重要な要素である。加齢に伴い行動範囲が狭まり住宅内で過ごす時間が長くなると、環境としての住宅の質が生活に及ぼす影響は一層大きくなる。本章では、第1節の福祉用具、第2節の住宅改修で高齢者支援における物理的環境改善に必要となる基本的知識を解説する。第3節で高齢者にとって住宅問題がいかに重要かを考察し、「高齢者の居住の安定確保に関する法律」にふれる。

第1節 福祉用具

1．福祉用具の分類

高齢者や障害者の自立的な生活を支援することや介護負担を軽減すること、機能訓練、失われた機能を補填することを目的とした機器や道具を総称する適切な日本語はない。福祉用具、福祉機器、介護機器、介護用品、リハビリテーション機器、補装具、自助具など、目的・機能によって多様な用語が使われている。欧米では、technical aid という用語が用いられ、人的支援に対して技術的支援を表している。1993（平成5）年に「福祉用具法」（コラム参照〈p.163〉）が制定されて以来、「福祉用具」という用語が使われることが多い。そして、福祉用具の開発・普及が積極的にはかられ、インターネットで簡単に情報を集めることができるようになった。たとえば、財団法人テクノエイド協会（http:// www. techno-aids.or.jp）がある。図6－1に福祉用具の分類を示す。

図6−1 福祉用具の分類

```
福祉用具─┬─広義の補装具─┬─自助具：日常生活の用を便ずる目的のために用いる小道具の類
        │              │      をいう
        │              ├─狭義の補装具：身体障害者福祉法、児童福祉法などに定められ
        │              │      た義肢・装具（健康保険適用の治療訓練用の装具を除外）、
        │              │      義肢、装具、車いす、義眼、点字機、弱視眼鏡、白杖、
        │              │      補聴器、人工喉頭エレクトロラリンクス、尿収器、人
        │              │      工肛門、人工膀胱（ストーマ用具）など
        │              └─日常生活用具：日常生活の用を便ずるために用いる大道具の類
        │                     で、公的に認知されたものとされていないものがある
        ├─看護・介助・介護機器：ベッド上の動作、移乗・移動動作、食事動作、整容動作、
        │      入浴動作、排泄動作に関わるすべての介助・介護を行う際に必要となる機
        │      器類が包含される。介護用車いすは補装具に区分されない
        ├─レクリエーション娯楽用具：単純な遊びのための用具とは区別され、主として遊
        │      びを通して脳の賦活化を促進させ、小児の知的な発達を促し、高齢者の知
        │      的水準の低下を極力防止するための機器。コンピュータゲーム、もぐらた
        │      たきなど
        ├─機能低下防止のための運動機能訓練機
        │      スポーツ用品：レクリエーション娯楽用具とも共通する部分もあり、楽しみ
        │      ながら、機能の低下を防止する用具の開発も進められている。高齢化が進
        │      むにつれて種類の増加が予測される
        ├─社会生活用具：ECS（環境制御装置）等も、日常生活的な用いられ方と同時に社
        │      会生活の場でも職業上のデバイスとしての用いられ方、介助介護用具とし
        │      ての使われ方もあろう。自動車などの移動機器、コンピュータなどの使用
        │      が見込まれる
        └─環境設備機器：住宅におけるバリアフリーデザインはもとより、すべての生活の
               場における不利益を生じさせないための用具
```

出典）日本看護協会、日本理学療法士協会、日本作業療法士協会編『福祉用具総論』財団法人テクノエイド協会、1996年、p.3、p.33。

　この法律の定義である「日常生活の便宜をはかる」という概念は広範であり、いわば生活機器全般を含む概念である。たとえば、電動歯ブラシ（上肢障害など）、パソコン（書字動作障害）、ICレコーダー（視覚障害）、ファックス（聴覚障害）などは、福祉用具として便利な道具である。

　日常生活の便宜をはかる道具の開発の一つに、「福祉用具」という特定の目的をもって商品を開発する方向とは逆に、共用が可能な条件を探り、その配慮する項目をガイドラインとして共通化することで、障害の有無にかかわりなく使用できる商品を開発しようという活動がある（E&C活動〈Enjoyment & Creation Project〉共用品推進機構　http://www.kyoyohin.org）。視覚に障害があってもプリペイドカードの切り欠きで挿入方向がわかるようになっているなどがその例である。

　この考えをさらに発展させ、あらゆる人が利用できるように初めから考えたデザイン・製品づくりを目指したユニバーサルデザインという考え方がある。これらの商品群も「福祉用具」の視野に入れておく必要がある。

　福祉用具の一部には、福祉制度を利用できるものがある。「介護保険法」「老人福祉法」「障害者総合支援法」などの定めるところにより、「福祉用具」「日常生活用具」の給付や貸与が行われている。介護保険では、表6−1のように福祉用具貸与の対象種目は、車いす（付属品を含む）、特殊寝台（付属品含む）、褥瘡予防

表6-1 介護保険の対象となる福祉用具

●厚生労働大臣が定める福祉用具貸与に係る福祉用具の種目
　介護保険の対象となる福祉用具は、介護保険法の第7条（貸与）に関する告示によって次のように定められている。

1	車いす	7	手すり
2	車いす付属品	8	スロープ
3	特殊寝台	9	歩行器
4	特殊寝台付属品	10	歩行補助つえ
5	褥瘡予防用具	11	認知症高齢者徘徊感知機器
6	体位変換器	12	移動用リフト（つり具の部分を除く）

●厚生労働大臣が定める居宅介護福祉用具購入費等の支給に係る特定福祉用具の種目
　介護保険の対象となる福祉用具は、介護保険法の第44条（購入）に関する告示によって次のように定められている。

1	腰掛便座	4	簡易浴槽
2	特殊尿器	5	移動用リフトのつり具の部分
3	入浴補助用具		

表6-2 重度障害者日常生活用具の給付の種目
●重度障害者（18歳以上）

区　分	種　目
介護・訓練支援用具	特殊寝台・訓練用ベッド、特殊マット、特殊尿器、入浴担架、体位変換器、移動用リフト、訓練いす、入浴補助用具
自立生活支援用具	便器、つえ、移動・移乗支援用具（歩行支援用具）、頭部保護帽、特殊便器、火災警報器（一般）、火災警報器（連動型）、自動消火器、電磁調理器、歩行時間延長信号機用小型送信機、聴覚障害者用屋内信号装置、車いす用レインコート
在宅療養等支援用具	ネブライザー（吸入器）、電気式たん吸入器、透析液加湿器、酸素ボンベ運搬車、盲人用体温計（音声式）、盲人用体重計、パルスオキシメーター
情報・意思疎通支援用具	携帯用会話補助装置、点字器（標準型）、点字器（携帯用）、点字ディスプレイ、点字タイプライター、視覚障害者用ポータブルレコーダー（録音再生機）、視覚障害者用ポータブルレコーダー（再生専用機）、視覚障害者用活字文書読上げ装置、視覚障害者用拡大読書器、盲人用時計（触読式）、盲人用時計（音声式）、聴覚障害者用通信装置、聴覚障害者用情報受信装置、人工喉頭笛式（気管カニューレ付）、人工喉頭電動式、ICタグレコーダー
排泄管理支援用具	ストマ用装具蓄便袋、ストマ用装具蓄尿袋、紙おむつ、サラシ・ガーゼ・脱脂綿、洗腸用具、収尿器男性用（普通型）、収尿器男性用（簡易型）、収尿器女性用（普通型）、収尿器女性用（簡易型）

出典）大阪市健康福祉局障害者施策部資料。

用具、体位変換器、手すり、スロープ、歩行器、歩行補助つえ、認知症高齢者徘徊感知機器、移動用リフト（つり具の部分を除く）である。福祉用具購入費の支給の対象となる種目は、貸与になじまない、入浴または排泄のための福祉用具であり、便器や尿器、入浴補助用具（入浴用いすや手すり、すのこなど）、簡易浴槽、移動用リフトのつり具の部分の5品目である。表6-2には、重度障害者日常生活

用具の給付・貸与の対象種目を示す。

2. 福祉用具導入のポイント

　福祉用具導入のポイントは、住宅改修と同様、身体状況（疾患や障害の特性、日内・日差変動の有無、動作能力等）の把握と居住環境が福祉用具導入にマッチするかどうか、介護者の状況である。そして、生活のどの場面で福祉用具が必要であるのか、本人が使用するのか、介助者が使用するのかを明確にする必要がある。とかく福祉用具と身体状況に関心が払われがちであるが、使用する環境とのすりあわせがないと使えないこともある。住環境が最も問題になる例の一つに、車いすの導入がある。屋内の移動に車いすを導入しようとすると、床面の材質、敷居の状態、通路幅、車いすの回転幅、適切な生活動線の設定、流しや洗面台、食卓などの高さ調整、膝から下が入る空間の設定、収納棚の高さや物の出し入れの方法、スイッチや建具の手がかりの形状と高さなど、住宅にかかわる多くの要素を検討しなければならない。

　人と福祉用具の関係でいえば、その用具の特性と限界、使用方法、使用する人の障害の状況、介助者の能力などによって使えるものが決まってくる。さらに、身体機能的には十分に使えるはずのものでも、用具に対する理解力や適応能力によっては使えない場合や、事故の原因になる場合もある。特に、介護保険が始まって以来、不適切な用具の導入と誤った使用による事故が多発している。福祉用具の選定、導入に際しても、専門家のかかわりが重要である。

　以下に、よく使用される車いすと杖・歩行器について説明を加える。

1) 車いす

　図6-2に車いす各部の名称と考慮すべき点を示す。車いすを選ぶ場合は、座面、背もたれなどが身体の寸法に合い、フットレストに足底がきっちりつき、安定し楽に座位姿勢がとれるものを第一に選択する。自操用と介助用に大別できるが、さまざまな機能のついた車いすが多数開発されている。特に高齢者用車いすは、介護する側のニーズが重視されがちで、身体とのフィッティングが軽視される傾向にある。お尻が前にずれてしまい背中を丸めて車いすに座っている様子をよくみかけるが、長時間、身体に合わない車いすを利用すると、脊柱の変形や褥瘡の原因にもなる。寸法調整などには、専門家への相談が重要であり、使用者に対して使用方法などについての十分な説明を忘れてはならない。

2) 歩行補助つえ・歩行器（図6-3）

　杖は、歩行の安定や安心を得るための道具として広く使われている。T字杖は、握り手の部分が水平に張り出し、Tの形をした1点支持杖である。伝い歩き程度

> **column**
>
> **福祉用具法**
>
> 　福祉用具という用語は、「福祉用具の研究開発及び普及の促進に関する法律（福祉用具法）」（1993年）によって定められ、広く使われるようになった。
>
> 　この福祉用具法において、「福祉用具とは、心身の機能が低下し日常生活を営むのに支障のある老人又は心身障害者の日常生活上の便宜を図るための用具及びこれらの者の機能訓練のための用具並びに補装具をいう」と定義されている（第2条）。補装具とは、「身体障害者福祉法」および「児童福祉法」によって規定された用語で、以下の3条件を満たすものである。1．失われた身体部位、損なわれた身体機能を代償、補完するもの。2．身体に装着または装用し、日常生活、職場または学校において使用するもの。3．給付などに際して処方や適合を必要とするため、原則として医師による判定などを必要とするもの。具体的には、義手、義足、車いす、補聴器などの個別の障害にあわせた特殊な機器が該当する。

図6-2　車いす各部の名称と考慮すべき点

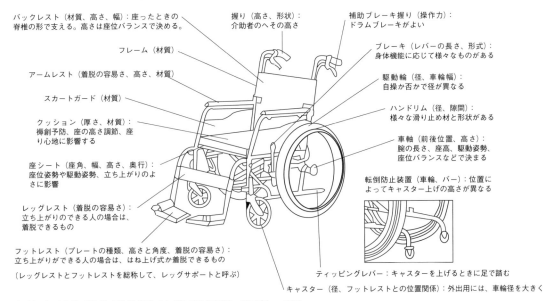

出典）古川宏他『作業療法技術論Ⅰ』協同医書出版、1999年、p.267。

以上の歩行能力が必要で、脳卒中片麻痺の場合によく使用される。多点杖は、床面4点支持なのでT字杖よりも安定性が高まる。床に4点すべてが設置した状態で体重を乗せることが大切であり、傾斜路では使用できない。ロフストランドクラッチは、肘から下（前腕部）にカフがついており、その下の握り手と前腕部分の2点を使うことで杖の揺れを抑えることができる。脳性麻痺などで歩行時の動揺が強い場合に使用する。カフが上腕部分についているものをカナディアンクラッチという。

図6-3 歩行補助つえ・歩行器

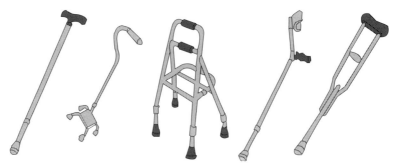

左から、T字杖、多点杖、歩行器、ロフストランドクラッチ、松葉杖
出典）財団法人テクノエイド協会ホームページ「介護保険対象福祉用具等詳細情報」より。

　歩行器は、両手が使える場合は杖に比べて歩行の安定性が高く、神経疾患によるバランスの低下や両下肢の筋力低下の場合に使われる。固定型、交互型、キャスターつき、グリップブレーキつき、座面つき、荷かごつきなど、さまざまに工夫されたものがある。
　これら歩行補助つえ・歩行器の選定に際しては、握り手部分の高さと重量が問題で、その使用方法についても専門家の指導を受けたい。

第2節　住宅改修

1．わが国固有の住文化・住様式とそれに伴う住生活上の困難

　スウェーデン・デンマークなどのようにすべての住宅のバリアフリー化がある程度進んでいれば、介護保険住宅改修に定められた手すりの取り付けなどは比較的容易にできる。しかし、わが国の住宅の大半は、高齢者や障害者が安全快適に暮らすことができるような基準で建てられたものではない。
　現在、多くの高齢者や障害者が住宅内の日常生活で困っている点は、わが国固有の住文化・住様式として説明される特性によるところが大きい。以下に、その特性を列記する。
　①玄関で靴を脱ぐ高床式の住まい：高温多湿多雨の気候風土のわが国で、健康を保持するために生活面を地面から上げ、高床式としているもので、玄関での上り下り、靴の着脱動作が、玄関の狭さも加えて困難になることがある。道路から玄関までのアプローチの複雑さも問題になる。
　②床座の起居様式：立ち上がりは、麻痺や関節痛を伴う障害の場合など、苦痛そのもので、時に介助なしでは立ち上がり動作が不可能な場合がある。
　③和式便器使用の狭い便所：姿勢の困難さばかりでなく、寝室や居間などから遠い場合、到達の困難さや冬期の居室との温度差も危険因子である。
　④深い浴槽につかる入浴方式：外洗いなので脱衣室と洗い場に水処理のための

段が生じ、浴槽への出入りとともに困難を伴うことが多く、狭いことも問題となる。
　⑤各居室規模が比較的小さく、しかも居室出入り口に小さな段があることが多い。
　⑥主寝室の未整備：便所・洗面・浴室などは寝室と一体か近くに設けられることが望ましいが（住宅内で行われるさまざまな行為について、性質が似通った行為をひとまとめにしようというゾーニングの考え方に基づく）、わが国では、下水道の整備が遅れていることもあり、便所が寝室の近くにないことが多い。
　⑦高度経済成長期以降の急激な生活様式の変化：既存住宅にさまざまな生活材が持ち込まれ、家の中にものがあふれ、住宅内の暮らしが混乱していることがある。

　上記のような特性は、若い健常者にはそれほど問題にならないが、足腰が弱り、移動動作がゆっくりしてくると問題になることが多く、障害があると明確に問題となる性質のものである。特に高齢者の多くは、建設時期の古い住宅に居住している。住宅の居住水準は、戦後著しく改善されてきた。したがって、古い住宅ほど狭くて、設備性能が低い住宅ということが類推でき、上記のような住宅特性が当てはまることが多い。このことを踏まえて介護保険の住宅改修費の支給制度の活用に取り組みたいものである。
　たとえば、「トイレに手すりを取り付けたい」といった直接的な要望が寄せられたとする。便座からの立ち上がりに苦労するのであるから、住宅内でのあらゆる場面の立ち上がり動作に困っているはずである。せめて排泄だけは何とかしたいという思いがトイレへの手すり取り付けの要望になったのだろうと考えると、検討は、トイレだけにとどまらない。トイレに限定しても、トイレまで安全に行くことができるのか、寝室から遠くないか、途中に階段がないか、寒くないか、介護者の介護力は十分かなどといった検討が必要で、もちろんその人の心身機能のチェックや居住環境の大まかな把握が必要である。その結果、夜間対応のポータブルトイレの導入、寝室を2階から1階に移す、介護で車いすが使用できるような広いトイレに改築、トイレへの暖房器具の持ち込みなどといった結論が出るかもしれない。目的は、障害に応じたその人なりの生活が安心してできることであり、トイレに手すりを付けることではない。手すりは単なる手段である。

2．住宅改修費の支給対象と改修のポイント

　介護保険に盛り込まれた住宅改修費の支給対象は、表6-3に示すように、(1)手すりの取り付け、(2) 段差の解消、(3) 滑りの防止および移動の円滑化等のための床または通路面の材料の変更、(4) 引き戸等への扉の取り替え、(5) 洋式便器等への便器の取り替え、(6) その他 (1)〜(5) までの住宅改修に付帯して必要となる住宅改修の6点で、支給額は厚生労働省令で定められている（支給限度基準額20万円、支給対象となる工事代金の9割が介護保険から支払われる）。その規模、

内容は限られている。住宅の中の生活をより安全で快適なものにするためには、保険制度だけでは不十分なことが多く、介護保険の対象にならない改造が必要なことが多い。都道府県によっては、高齢者や障害者に対する住宅改造助成制度（制度名は各地域によって多少異なる）があるので、これも活用したい。制度活用ばかりでなく、積極的に住まいの改善に取り組みたいものである。

介護保険住宅改修の適用範囲の例を図示する（図6-4）。

住宅改修の内容を決めるポイントをあげる。①身体状況の把握と居住環境の把握であり、疾患の特性、日内・日差変動の有無、動作能力、介護者の状況、生活動線上の段差の有無、各室のつながり具合、大まかな広さなどの状況把握を行い、②改造工事に必要な住宅構造などの基礎知識を前提に、間取り図上で関係者が検討することが必要であり、③どのような日常生活を送っており、何に困っており、どこを改修すればどういう効果が見込まれるのかを明確にした上で、改修箇所、改修内容を決定する必要がある。

すなわち、作業療法士や理学療法士などの医療関係者や建築士（施行業者ではない。主として設計を業とする）、福祉職の知識が必要である。福祉職であっても、簡

表6-3　厚生労働大臣が定める居宅介護住宅改修費などの支給にかかわる住宅改修の種類

(1) 手すりの取り付け	○転倒予防や移動または移乗動作を円滑に行うために設置する手すりの取り付け工事が対象となります。 ○手すりの形状は、二段式、縦付け、横付け等適切なものにする必要があります。
(2) 段差の解消	○各室間の床の段差や玄関から道路までの通路等の段差を解消するための工事が対象となります。
(3) 滑り防止および移動の円滑化等のための床または通路面の材料の変更	○滑りの防止や移動を円滑に行うために床や通路面の材料を変更する工事が対象となります。
(4) 引き戸等への扉の取り替え	○開き戸を引き戸や折戸等への変更やドアノブの変更、戸車の設置等が想定されます。 ＊ただし、引き戸等への扉の取り替えにあわせて自動ドアとした場合は、自動ドアの動力部分の設置は対象外となります。
(5) 洋式便器等への便器の取り替え	和式便器を洋式便器に取り替える場合、以下の点に留意すること。 ○和式便器から、暖房便座、洗浄機能等が付加されている洋式便器への取り替えも含まれます（既存の洋式便器にこれらの機能を付加する場合は対象外となります）。 ＊ただし、取り替え工事のうち水洗化または簡易水洗化の部分については対象外となります。
(6) その他 (1)～(5) までの住宅改修に付帯して必要となる住宅改修	○手すりの取り付けのための下地補強 ○段差解消に伴う給排水設備工事 ○床材変更のための下地補強、根太の補強、通路面の材料変更のための路盤整備 ○扉の取り替えのための壁、柱の改修 ○便器の取り替えに伴う給排水設備工事（水洗化等を除く）、床材の変更

出典）『建築技術者のための高齢・障害者向け住宅改造相談の手引　参考資料』大阪府、2004年。

図6-4 介護保険住宅改修箇所・内容の例

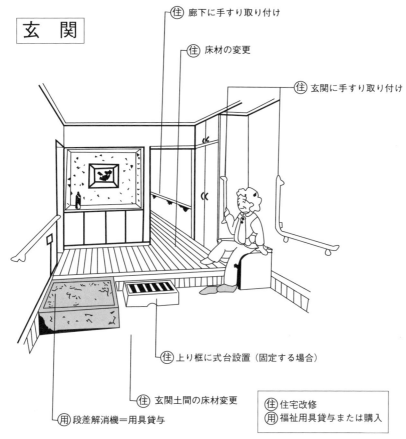

出典）財団法人住宅リフォーム・紛争処理支援センター「介護保険における住宅改修・実務解説」より「2．住宅改修費の支給対象となる工事種別」pp.11-16。
http://www.refonet.jp/kaigoweb/carepage/jitsumu-uew/pp11-16.pdfより。

単な間取り図を読み書きできることが必要で、チャンスをみつけて学習してもらいたい。介護保険住宅改修を進めるために、ケアマネジャーを対象にした研修会が開催され、間取り図の読み書きを練習しているところもある。また、インターネットで情報を提供し、ケアマネジャーをサポートすることが試みられている（財団法人テクノエイド協会住宅改修情報〈http://www2.tecno-aid.or.jp/jyutaku/kaigo.htm〉、財団法人住宅リフォーム・紛争処理支援センター介護保険関連情報〈http://www.refonet.jp/kaigoweb/carepage/kaigo-top.htm〉）。

第3節　高齢者と住環境

住居的要因によって1年間に住宅内で死亡した人の数を表6-4に示した（『平成18年度人口動態統計』）。65歳以上が7,435人で、総数の8割に及ぶ。その内容をみると、「スリップ、つまずきおよびよろめきによる同一面上での転倒」「浴槽内で

の溺死および溺水」が圧倒的に多い。しかも、年齢階層別では、65歳以上の占める割合が高い。最下段に示す当該年齢人口10万人当たり死亡者数でみると、65歳以上は、14歳以下の実に69.8倍である。死に至らなくとも、住宅内でけがをし、時には障害が残る人は膨大な数になるだろう。住まいには、まず何よりも安全性が保障されなければならないはずであるが、なぜこのような事故が多いのだろうか。住宅内のこのような危険性は、前述のわが国の住宅の特性に起因するところが大きい。

　福祉を学ぶ人も、自立的な在宅生活を送るための生活基盤である住宅問題の重要性をしっかり認識する必要がある。

　『住宅・土地統計調査報告』において「最低居住水準」と「誘導居住水準」を定めていることは、第1章第2節「3．住居」(p.21)で述べた。高齢単身世帯では「最低居住水準」を満たしていない世帯が、持ち家で0.5％、公営借家で1.7％、民営木造借家で13％、民営非木造借家で16％を占めている。「誘導居住水準」を満たしていない世帯は、高齢単身世帯あるいは夫婦世帯において、持ち家の場合15％ほどであるのに対し、民営木造借家では70％以上を占めている。

　「最低居住水準」「誘導居住水準」が住宅の部屋数やその広さを基準につくられた概念であるのに対して、『平成10年住宅需要実態調査』では、高齢者対応の設備を有しているかどうか、すなわち「2か所以上の手すりの設置」「段差のない室内」「廊下などが車いすで通過可能な幅」かどうかが調べられている。高齢者対応の3つの条件すべてを満たしている住宅は、調査対象住宅総数の2.7％にすぎず、いずれも満たしていない住宅が73％を占めている。借家については、高齢者対応

表6-4　家庭内における住居的要因による不慮の事故の種類別・年齢階層別死亡者数

（　）内はパーセント

死　因	0～14歳	15～64歳	65歳以上	総　数
スリップ、つまずきおよびよろめきによる同一面上での転倒	5人 (0.1)	384人 (10.1)	3,400人 (89.7)	3,790人 (100)
階段およびステップからの転落およびその上での転倒	2人 (0.3)	200人 (30.0)	464人 (69.7)	666人 (100)
建物または建造物からの転落	22人 (3.0)	414人 (56.9)	291人 (40.0)	728人 (100)
浴槽内での溺死および溺水	44人 (1.2)	422人 (11.4)	3,234人 (87.4)	3,700人 (100)
浴槽への転落による溺死および溺水	4人 (7.2)	6人 (10.7)	46人 (82.1)	56人 (100)
合　計	77人 (0.9)	1,426人 (16.0)	7,435人 (83.1)	8,940人 (100)
当該年齢人口10万人当たり	0.4人	1.7人	27.9人	7.0人

注：総数には、年齢不詳も含む。
出典）『平成18年度人口動態統計』より黒田作成。

のすべてを満たしているものが公営借家では10％、公団公社借家では7％であるのに対し、民営借家では0.3％にすぎない。

民営借家は公営借家に比して、居住水準、高齢者対応設備という点で条件が悪い住宅が多いが、公営借家の供給量は限られており、所得が同程度の高齢者でも大半が民営借家に入居せざるをえない状況にある。それでは民営借家に住む高齢者の居住条件をどのようにして高めていったらいいのだろうか。

高齢者の居住の安定確保をはかり、福祉の増進に寄与することを目的として、2001（平成13）年に「高齢者の居住の安定確保に関する法律」（以下「高齢者住まい法」）が成立した。この法律の骨子は次のようなものである。

①高齢者住まい法の目的：この法律は、高齢者の居住の安定の確保を図ることにより、高齢者が安心して生活できる居住環境を実現することを目的としたもので、この法律により、高齢者が日常生活を営むために必要な福祉サービスの提供を受けることができる良好な居住環境を備えた高齢者向けの賃貸住宅等の登録制度を設けるとともに、良好な居住環境を備えた高齢者向けの賃貸住宅の供給を促進するための措置が講じられている。あわせて高齢者に適した良好な居住環境が確保され高齢者が安定的に居住することができる賃貸住宅について、終身建物賃貸借制度を設ける等の措置が講じられている。

②基本方針と高齢者居住安定確保計画制度：国土交通大臣および厚生労働大臣は、高齢者の居住の安定の確保に関する基本的な方針を定めることとしている。また、都道府県においては、基本方針に基づき、住宅部局と福祉部局が共同で、高齢者に対する賃貸住宅および老人ホームの供給の目標、高齢者居宅生活支援事業（高齢者が居宅において日常生活を営むために必要な保健医療サービスや福祉サービスを提供する事業）の用に供する施設の整備の促進等を定める「高齢者居住安定確保計画」を定めることができるとしている。

③「サービス付き高齢者向け住宅」の登録制度の創設：高齢者向けの賃貸住宅または有料老人ホームに高齢者を入居させ、状況把握サービス、生活相談サービス等の高齢者が日常生活を営むため必要な福祉サービスを提供する事業を行う者は、「サービス付き高齢者向け住宅」として都道府県知事の登録を受けることができる。高齢者向け優良賃貸住宅の認定の基準は、一戸当たり25平方メートル以上、原則耐火または準耐火構造で、高齢者の身体機能に対応した設計・設備であること、緊急時に対応したサービスを受けられること等である。都道府県知事は、登録の申請が、規模・構造・設備、サービス、契約内容等に関する一定の基準に適合していると認めるときは、その登録をしなければならない。登録を受けた事業者に対しては、誇大広告の禁止、登録事項の公示、契約締結前の書面の交付および説明等が義務づけられている。なお、登録を受けた場合には、老人福祉法に規定する有料老人ホームに係る届出義務は適用を除外されることとなった。なお、この制度は2011年の高齢者住まい法等改正により創設されたもので、それまで規

> **column**
>
> **バリアフリー新法（「高齢者、障害者等の移動等の円滑化の促進に関する法律」）**
>
> 　本章では福祉用具や高齢者向けの住環境を学んだ。高齢者や障害者が暮らしやすい町をつくるためには、公共施設や交通機関の旅客施設などのバリアフリー化も重要である。2006年6月、高齢者や障害者が気軽に移動できるよう、階段や段差を解消することを目指したバリアフリー新法（正式名称「高齢者、障害者等の移動等の円滑化の促進に関する法律」）が成立した。これは、駅や空港、バスといった公共交通機関を対象にした「交通バリアフリー法」と、大規模なビルやホテル、飲食店などを対象にした「ハートビル法」を統合して内容を拡充したものである。
>
> 　バリアフリー新法は、公共交通機関の旅客施設および車両等、道路、路外駐車場、公園施設ならびに建築物の構造および設備を改善するための措置、一定の地区における旅客施設、建築物等、およびこれらの間の経路を構成する道路、駅前広場、通路その他の施設の一体的な整備を推進するための措置を講じる。2つの旧法でも、駅やホテルなど、基点となる施設を中心にした周辺道路までを一体にとらえてバリアフリー化を進めてきた。しかし、それらをつなぐ経路は整備の対象から漏れることがあり、段差が残ったままで移動が困難になるケースが見られた。バリアフリー新法は、例えば、駅から駅ビルを経由し、バスに乗って市役所などに向かうといったルートを想定し、電車や駅、駅ビルやバス停、歩道、市役所の内部に至るまで、階段や段差をなくすよう検討を進める。
>
> 　市町村は、高齢者や障害者がよく利用する地域を「重点整備地区」に指定して基本構想をまとめ、構想に基づいて交通機関や道路管理者、建築物の責任者らが一体となってバリアフリー化を進める。また、この法律の要点の一つは、計画策定段階から、高齢者や障害者の参加を求め、意見を反映させることである。

定されていた高齢者円滑入居賃貸住宅の登録制度、高齢者向け優良賃貸住宅の供給計画の認定制度および高齢者居住支援センターの指定制度は廃止された。

　④終身建物賃貸借制度：賃貸住宅に居住する高齢者は、少なからず家主からの立ち退き要求に対する不安を抱えている。この法律では、高齢者が賃貸住宅に安心して住み続けられるしくみとして、バリアフリー化された住宅を高齢者の終身にわたって賃貸する事業を行う場合に、都道府県知事（政令指定都市・中核市の長）の認可を受けて、賃貸借契約において、賃借人が死亡したときに終了する旨を定めることができることとしている。

　⑥持ち家のバリアフリー化の推進：既存の持ち家のバリアフリー改良については、高齢者であるほどそのニーズがあるものの、高齢者は月々の収入が少なく、改良工事を行えない場合がある。この法律では、自ら居住する住宅をバリアフリー改良する場合に、住宅金融支援機構融資において、元金を死亡時に一括償還する方法によることができる高齢者向け返済特例制度を創設している。生存中は元金にかかる利子分のみの支払いを行う。また、住宅金融支援機構などによる、

死亡時に一括償還する融資については、高齢者住宅財団による債務保証制度がある。

　高齢者住まい法とあわせてシルバーハウジングプロジェクト（図6-5）についても理解しておこう。これは、住宅施策と福祉施策の連携により、高齢者等の生活特性に配慮した、バリアフリー化された公営住宅等と、生活援助員（ライフサポートアドバイザー、LSA）による日常生活支援サービスの提供をあわせて行う、高齢者世帯向けの公的賃貸住宅の供給事業である。

　住宅の供給主体は地方公共団体または都市再生機構である。入居対象者は、高齢者世帯だが、事業主体の長が特に必要と認める場合には、障害者世帯（障害者単身世帯、障害者のみの世帯、障害者と高齢者〈60歳以上〉または高齢者夫婦だけからなる世帯）も対象とする。

　住宅は、手すり、段差の解消、緊急通報システム等、高齢者の生活特性に配慮した設備・仕様を備えている。また、デイサービスセンター等福祉施設との併設、またはライフサポートアドバイザーを配置し、入居高齢者に対する日常の生活指導、安否確認、緊急時における連絡等のサービスを提供する。

　ライフサポートアドバイザーは、市町村の委託により、シルバーハウジングに居住している高齢者に対して、必要に応じて日常の生活指導、安否確認、緊急時における連絡等のサービスを行う。ライフサポートアドバイザーの派遣事業は、介護保険法が定める地域支援事業のうち、市町村が地域の実情に応じて実施する任意事業の中に含まれている。

図6-5　シルバーハウジングプロジェクトの概念図

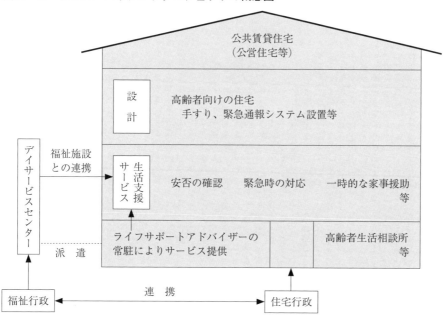

【参考文献】
（1）ヤン・ポールソン（今井一夫監訳、石黒暢訳）『新しい高齢者住宅と環境 —— スウェーデンの歴史と事例に学ぶ』鹿島出版会、2000年。
（2）馬場昌子＋福医建研究会『福祉医療建築の連携による高齢者・障害者のための住居改善』学芸出版社、2001年。
（3）加倉井周一編『リハビリテーション機器適応と選択』医学書院、1989年。
（4）日本建築学会編『コンパクト建築設計資料集成〈バリアフリー〉』丸善、2002年。
（5）山本和儀編著『状態像からみた介護援助 —— 移動・自立・QOL』医歯薬出版、2000年。

第7章 高齢者を援助する専門職と保健・医療・福祉の総合的援助

第1節 高齢者を援助する専門職

　高齢期にある人々は、加齢に伴う変化に応じ自らの生活スタイルを変えながら生活している。しかし、加齢に伴う変化や障害を抱えるとき、自らの力だけでは生活することが困難になり、時に他者からの何らかの援助を必要とする。専門職や専門機関はその必要に応じ、主体的に生きる人々の自立を支援し、尊厳のある生活を維持するために活動している。以下、その役割、現状などを概観していく。

1．社会福祉関係の専門職

　社会福祉に関する国家資格は「名称独占」の資格となっている。したがって、資格のない者がその業務を行うのを排除できないが、介護保険制度導入以降は、事業所に専門職の配置を義務づける（必置規制）などの方法で、介護サービス提供における専門性の確保をはかっているのが特徴である。また、介護分野における専門職の制度が専門分化する動きがみられ、さまざまな専門職が誕生している。

1）社会福祉士

　社会福祉士は、後述する介護福祉士とともに、1987（昭和62）年「社会福祉士及び介護福祉士法」が公布され、翌年施行されたことにより誕生した、日本で最初の社会福祉分野における国家資格である。社会福祉士の定義は「社会福祉士及び介護福祉士法」第2条第1項に規定され、「社会福祉士の名称を用いて、専門的知識及び技術をもつて、身体上若しくは精神上の障害があること又は環境上の理由により日常生活を営むのに支障がある者の福祉に関する相談に応じ、助言、指導その他の援助を行うことを業とする者」とされている。ソーシャルワーカーを資格化したものである。

　社会福祉士は「名称独占」の国家資格であり、これを有する者が「社会福祉士」の名称を用いることができる。医師や看護師などのように、その資格をもたない者は業務に就くことのできない「業務独占」の資格ではないため、資格がない者も社会福祉士と同様の業務を行える。しかし最近は社会福祉士の資格取得者を採

図7-1 社会福祉士資格取得ルート/方法（平成21年4月1日現在）

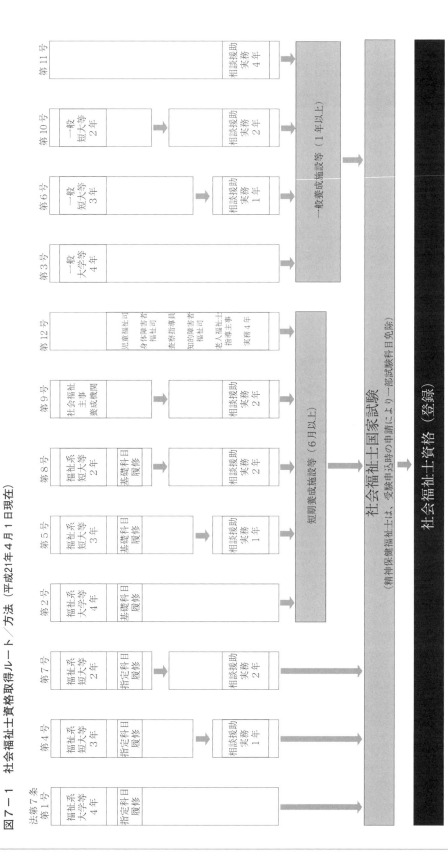

用する施設や機関が増加しつつある。社会福祉士が活躍する職場は社会福祉全般にわたっているが、高齢者福祉分野では主には高齢者施設の生活相談員や介護支援専門員（ケアマネジャー）として、あるいは地域包括支援センター・在宅介護支援センターのスタッフとして活躍しているほか、福祉事務所、社会福祉協議会、老人福祉施設、病院などで活躍している。

社会福祉士は、大学・養成施設などで国家試験受験資格を取得後、年1回実施される国家試験に合格し、社会福祉士登録簿に登録することにより取得できる（図7－1）。2015年3月末現在の登録者数は185,749人である。

2）介護福祉士

介護福祉士は、「社会福祉士及び介護福祉士法」第2条第2項に規定されている専門職である。「介護福祉士の名称を用いて、専門的知識および技術をもって、身体上又は精神上の障害があることにより日常生活を営むのに支障がある者につき心身の状況に応じた介護を行い、並びにその者およびその介護者に対して介護に関する指導を行うことを業とする者」である。

介護福祉士は、社会福祉士と同様、名称独占の資格である。従事する施設に

図7－2　介護福祉資格取得ルート（平成27年度）

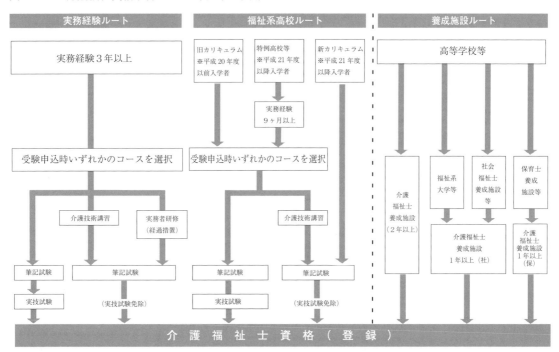

「社会福祉士及び介護福祉士法」の改正により、平成28年度第29回介護福祉士国家試験から実務経験ルートによる受験資格は、「実務経験3年以上」かつ「実務者研修修了」の方となる。EPA介護福祉士候補者の方は、厚生省令により「実務者研修」を修了しなくても受験できる。
出典）公益財団法人社会福祉振興・試験センター webページ http://www.sssc.or.jp/kaigo/shikaku/route.html　2015.12.6

よってケアワーカーやヘルパーと呼ばれることがある。介護保険制度導入によって高齢者介護分野の需要が高まっており、主に高齢者施設のケアスタッフや、デイサービスや在宅介護支援センターなどのスタッフとして活躍している。2012年（平成24年）4月から都道府県知事の認定を受けると、認定特定行為業務従事者として痰の吸引等の業務を行うことができるようになった。訪問介護員（ホームヘルパー）として在宅支援を行っている人や介護支援専門員（ケアマネジャー）などとして相談業務に従事している人もいる。

介護福祉士の資格取得には、大別すると、養成施設を修了した者が登録して取得するルートと、実務経験などの要件を満たす者が国家試験の合格を経て登録することにより取得するルートがある（図7－2）。

現在は介護福祉士養成施設（大学・短大・専門学校など）を卒業した者は卒業と同時に資格を取得することができる。卒業生の国家試験の義務化は2016年度に予定されていたが、人材不足等の議論の結果、2022年度まで先送りされた。介護福祉士の資格登録者は1,306,753人（2015年3月末日現在）である。

なお、介護福祉士や現場職員のリーダ的な役割を担う認定介護福祉士（仮称）が検討されてきたが、2015年（平成27年）12月1日に一般社団法人認定介護福祉士認証・認定機構が設立され導入に向けて具体的に動き出した（図7－3　今後の介護人材キャリアパス）。

図7－3　今後の介護人材キャリアパス

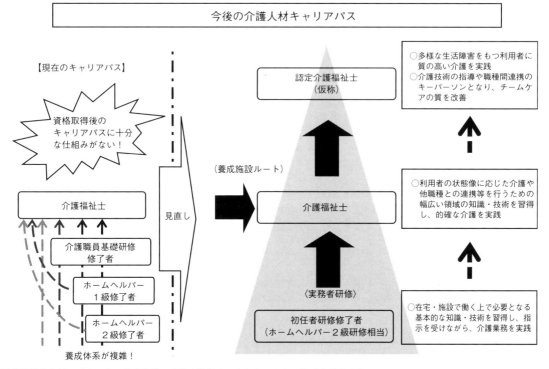

厚生労働省資料：平成23年1月「今後の介護人材養成の在り方に関する検討会報告書」

3）精神保健福祉士

精神保健福祉士の国家資格は、1997（平成9）年に制定された「精神保健福祉士法」（1998年4月施行）により誕生した。精神保健福祉士は、精神病院その他の医療施設や福祉施設に従事し、精神障害者の社会復帰の促進をはかることを目的として、相談、助言、指導、日常生活への適応に必要な訓練その他の援助を行うことを業務としている。認知症疾患医療センターに配置されることもある。前述の2つの国家資格同様、名称独占の資格であり、大学・養成施設などで国家試験受験資格を取得後、国家試験に合格し、登録を行うことにより資格を取得できる。資格登録者は67,896人（2015年3月末日現在）である。

4）老人福祉指導主事

老人福祉指導主事とは、「老人福祉法」第6条によって市町村の福祉事務所に設置が義務づけられている、老人福祉に関する業務を行う社会福祉主事のことである（同第7条により都道府県福祉事務所は任意）。「老人福祉指導主事」の職名は老人福祉法に規定されておらず、運用上の職名であり、その業務は、福祉事務所の所員に対し、老人福祉に関する技術的指導を行うこと、さらに老人福祉に関する情報提供、相談、調査および指導など、老人福祉の専門的技術を必要とする業務を行うこととされている。

老人福祉指導主事の基礎資格となっている「社会福祉主事」は、大学などで厚生労働大臣の指定する社会福祉に関する科目を修めて卒業するか、厚生労働大臣の指定する養成機関・講習会の課程の修了者などが、その任用資格を得ることができる（図7-4）。この他、社会福祉士や精神保健福祉士の資格がある場合は、その資格をもって社会福祉主事任用資格とすることができる。

社会福祉主事任用資格は、公務員であって福祉事務所の現業員として任用される人に求められるものであるが、社会福祉施設職員の資格基準などにも準用され

図7-4　社会福祉主事任用資格の取得方法（平成21年4月1日現在）

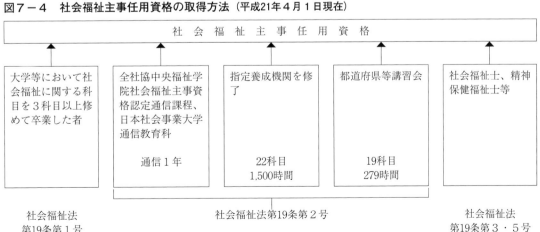

5）介護支援専門員（ケアマネジャー）

　介護支援専門員は、介護保険制度導入に伴い誕生した資格であり、要介護の認定を受けた高齢者や家族の相談に応じ、心身などの状況を踏まえた適切な介護サービスを利用できるよう連絡調整を行い、介護サービス計画（ケアプラン）の作成など、ケアマネジメントを実施することにより、要介護者等が自立した日常生活を営むのに必要な援助を行うことを業務としている。介護支援専門員を指定居宅介護支援事業者、介護保険施設に配置することが「介護保険法」で義務づけられている。

　指定居宅介護支援事業所の介護支援専門員は居宅サービス計画（居宅ケアプラン）を作成し、各介護サービス事業所との連絡調整を行う。介護保険施設の介護支援専門員は、主に施設内における保健・医療・福祉の従事者との連携をはかりながら、入所者の施設サービス計画（施設ケアプラン）を作成している。また、これらの業務のほかにも、市町村からの委託を受けて調査員として居宅を訪問し、要介護認定にかかわる認定調査を行うことがある。

　介護支援専門員の資格を取得するには、各都道府県が実施する実務研修受講試

図7-5　介護支援専門員の研修体系

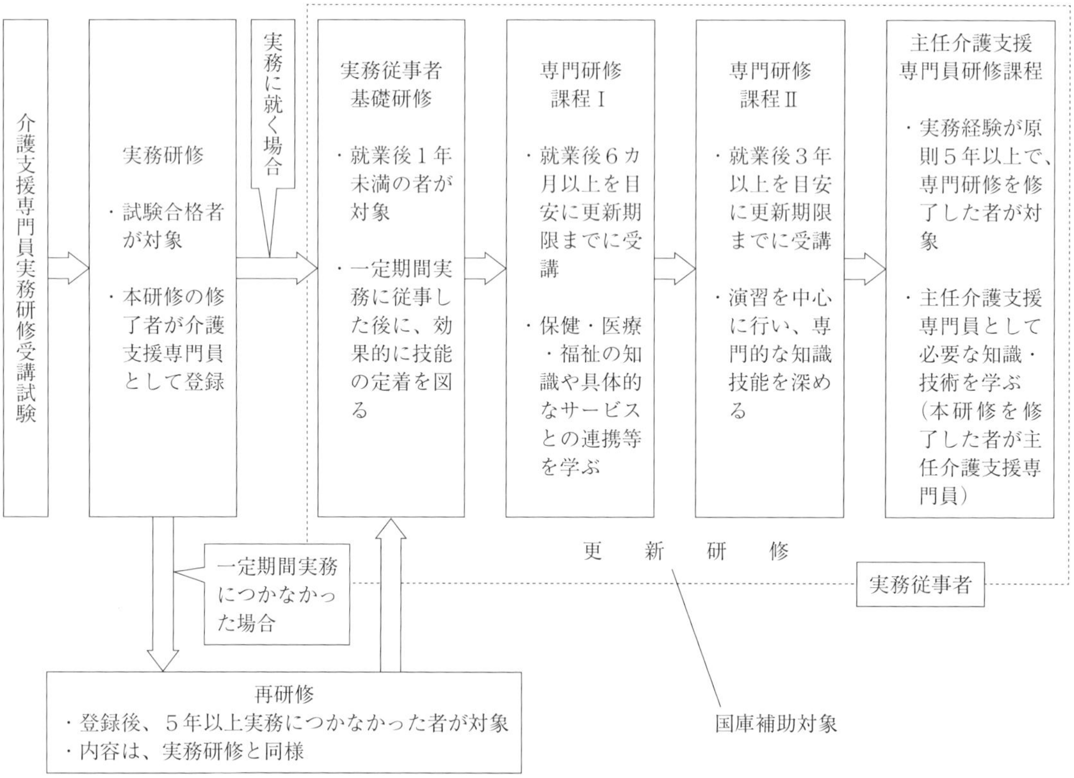

出典）『国民の福祉の動向　厚生の指標　増刊』Vol.57　No.11　2010年　p.210

験に合格し、実務研修を修了しなければならない。実務研修受講試験の受験には、一定の資格要件を満たし、保健・医療・福祉分野で5年以上（無資格の場合は10年以上）の実務経験が必要である。2006（平成18）年4月より更新制が導入され、都道府県知事から交付される介護支援専門員証（5年の有期限）により業務の従事が可能となり、更新には研修の受講が条件となる（図7－5）。

　主任介護支援専門員が2006（平成18）年に創設された。5年以上の実務経験を有する介護支援専門員が一定の専門研修を受けると主任介護支援専門員となることができる。地域包括支援センターに配置が義務づけられている。主な業務は、①他の介護支援専門員に対して助言・指導、②地域における包括的・継続的なケアシステムの構築を中核的に進める、③事業所における公正・中立なケアマネジメントを確保する等の役割を担うことである。

6）訪問介護員（ホームヘルパー）

　訪問介護員は老人福祉法制定時（1963年）には老人家庭奉仕員と呼ばれていた。1990年の老人福祉法の改正にともないホームヘルパーと呼ばれるようになったが、介護保険制度開始とともに訪問介護員と呼ばれるようになった。

　訪問介護員は、要介護者の家庭へ訪問し、家事や身体介護などのサービス提供を通じて、利用者本人が自立した生活を送れるよう援助する介護福祉従事者であり、さらに施設においても介護職員として入所者の生活を支えている。訪問介護員の職場は非常に幅広く、市町村、社会福祉協議会、社会福祉法人、非営利民間組織（NPO）、民間企業などが経営する事業所・施設で就業している。2012年（平成24年）4月からは都道府県知事の認定を受けると認定特定行為業務従事者として痰の吸引等の業務を行うこともできる。

　訪問介護員となるには、各都道府県知事が指定する養成研修1〜3級課程を受講することが条件となっていたが、2005（平成17）年の介護保険制度の改正により、高齢者の尊厳を支えるケアを行う人材の養成のために、2006（平成18）年度から介護職員基礎研修課程が追加され、訪問介護員養成研修体系の見直しが行われた。さらに、「今後の介護人材養成の在り方に関する検討会報告書」2011年（平成23年）1月の提言を受け、再編され、従来のホームヘルパー2級研修に代えて「介護職員初任者研修」が創設され、2013年（平成25年）4月から施行された。また、ホームヘルパー1級研修及び介護職員基礎研修は2012年（平成24年）度末に実務者研修に1本化された。なお、3級課程だけの修了者は、2009（平成21）年4月以降、介護報酬の算定要件の対象から外れた。2010（平成22）年3月に介護保険報酬上の経過措置も終了した。（図7－3「今後の介護人材キャリアパス」参照）。

7）生活相談員

　生活相談員は、介護老人福祉施設（特別養護老人ホーム）および通所介護事業所などに配置しなければならないことが厚生労働省令により規定されている。その業務内容は、利用者の日常生活における相談、助言および指導や、利用者の家族、関係機関との連絡・調整などであるが、実際には介護業務も担っていることが多い。従来は生活指導員と呼んでいたが、介護保険導入に伴い、生活相談員に変更された（養護老人ホームや生活保護施設などでは従来の呼称のまま）。介護老人福祉施設の生活相談員には社会福祉主事任用資格またはそれと同等以上の能力が求められるが、近年ではより高い専門性を求めて社会福祉士の有資格者を採用する傾向がみられる。

8）支援相談員

　支援相談員は、介護老人保健施設に配置されており、その業務は前述の生活相談員とほぼ同様である。資格要件について特に定めはないが、保健・医療および社会福祉に関する専門知識や判断力があり、入所者に対する支援や相談を行うのにふさわしい人材をあてることになっている。

9）福祉用具専門相談員

　福祉用具専門相談員は、利用者の病状や障害の状態を適切にアセスメントし、対象者に適切な福祉用具の選定や使い方をアドバイスする。指定福祉用具貸与事業所に2人以上配置することが義務づけられている。厚生労働大臣が指定する「福祉用具専門相談員指定講習会」（全40時間）を受講すれば認められるが、介護福祉士、義肢装具士、保健師、看護師、准看護師、理学療法士、作業療法士、社会福祉士が指定福祉用具貸与にあたる場合は、講習会を受講しなくとも、福祉用具専門相談員として認められる。

2．医療関係の専門職

　ここでは、高齢者領域に関わる主な医療関係者を示す。介護支援専門員（ケアマネジャー）の受験資格要件にも該当する。

1）医師（doctor/Dr）

　医師は、業務独占の国家資格であり、「医師法」に医師以外の者が医業を行ってはならないことが規定されている（医師法第17条）。医師は、国家試験に合格し、厚生労働大臣の免許を受け、病院や診療所などで医療および保健指導を行っているほか、訪問診療などにより高齢者の在宅医療を支えている。また、老人福祉施設および介護保険施設などで入所者の健康管理や療養上の指導を行うほか、保健

所において政策の企画立案・調査・事業の実施などに携わっている。さらに介護保険制度では、かかりつけ医として要介護認定の際に「主治医意見書」を作成する。介護認定審査会の委員として審査判定業務を行うこともある。

2）歯科医師

歯科医師は、国家試験に合格し、厚生労働大臣の免許を受け、病院や診療所などで歯科医療および保健指導を行っている。訪問歯科診療として自宅や施設等に訪問し、診療や指導を行うなど高齢者の口腔ケアを担っている。

3）薬剤師

薬剤師は、国家試験に合格し、厚生労働大臣の免許を受け、病院や薬局で調剤業務に携わっている。日本薬剤師会は、市民がかかりつけ薬局をもつことを推進している。かかりつけ薬局では、利用している個人の薬剤の記録が保管され、薬の重複や飲み合わせなどを確認し、責任をもって調剤される。また、寝たきりや一人暮らしの高齢者の自宅へ薬を届け、説明・相談にも応じている。

4）保健師（public health nurse/PHN）・看護師（nurse/Ns）

保健師は、国家試験に合格し、厚生労働大臣の免許を受けて、保健師の名称を用いて保健指導などを行う予防活動の担い手である。主として保健所や保健センターに勤務している。また、市役所などで介護保険に関する業務を担当したり、地域包括支援センターや病院および診療所、介護保険施設などでも就業している。

看護師は、国家試験に合格し、厚生労働大臣の免許を受けて、病院や診療所で傷病者もしくは褥婦に対する療養上の世話または診療の補助を行っている。看護師のおよそ9割は病院および診療所に就業しているが、介護老人保健施設、介護老人福祉施設（特別養護老人ホーム）等の施設において高齢者ケアの一端を担っている。また、訪問看護ステーションや通所リハビリテーション・通所介護施設等において高齢者の在宅生活を支援している。

なお、保健師および看護師の名称は、2001（平成13）年12月に「保健師助産師看護師法」の改正により、保健婦（士）から保健師へ、看護婦（士）から看護師へ変更された。

5）理学療法士（physical therapist/PT）・
　　作業療法士（occupational therapist/OT）

理学療法士と作業療法士の資格は、1965（昭和40）年に施行された「理学療法士及び作業療法士法」に規定された。

理学療法士は、国家試験に合格し、厚生労働大臣の免許を受けて、身体に障害のある人に対し、医師の指示の下、主としてその基本的動作能力の回復を図るた

め、治療体操その他の運動を行うように援助している。また、電気刺激、マッサージ、温熱その他の物理的手段を加えるなど、リハビリテーションを援助している。

作業療法士は、国家試験に合格し、厚生労働大臣の免許を受けて、作業療法士の名称を用いて身体または精神に障害のある人へ、医師の指示の下、主としてその応用的動作能力または社会的適応能力の回復を図るため、手芸、工作その他の作業を行うように援助するなど、リハビリテーションを援助している。

理学療法士、作業療法士ともに、病院やリハビリテーションセンター、保健センター、高齢者施設などに勤務し、高齢者の社会復帰に向けて訓練・指導を行っているほか、通所リハビリテーション（デイケア）や訪問リハビリテーションなど高齢者の在宅生活を支援している。

6）歯科衛生士

歯科衛生士は、歯科衛生士試験に合格し、厚生労働大臣の免許を受けて、歯科医師の直接の指導の下に歯牙および口腔の疾患の予防処置として定められた行為を行う。病院、診療所、市町村や保健所などに勤務する。口腔衛生の担い手として訪問歯科指導などを行っている。

7）栄養士・管理栄養士

栄養士は、都道府県知事の免許を受けて、栄養士の名称を用いて栄養指導を行う。管理栄養士は、国家試験に合格し、厚生労働大臣の免許を受けて、管理栄養士の名称を用いて、療養のために必要な栄養指導、健康の保持増進のための栄養指導や大規模な施設などにおける給食管理および栄養改善上必要な指導などを行う。病院や施設、保健所・保健センターなどに勤務している。

8）言語聴覚士（speech therapist/ST）

言語聴覚士は、1997（平成9）年の「言語聴覚士法」により誕生した国家資格である。言語、聴覚、嚥下などに関するリハビリテーションの専門家である。失語症、脳腫瘍等の手術後の患者などへの発声訓練、嚥下障害のリハビリテーション、障害児・者に対する教育、訓練なども行っている。病院や施設等に勤務し、高齢者の失語症のリハビリテーションや嚥下訓練・指導を行っている。

9）あん摩マッサージ指圧師、はり師、きゅう師

「あん摩マッサージ指圧師、はり師、きゅう師等に関する法律」に規定される国家資格である。医師以外の者で、あん摩、マッサージもしくは指圧、はりまたはきゅうを業としようとする者は、それぞれ、あん摩マッサージ指圧師免許、はり師免許またはきゅう師免許を受けなければならない。

10）柔道整復師

柔道整復師は、柔道整復を業とする者である。柔道整復師試験に合格し、厚生労働大臣の免許を受けなければならない。

11）視能訓練士

視能訓練士は、厚生労働大臣の免許を受けて、視能訓練士の名称を用いて、医師の指示の下に、両眼視機能に障害のある者に対するその両眼視機能の回復のための矯正訓練およびこれに必要な検査を行うことを業とする。

12）義肢装具士

義肢装具士は、厚生労働大臣の免許を受けて、義肢装具士の名称を用いて、医師の指示の下に、義肢および装具の装着部位の採型、ならびに義肢および装具の製作および身体への適合を行うことを業とする。

3．その他

1）福祉住環境コーディネーター

東京商工会議所が認定する「福祉住環境コーディネーター」は、介護支援専門員をはじめ保健・医療・福祉や建築の専門職と連携をはかりながら、介護保険の住宅改修や福祉用具に関する相談に応じ、情報提供や助言を行っている。1～3級までの検定試験があり、1999（平成11）年より試験が実施されている。

2）民生委員・児童委員

民生委員は専門家ではないが、民生委員法に基づき、社会福祉に熱意のある人が地域の推薦を受け厚生労働大臣に委嘱されて活動している。また、民生委員は児童福祉法により児童委員も兼ねている。民生委員・児童委員は一定の区域を担当し、地域で生活上の問題、家族の問題、高齢者福祉、児童福祉などあらゆる分野の相談に応じ、助言や調査などを行っている。高齢者福祉領域では、一人暮らしの高齢者への声かけ、安否確認などをはじめとして、地域の見守りネットワークの要として活躍している。

3）弁護士

弁護士は司法試験に合格し、司法修習を受け、修習後に行われる考試に合格した後、弁護士会に登録して活動を行う。弁護士は、基本的人権を擁護し、社会正義を実現することを使命とする職種である。高齢者虐待防止のための専門機関・専門職ネットワークの一翼を担っている。経済的虐待などの場合に諸手続を代行したりアドバイスをする。成年後見人になる場合もある。

4）司法書士

司法書士は登記、供託および訴訟等に関する手続きの適正かつ円滑な実施に際し、国民の権利の保護に寄与することを目的とする国家資格である。その使命は、国民の権利の擁護と公正な社会の実現である。高齢者の経済的虐待などの場合に諸手続きを代行したりアドバイスをする。成年後見人になる場合もある。

第2節　高齢者を援助する組織

高齢者を援助する組織は、行政の機関や民間事業者など多様である。上記の専門職も、それぞれが組織に所属しながら、専門性を活かして援助活動を展開している。以下に概略を示しておく。

1．高齢者を援助する法人組織

介護保険制度は、措置時代から続く社会福祉法人の組織だけでなく、医療法人や特定非営利活動法人（NPO法人）、さらには営利企業としての株式会社など民間の、営利・非営利を問わない、さまざまな事業主体の参加を容易にし、1990年代に始まったサービス供給主体の多様化が加速した。ここでは、社会福祉法人、医療法人、NPO法人について、その性格や特徴をみていく。

1）社会福祉法人

社会福祉法人は、社会福祉事業を行うことを目的として、「社会福祉法」に基づき設立された法人のことである（社会福祉法第22条）。社会福祉法人の制度は、特別法の規制を受けることにより、「公の支配に属さない」民間団体への公金支出を禁止する憲法第89条への抵触を避け、民間団体に対する公費助成を可能とするために生み出されたものであった。そのため、社会福祉法人には、公共性が高く、利用者の人権に対する配慮が特に必要とされる第一種社会福祉事業の経営を、国や地方自治体とともに認められている。

社会福祉法人は、社会福祉事業の経営を適正に行うため、「経営の原則」により経営基盤の強化、福祉サービスの質の向上および事業経営の透明性の確保をはからなければならないこととされ（同第24条）、また社会福祉事業を行うのに資産を備えていることが要件となっている（同第25条）。

福祉サービスの担い手として大きな役割を果たしてきた社会福祉法人は、高齢者福祉分野においても、施設・在宅サービスの両面にわたってさまざまなサービスを提供している。しかしながら、介護サービス供給主体が多様化する中で、社会福祉法人の存在意義が問われてきている。社会福祉法人は、生活が困窮してい

る者に介護保険サービスの利用者負担を減免する事業を実施するなど、他の民間事業者にはなじみにくい要援助者を支える役割を果たそうと努めているが、今後さらに独自性のある事業活動が求められている。

2）医療法人

　介護保険制度導入により、医療法人の介護サービス供給主体としての役割は増大している。病院、診療所のほか、介護保険法に規定される介護老人保健施設、介護療養型医療施設、通所リハビリテーション（デイケア）、短期入所療養介護（ショートステイ）、訪問看護ステーション等の医療系サービスを提供している。

　医療法人制度は、医療事業の経営主体が医業の非営利性を損なうことなく法人格を取得することにより、資金の集積を容易にし、医療機関の経営に永続性を付与し、私人の医療機関経営の困難を緩和するという趣旨のもと、1950（昭和25）年「医療法」により創設されたものである。

3）特定非営利活動法人（NPO法人）

　NPO（non-profit organization）およびNPO法人が社会的に注目されたのは、1995（平成7）年の阪神・淡路大震災でボランティアグループが活躍したことがきっかけであった。

　高齢者領域では、介護保険制度導入に際し、介護保険事業者の指定を受けるために住民参加型在宅福祉サービス団体やボランティア団体がNPO法人を取得し、活動を継続する必要があった。つまり、介護保険制度以前に活動していた任意団体であるボランティア組織は契約主体となることができないため、事務所を構えたり資金を管理したりする場合は個人名義で行わざるをえず、また社会的信用も得にくいなど、その活動の継続・発展においてさまざまな困難が存在していた。そこで、1998（平成10）年に成立した「特定非営利活動促進法」（NPO法）は、市民の社会的活動の促進を目的として、NPOに法人格取得の途を開いた。この法律により営利を目的とせず、不特定かつ多数のものの利益の増進に寄与する特定非営利活動を行うものに、「特定非営利活動法人」（NPO法人）の法人格が認められるようになった。

　特定の非営利活動として、法制定当時は「保健、医療又は福祉の増進を図る活動」「社会教育の推進を図る活動」「まちづくりの推進を図る活動」などをはじめとする12の分野が指定されていたが、その後「職業能力の開発又は雇用機会の拡充を支援する活動」「消費者の保護を図る活動」を含め20分野に拡大された。2015年（平成27年）9月30日現在50,411法人が認証を受けている。

2．高齢者を援助する機関・組織

1）福祉事務所

　福祉事務所は、社会福祉法第14条に基づいて設置される社会福祉行政の第一線機関であり、社会福祉全般に関する窓口として直接住民の相談に応じ、助言を行い、サービスの提供を行っている。都道府県および市は福祉事務所の設置が義務づけられているが、町村の設置は任意である。

　なお、都道府県の設置する郡部福祉事務所については、その権限の主たるものを町村役場に移譲している。老人福祉分野では社会福祉関係八法改正により、1993（平成5）年に施設サービスの措置権限が郡部福祉事務所から町村へ移譲され、また介護保険では市町村が保険者となっていることから、第一線機関としての機能は町村役場へ移りつつある。このため、郡部福祉事務所は、広域的連絡調整の役割が大きくなってきている。

　2014年4月1日現在、全国に1,247か所（都道府県208か所、市（特別区含む）996か所、町43か所）に設置されている。

2）介護保険課、高齢介護課など

　市町村によって使われている名称はさまざまであるが、高齢者に関する行政サービスを行っている。介護保険事業計画・高齢者福祉計画を策定し、介護保険の申請窓口業務として、申請受付から要介護認定に関する事務や相談援助活動などを行っている。

3）保健所

　保健所は、地域保健法（第3章）に規定され、都道府県、政令指定都市、中核市その他の政令で定める市または特別区に設置されている。近年統廃合が進み、保健所の数は減少している。名称も保健福祉事務所、健康福祉センター等となっているところもある。1997（平成9）年度から地域保健の広域的、専門的な技術拠点として、専門的・技術的業務、情報の収集・整理・活用、調査研究、研修などの機能が強化されている。食品衛生や精神保健福祉対策、難病対策、結核・感染症対策、エイズ対策、児童虐待予防対策などに専門的な立場で保健サービスを提供する。

4）市町村保健センター

　市町村保健センターは、地域保健法（第4章18条）に規定され、各市町村が設置している、住民の健康の保持と増進を目的とする機関である。自治体によって健康推進センターなどさまざまな名称が付けられている。健康相談、保健指導および健康診査、その他地域保健に関する必要な事業を行うことを目的としている。

具体的には「特定健診・特定保健指導」の実施、介護予防事業、母子保健（乳幼児検診・予防接種など）や、児童虐待予防、精神保健福祉、障害者福祉などの各分野の身近な保健サービスを提供している。

5）在宅介護支援センターおよび地域包括支援センター

在宅介護支援センターは、在宅の要援護高齢者とその家族に対して、社会福祉士や介護福祉士、保健師や看護師などの専門家が在宅介護に関する総合的な相談に応じるとともに、保健・福祉サービスなどが円滑に受けられるよう市町村との連絡、調整などを行っている公的な相談支援機関であり、老人福祉法を根拠としている。在宅介護支援センターは、地域型在宅介護支援センターと基幹型在宅介護支援センターに分かれて活動してきたが、2006（平成18）年の改正介護保険法の施行により、在宅介護支援センターの相談機能を強化した地域包括支援センターが新設され、在宅介護支援センターの統廃合が進んでいる。

地域包括支援センターは、介護保険法に定められた地域支援事業のうちの包括的支援事業および要支援と認定された人への予防給付のケアマネジメント（介護予防支援）を行う機関である。市町村が直営で設置しているものと、在宅介護支援センターを運営する社会福祉法人等に委託している場合がある。主に、①総合相談・支援事業（高齢者に関する幅広い相談に応じ、介護、医療、福祉、保健など、さまざまな制度や地域の社会資源の紹介や利用相談行う）、②介護予防ケアマネジメント事業（要介護状態になるのを予防するため、二次予防対象者や要支援者に介護予防ケアプランを作成）、③権利擁護事業（高齢者虐待の早期発見と防止、成年後見制度の手続き支援）、④包括的・継続的ケアマネジメント支援事業（地域のケアマネジャーを対象とした研修会の実施、ケアマネジャーが抱える困難な事例についてのアドバイス、ケアマネジャーのネットワークづくり）の4つの業務を行っている。これらの業務を行うため、地域包括支援センターには保健師または経験のある看護師、社会福祉士、主任介護支援相談員を各1人置くことが定められている。また、センターの運営の公平性、中立性を確保し地域資源のネットワーク化を図るため、市町村に「地域包括支援センター運営協議会」が設置されている。

6）高齢者総合相談センター（シルバー110番）

高齢者総合相談センターは、高齢者およびその家族の抱える保健、福祉、医療、介護など、広範囲多岐にわたる心配ごと、悩みごとの相談に総合的かつ迅速に対応するために、各都道府県に1か所設置されている。医師等の専門家が、高齢者等からの電話などによる相談に応じるとともに、市町村の相談体制の支援のために各種情報の提供を行っている。福祉機器の展示、情報誌の発行なども行っている。プッシュ回線電話であれば、一部の地域を除き全国どこからでも全国同一番号「♯8080（ハレバレ）」で利用できる。

表7-1 認知症疾患医療センターの類型

	基幹型	地域型	診療所型
設置医療機関	病院（総合病院）	病院（単科精神科病院等）	診療所
設置数（平成26年12月15日現在）	13か所	269か所	7か所
基本的活動圏域	都道府県圏域	二次医療圏域	
専門的医療機能　鑑別診断等	認知症の鑑別診断及び専門医療相談		
人員配置	・専門医（1名以上） ・専任の臨床心理技術者（1名） ・専任のPSW又は保健師等（2名以上）	・専門医（1名以上） ・専任の臨床心理技術者（1名） ・専任のPSW又は保健師等（2名以上）	・専門医（1名以上） ・専任の臨床心理技術者（1名：兼務可） ・専任のPSW又は保健師等（1名以上・兼務可）
検査体制（※他の医療機関との連携確保対応で可）	・CT ・MRI ・SPECT（※）	・CT ・MRI（※） ・SPECT（※）	・CT（※） ・MRI（※） ・SPECT（※）
BPSD・身体合併症対応	空床を確保	急性期入院治療を行える医療機関との連携体制を確保	
医療相談室の設置	必須		―

【事業名】認知症疾患医療センター運営事業
【実績と目標値】2014（平成26）年度見込み　約300か所→2017（平成29）年度末　約500か所
　※　基幹型、地域型及び診療所型の3類型の機能やその連携の在り方を見直し、地域の実情に応じて柔軟に対応できるようにする。

出典）厚生労働省資料　認知症施策推進総合戦略（新オレンジプラン）参考資料より

7）認知症疾患医療センター

　認知症疾患医療センターは2008（平成20）年「認知症疾患医療センター運営事業」により全国に150カ所が計画され、都道府県及び指定都市が設置をすすめてきた。保健医療・介護機関等と連携を図りながら、認知症疾患に関する鑑別診断とその初期対応、周辺症状と身体合併症の急性期治療に関する対応、専門医療相談等を実施するとともに、地域保健医療。介護関係者への研修等を行うことにより、地域において認知症に対して進行予防から地域生活の維持まで必要となる医療を提供できる機能体制の構築を行う。

　2014（平成26）年7月に出された「認知症疾患医療センター運営事業実施要綱」では、基幹型（総合病院）、地域型（単科精神科病院等）、診療所型の3類型が示された。

　専門医をはじめとして専門職が連携しながら認知症の人と家族を支援している。なお、専門医とは、専任の日本老年精神医学会若しくは日本認知症学会の定める専門医又は認知症疾患の鑑別診断等の専門医療を主たる業務とした5年以上の臨床経験（具体的な業務経験について届出時に明記すること。）を有する医師である。他に、類型別に専門の臨床心理技術者や専任のPSW又は保健師等の配置と数、検査体制が決められている（表7-1）。

　2015（平成27）年1月の新オレンジプランでは、2017（平成29）年末には500カ所が目標値として示されている。2015（平成27）年3月現在約290カ所の整備が行われている。

8）社会福祉協議会

　社会福祉協議会は、住民主体の活動を展開し、地域福祉を推進する民間の団体であり、社会福祉法に規定されている。市町村社会福祉協議会では、社会福祉を目的とする事業の企画・実施、住民の活動参加のための援助、社会福祉事業に関する調査・普及・宣伝・連絡調整、および社会福祉事業の健全な発達をはかるための事業などを行っている。

　また、地域によっては介護保険事業所として訪問介護サービスや通所介護サービス、介護福祉施設等のサービスを提供している社会福祉協議会もある。その他、介護者家族の会の事務局を担うなど、当事者の組織化を支援している。また、日常生活自立支援事業（旧称、地域福祉権利擁護事業）を実施している市町村社会福祉協議会もある。

　都道府県・指定都市社会福祉協議会は、各市町村を通じる広域的な事業や事業従事者の養成・研修、事業の経営に関する指導・助言、市町村社会福祉協議会の連絡調整などを行っている。福祉サービスに関する利用者などからの苦情を適切に解決するための「運営適正化委員会」を設置している。

9）ボランティアセンター

　ボランティアセンターは、上記の社会福祉協議会に併設しているものが多い（単独で活動を行っているセンターもある）。地域によってはボランティアビューローという名称を使っている。そこでは、ボランティアの活動登録やボランティアを必要としている人とのニーズに応じた調整（コーディネイト）を行っている。高齢者の社会参加の一つとしてボランティア活動を支援している。

10）各種の介護保険サービス事業所・居宅介護支援事業者

　介護保険制度の導入により、さまざまな介護保険サービスが地域で展開されている。それぞれの事業所は、サービス提供を通して高齢者への相談援助活動を行っている。

11）高齢者施設、病院

　介護老人福祉施設、介護老人保健施設、介護療養型医療施設などの介護保険施設をはじめとする高齢者施設や病院・診療所（医院）などの医療機関は、それぞれの機能を発揮して、高齢者とその家族を支援している（高齢者施設の詳細については第4章p.130～132、第5章p.150～152参照）。

3．その他の組織・団体

1）警察署（交番）

　警察署（交番）は、市民の安全な地域生活を守る役割を担っている。認知症高齢者の徘徊ネットワークの要として活躍している。また、高齢者の虐待について住民から通報や相談を受け、行政や関係機関と連携して立ち入り調査等、支援にあたっている。

2）消防署

　消防署は、消防法により規定され、国民の生命、身体および財産を火災から保護するとともに、火災または地震等の災害による被害を軽減するほか、災害等による傷病者の搬送を適切に行い、もって安寧秩序を保持し、社会公共の福祉の増進に資することを目的して設置されている。地域では、独居高齢者世帯などの緊急通報システムの要として、高齢者の地域生活を見守っている。

3）当事者会としての介護者家族の会

　介護者家族の会は、介護中の家族や看取った家族によって組織されている当事者組織である。医療・福祉専門職や市民の参加を認めている会もある。社会福祉協議会や保健センターなどが事務局となって組織活動を支援していることが多い。セルフヘルプ活動として交流会や機関誌の発行を通して介護中の悩みを共有したり、情報交換等を行ったりして会員相互に援助活動が行われている。認知症の家族の会の全国組織として、公益社団法人「認知症の人と家族の会」がある。

4）社団法人シルバーサービス振興会

　直接的に高齢者を支援する機関ではないが、側面的な援助機関としてシルバーサービス振興会を説明しておく。シルバーサービス振興会は、シルバーサービスの質の向上とその健全な発展をはかることを目的とし、民間企業・団体を業種横断的に組織する団体として、1987（昭和62）年3月に設立された厚生労働省所管の社団法人である。1988（昭和63）年に民間事業者が遵守すべき基本事項を定めた倫理綱領を策定、1989（平成元）年よりシルバーマーク制度を開始し、基準を満たした民間事業者に対してシルバーマークを交付している。

　2008（平成20）年介護サービス施設・事業所調査結果の概況によると、介護保険における営利主体の参入は進んでおり、介護保険の居宅サービス事業所のうち、訪問介護、特定施設入居者生活介護、認知症対応型共同生活介護、福祉用具貸与については営利主体の割合がもっとも多くなっている。介護サービスのニーズの高まりにより、今後も営利主体によるサービス提供の拡大が予想されるだけに、国民が安心してサービスを選択できるよう、情報提供やサービスの質の向上など

の活動をさらに展開していくことが求められている。

5）国民生活センター・消費生活センター

商品やサービスなど消費生活全般に関する苦情や問い合わせなど、消費者からの相談を専門の相談員が受け付け、公正な立場で処理にあたっている。高齢者が狙われやすい「高齢者への次々販売」「訪問販売によるリフォーム工事トラブル」等にも対応している。

国民生活センターは消費者ホットライン（0570-064-370：ゼロ・ゴー・ナナ・ゼロ　守ろうよ、みんなを）のほか、直接、各地の消費生活センター等に相談することもできる。

図7-6に、地域で生活する高齢者を援助する機関について、高齢者を中心に示した。それぞれの機関や専門職は、必要に応じてネットワークを形成し、チームで支援にあたる必要がある。

図7-6　高齢者を援助する機関

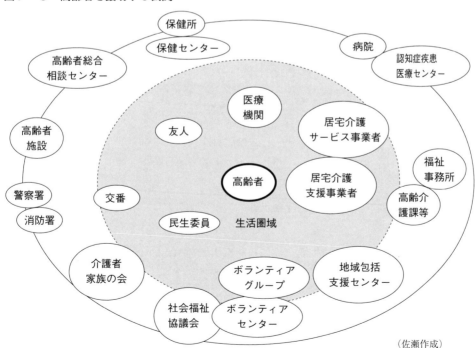

（佐瀬作成）

第3節　高齢者を支える活動としてのケアマネジメントとチームアプローチ

1．ケアマネジメントとは

　介護保険制度は、社会保険方式を導入し、高齢者自身の意思に基づき、自立した質の高い生活を送ることができるよう、社会的に支援することを目標としており、高齢者の自立支援のための利用者本位のサービス提供を実現する手法としてケアマネジメントが位置づけられている。

　ケアマネジメントは、高齢者のニーズや状態を踏まえた総合的な援助方針の下に、必要なサービスを計画的に提供していく仕組みである。

　介護保険制度下では主に介護支援専門員（ケアマネジャー）が担っているが、自分自身で介護サービス計画（ケアプラン）を作成することもできる。

　一般的な過程は以下のとおりである。

①依頼・相談：本人あるいは家族からの介護サービス計画の作成依頼
②アセスメント：要介護高齢者の状況を把握・分析し、生活上の課題を明らかにする。介護支援専門員による課題分析（事前アセスメント）
③ケアプラン案の作成：課題分析に基づいた介護サービス計画の原案作成。総合的な援助方針、目標を設定するとともに、必要な介護サービスなどの提供について計画する。サービスを提供する事業者の選定も行う。
④ケアカンファレンス：介護サービス計画原案を要介護者・家族・専門職と検討するサービス担当者会議を開催
⑤ケアプランの決定：要介護者への説明と同意、介護サービスの確定
⑥ケアの実施：介護サービス計画に基づいたサービスの提供
⑦モニタリングと評価：継続的にそれぞれのサービスの実施状況や要介護高齢者の状況の変化などを把握する。また、モニタリングに基づきケア計画・実践の評価を行う。
⑧終結・介護サービスの見直し：評価（事後評価）を基に計画・実践の終了の判断、あるいは必要なサービスの改善を検討し、再アセスメントに向かう。

　以上の一連の過程であり、サイクルである（図7-6）。

　介護保険制度によって、従来、必要性が指摘されていた保健・医療・福祉の連携が実現されたことになり、それまで異なっていたサービス体系を総合的に利用できるよう、利用者の生活全般にわたる状況を総合的に把握し、ニーズに応じたサービスの提供が可能となった。これまで個々ばらばらに提供されていたサービスから、利用者の自立支援を目標とした、連携の取れたまとまりのあるサービスとして利用者に提供できる仕組みとなった。

　現在、介護サービスは介護保険制度に基づいて提供されており、介護給付の認

図7-7 ケアマネジメントの過程

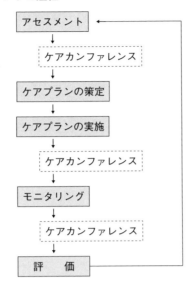

(佐瀬作成)

定を受けると、介護支援専門員が介護サービス計画を策定している。介護サービス計画書は、介護保険で指定されている介護サービスとそれ以外の社会資源を組み合わせ、介護が必要な利用者の自立支援をめざした包括的な計画書である。サービスの提供は、介護サービス計画書に基づいたケアチームにより実践されており、保健、医療、福祉に関する専門職がケアチームの一員として連携、協働している。保健・医療・福祉の連携は、多分野・多職種のサービスとなることから、カンファレンス（サービス提供者会議）を適時に行うなど、チームケアが重要な鍵となる。

2．ケアマネジメントの実際

事例をもとにケアマネジメントの過程を追ってみる。

高齢の夫の介護を行っている妻が、民生委員に伴われて相談のために居宅介護支援事業所を訪ねてきた場合を例にすると以下のようになる。

介護支援専門員は、夫の状況を妻から聞き、自宅へ訪問し、本人と面接を行った。そこで、本人の状況（日常生活の様子やADL、IADL、障害や疾病の状況など）や思い（ニーズ）、家族関係などの情報を得た。その中で主治医や保健師などとの関わりを知ることになる。その場合、関係者からの情報を収集することも必要である。それらの情報をもとに、介護支援専門員はアセスメント（事前評価）を行う。同時に、介護保険の申請手続きを行う必要がある。また、このとき本人の状況を把握するだけでなく、介護者である妻の健康状態や介護への意欲、介護協力者などを把握しておく必要がある。

次に、アセスメントをもとに援助目標を立て、必要なサービスの利用について

検討を行う。

　介護認定の結果によって、利用できるサービス内容の検討が必要な場合もある。希望するだけサービスを使えないという問題や、利用料金の負担など調整が必要である。この段階で、今まで関わりのあった主治医や関係者の意見などを得ながら、最終的な介護サービス計画を策定する。計画の策定に、本人や家族の参加と同意を得ることが必要である。

　また、介護保険制度で提供できないニーズについては、その充足に向けて他の家族や友人・隣人、民生委員等と調整し、介護サービス計画を作成することが重要である。

　策定された介護サービス計画に基づいてサービスの利用が開始される。この事例では、通所介護（デイサービス）と訪問介護サービスを利用するように計画され、援助が開始されている。

　介護サービス計画の実施にあわせて、介護支援専門員はモニタリングを行う。本人との面接の結果、本人としては「できればデイサービスに行きたくない。家にいると妻に迷惑がかかるから、辛抱して利用している」という話が出た。一方、妻は「家にいると一日何もせず、横になってばかりだし、腰痛が悪化するので、リハビリのためにも出かけてほしい」と希望していた。妻自身も腰痛があり、自宅での入浴介助も負担であるという。

　モニタリングは、本人や家族はもちろん、通所介護のスタッフや訪問介護サービス事業者から情報を得ることが必要である。この事例では、介護支援専門員は通所介護サービス利用中の様子や過ごし方について情報収集し、通所介護サービスのスタッフや訪問介護員も交えたケアカンファレンスを実施した。その結果、通所介護サービスのプログラム内容が吟味されることになった。また、訪問介護サービスを増やし、訪問介護員の見守りで入浴を行うように、介護サービス計画の見直しが行われた。

3．ケアマネジメントの留意点

1）公平なケアマネジメント

　ケアマネジメントは単なるサービスとサービスをつなぎ合わせる仕組みではない。要介護高齢者や家族のニーズにあったサービスを、介護支援専門員の所属する事業所以外のサービスの選択も含め、公平・中立的な立場で選定、決定することが必要である。そのためには、他の事業所などの情報も把握し、援助計画に反映することが要求される。

2）本人や家族の思いを受けとめた介護サービス計画策定

　要介護高齢者や家族の思いをきちんと受けとめた介護サービス計画を策定する。

介護サービス計画の内容は、要介護高齢者のニーズよりも家族の思いを受けとめたものになっている場合も多い。両者の思いのずれを調整することは介護支援専門員の重要な役割である。

要介護高齢者の支援に重点をおくのは当然であるが、介護者の健康状態への配慮やアドバイスなど、家族全体を援助の対象とする視点を忘れてはならない。

3）介護支援専門員のスキルアップ

要介護高齢者や家族の思いを理解するために介護支援専門員のスキルアップが必須である。介護支援専門員はサービス導入だけが役割ではない。要介護高齢者や家族の思いを受けとめ、共感的援助関係を形成し、対応するために、より質の高い介護サービス計画を作成し、援助することが重要である。

4）当事者の参加するケアカンファレンスの開催

高齢者のニーズを的確に把握した質の高い介護サービス計画を作成するためには、図7－7の点線で示すように、ケアカンファレンスを適宜開催する必要がある。本人も家族も主体的にサービスを利用し生活していくために、可能な限り本人および家族の参加を確保する必要がある。

ケアカンファレンスが適宜行われることによって、ケアマネジメントの質の向上がはかられる。それは、高齢者に提供されるケアやサービスの質の向上につながる。

5）保健・医療・福祉のネットワーク──多職種・多機関との連携

介護保険制度の導入によって、地域における保健・医療・福祉ネットワークの様相に変化が生じてきた。介護保険制度導入以前に行われてきた福祉事務所や保健所・保健センターなどの行政の組織を中心にしたネットワークから、地域包括支援センターや介護支援専門員が中心となるネットワークの構築へと変化している。

介護保険サービス事業者の増大はネットワークの変化をもたらしているのである。つまり、サービス提供者は社会福祉法人だけではなく、NPO法人や民間営利事業者など、多様な価値観をもった組織が存在し、行政と民間事業者との関係、地域包括支援センターと事業者との関係、事業者と事業者との関係など、多様な連携やネットワークの構築が必要となっている。

また、介護保険制度下では保健・医療・福祉の境界があいまいになっている。これは、保健・医療・福祉各領域の勤務経験者が介護支援専門員として活動していることや、医療法人が介護保険サービス事業者になっていることと関連している。介護保険制度をきっかけに高齢者福祉の領域の中で新たなネットワークを構築するチャンスである。要介護高齢者の尊厳のある生活の継続を支援するため、有機的なネットワークの構築が重要である。

【参考文献】

（1）厚生労働統計協会編『厚生の指標　増刊　国民衛生の動向Vol.60 No.9　2013/2014』厚生労働統計協会。
（2）厚生労働統計協会編『厚生の指標　増刊　国民の福祉と介護の動向Vol.60　No.10　2013/2014』厚生労働統計協会。
（3）厚生労働省『平成20年介護サービス施設・事業所調査』2010年。
（4）鷹野和美『チームケア論』ぱる出版、2008年。
（5）野中猛『図説ケアチーム』中央法規出版、2007年。
（6）野中猛、高室成幸、上原久『ケア会議の技術』中央法規出版、2007年。
（7）日本認知症ケア学会監修　岡田進一編著『介護関係者のためのチームアプローチ』ワールドプランニング、2008年。
（8）認定介護福祉士（仮称）の在り方に関する検討会　認定介護福祉士（仮称）制度の方向性について　平成23年度研究の中間まとめ　平成24年3月。

第8章 高齢者の権利擁護と高齢者虐待の防止

　人は誰も尊厳をもって生活し、自分らしい最期を迎える権利がある。しかし、高齢期の人々は誰もが穏やかに尊厳のある生活が保障されているとはいえない状況にある。特に、援助が必要とされる高齢者の権利の侵害は深刻である。そのもっとも深刻な状況として、高齢者虐待がある。

　介護保険制度をはじめとする社会福祉の動向では、「権利擁護」が重要なテーマとして登場してきた。2003年、高齢者介護研究会（座長：堀田 力）がまとめた報告書「2015年の高齢者介護―高齢者の尊厳を支えるケアの確立に向けて」においても、サービスの質の確保と権利擁護が重要なテーマである。ようやく高齢者の権利について真剣な議論が始まった。

　本章の第1節と第2節では、高齢者の権利について考え、権利擁護システムを概観し、第3節では、高齢者虐待防止法や虐待事例への介入支援の取り組み等について説明する。

第1節　高齢者の権利

1．わが国の高齢者のおかれている状況——エイジズム（高齢者差別）

　わが国には高齢者に対する否定的イメージ（エイジズム）が多く存在する。エイジズムとは本来、年齢による区別である。年齢によって受けられる年金や保険などはプラスのエイジズムとよぶこともあるが、歳をとると何もできなくなる、人の迷惑になるなどはマイナスのエイジズムである。高齢者が家庭や地域の中で生き字引として尊敬され、相談役として信頼を得ていたのは、そんなに遠い昔ではない。急速な高齢化は高齢者を社会問題として扱う風潮を生み出したともいえる。もちろん、「老い」にまつわる言葉の多くが「老醜」「老獪」など否定的なニュアンスを含んでいることからみても、エイジズムが古くから存在することを意味している。

　現在、高齢者に対する多くの誤解が存在する。すべての高齢者が何らかの援助を必要としていると考えられ、年金や介護保険などで国の財源を消費する困った存在として語られることがある。認知症高齢者は、何も分からない、周囲に迷惑

をかける困った人と思われていることがある。難聴や視力の衰えによる生活障害を、高齢期に起こる加齢に伴う変化として理解せず、笑いの対象にすることさえある。

援助の専門職にも、高齢者を画一的に、固定的にとらえ、その人らしさに配慮せず、ニーズに合わないサービスを画一的に一方的に提供するという、不適切なサービス提供やケアが行われている可能性もある。介護支援専門員（ケアマネジャー）は、サービスの導入を検討するときの相談相手として、本人ではなく、家族を対象とすることがある。その決定についても、本人の同意を前提にしながらも、家族の意向に沿ったサービス提供計画であることが多い。

もちろん、高齢者自身も「息子や嫁に聞いてくれ」と家族に決定を委ねることも多い。この背景には「老いては子に従え」という日本的な価値観が存在する。そこでは、高齢期には高齢者自身が意思決定を行うのではなく、子に決定を委ねることが期待されている。高齢者の権利擁護は、エイジズムの克服が重要である。高齢者の権利擁護の議論の根底にある大きな課題である。

2．高齢者の権利と子どもの権利

われわれは、人として生まれた瞬間から、人間らしく生きる権利を有している。1948（昭和23）年12月10日、国連総会で採択された世界人権宣言は30条からなり、すべての人の権利について述べられている。第1条では「すべての人間は、生まれながらにして自由であり、かつ、尊厳と権利とについて平等である。人間は、理性と良心とを授けられており、互いに同胞の精神をもって行動しなければならない」、第3条では「すべての人は、生命、自由および身体の安全に対する権利を有する」と規定されている。

日本国憲法では、第11条で「国民は、すべての基本的人権の享有を妨げられない。この憲法が国民に保障する基本的人権は、侵すことのできない永久の権利として、現在及び将来の国民に与へられる」と基本的人権が保障されている。第14条では「すべて国民は、法の下に平等であつて、人種、信条、性別、社会的身分又は門地により、政治的、経済的又は社会的関係において、差別されない」と法の下の平等が認められ、第13条においては「すべて国民は、個人として尊重される。生命、自由及び幸福追求に対する国民の権利については、公共の福祉に反しない限り、立法その他の国政の上で、最大の尊重を必要とする」と幸福追求権が認められている。第25条で「すべての国民は、健康で文化的な最低限の生活を営む権利を有する」と生存権を保障していることはいうまでもない。

最近まで高齢者の人権について取りあげられることは少なかった。子どもとともに弱者といわれ、援助の対象として考えられているが、子どもの権利ほどには注目されてこなかった。法律的な側面からみると、児童については1951（昭和26）

年に制定された児童憲章があり、「児童の権利に関する条約」（子どもの権利条約。1989年11月20日に国連総会において採択）批准（1994年4月）や児童虐待防止法の制定（2000年5月24日公布）など一定の進展がみられる。しかし、高齢者の権利について定められたものはみあたらない。1963（昭和38）年に制定された老人福祉法の基本理念をみても、権利を表したものではない。高齢者虐待に対応する法律としては2005（平成17）年11月9日に「高齢者の虐待防止、高齢者の養護者に対する支援等に関する法律」（以下、高齢者虐待防止法）が公布された。

　高齢者の権利を議論するときに「高齢者のための国連原則」（p.204）が一つの指針になる。1999（平成11）年の国際高齢者年は大きな動きにならないまま過ぎてしまったが、それに先立つ1991（平成3）年に、高齢者のおかれている状況を踏まえ、世界人権宣言に基づいて「高齢者のための国連原則」が国連総会で決議された。その国連原則は「自立」「参加」「ケア」「自己実現」「尊厳」の5つを高齢者の基本原理としている。

第2節　高齢者の権利擁護と諸制度

1．介護保険制度と権利擁護

1）権利擁護の議論の開始

　わが国で高齢者の権利擁護の重要性が認識されるようになったのは、介護保険制度の導入が一つの契機である。それまでの措置制度では施設入所や公的な福祉サービスの利用は行政の措置とされていたために、高齢者の権利について顧みられることは少なかった。介護保険制度導入に先行して出された社会福祉基礎構造改革の理念は、「個人が尊厳を持ってその人らしい自立した生活が送れるよう支えるという社会福祉の理念に基づいて、本改革を推進する」というものであった。具体的な改革の方向は、①個人の自立を基本とし、その選択を尊重した制度の確立、②質の高い福祉サービスの拡充、③地域での生活を総合的に支援するための地域福祉の充実であった。

　利用者とサービス提供者の間の契約に基づく関係で展開される介護保険制度では、サービスの質の保障と権利擁護が重要な課題となった。そのために、利用者保護制度の創設が検討され、地域福祉権利擁護制度（現在、日常生活自立支援事業と呼ばれている）の創設、苦情解決の仕組みの導入が行われた。また、社会福祉基礎構造改革では、サービスの質の向上のために、良質なサービスを支える人材の養成・確保、事業者によるサービスの質の向上のための自己評価、サービスの質の評価を行う第三者機関の育成、事業運営の透明性の確保などの方向性が示された。

> *column*

高齢者のための国連原則

　1991（平成3）年12月16日、国連総会は「高齢者のための国連原則」を含む決議46／91を採択した。政府は自国プログラムに本原則を組み入れることが奨励された。

自　立

高齢者は

・収入や家族・共同体の支援及び自助努力を通じて十分な食料、水、住居、衣服、医療へのアクセスを得るべきである。
・仕事、あるいは他の収入手段を得る機会を有するべきである。
・退職時期の決定への参加が可能であるべきである。
・適切な教育や職業訓練に参加する機会が与えられるべきである。
・安全な環境に住むことができるべきである。
・可能な限り長く自宅に住むことができるべきである。

参　加

高齢者は

・社会の一員として、自己に直接影響を及ぼすような政策の決定に積極的に参加し、若年世代と自己の経験と知識を分かち合うべきである。
・自己の趣味と能力に合致したボランティアとして共同体へ奉仕する機会を求めることができるべきである。
・高齢者の集会や運動を組織することができるべきである。

2）介護保険施設における身体拘束原則禁止

　病院や施設で高齢者が身体を拘束されている状況は、実態として存在が認められながらも、放置されている状況が続いていた。社会問題として提起されたのは、介護保険制度開始に先立つ1998（平成10）年10月の介護療養型医療施設連絡協議会第6回全国研究会において、「老人に、自由と誇りと安らぎを」という「抑制廃止福岡宣言」が出されてからである[1]。

　そして、介護保険制度と同時に、介護保険施設においては、身体拘束の原則禁止が規定された。「指定介護老人福祉施設の人員、設備および運営に関する基準」（平成11年3月31日厚生省令）に「入所者又は他の入所者等の生命または身体を保護するため緊急やむを得ない場合を除き、身体拘束その他入所者の行動制限をしてはならない」と規定された。同様に、介護老人保健施設、介護療養型医療施設に

ケ ア

高齢者は

- 家族及び共同体の介護と保護を享受できるべきである。
- 発病を防止あるいは延期し、肉体・精神の最適な状態でいられるための医療を受ける機会が与えられるべきである。
- 自主性、保護及び介護を発展させるための社会的及び法律的サービスへのアクセスを得るべきである。
- 思いやりがあり、かつ、安全な環境で、保護、リハビリテーション、社会的及び精神的刺激を得られる施設を利用することができるべきである。
- いかなる場所に住み、あるいはいかなる状態であろうとも、自己の尊厳、信念、要求、プライバシー及び、自己の介護と生活の質を決定する権利に対する尊重を含む基本的人権や自由を享受することができるべきである。

自己実現

高齢者は

- 自己の可能性を発展させる機会を追求できるべきである。
- 社会の教育的・文化的・精神的・娯楽的資源を利用することができるべきである。

尊 厳

高齢者は

- 尊厳及び保障を持って、肉体的・精神的虐待から解放された生活を送ることができるべきである。
- 年齢、性別、人種、民族的背景、障害等にかかわらず公平に扱われ、自己の経済的貢献にかかわらず尊重されるべきである。

も同時期、厚生省令により規定された。都道府県では、推進会議の開催や身体拘束廃止相談窓口が設置されるなど、身体拘束廃止に向けた取り組みが行われている。

3）介護相談員等派遣事業

介護相談員等派遣事業は自治体（特別区を含む市町村）の事業として介護保険サービス利用者の権利を守る取り組みである。一定の研修を受けた介護相談員がサービス事業者などを訪問し、利用者の疑問や不満、不安の解消をはかるとともに、サービス事業所における介護サービスの質の向上をはかることを目的とする事業である。

2015（平成27）年3月31日現在、509市町村（広域・組合等の構成市町村数を含む）で実施されている（介護相談・地域づくり連絡会ウェブサイト　http://www.kaigosodan.

> **column**
>
> **身体拘束の例外3原則および身体拘束禁止の対象行為**
>
> **■例外3原則**：緊急やむを得ない場合とは以下の3つの要件をすべて満たす状態である
> - **切迫性**：利用者本人または他の利用者等の生命または身体が危険にさらされる可能性が著しく高いこと
> - **非代替性**：身体拘束その他の行動制限を行う以外に代替する介護方法がないこと
> - **一時性**：身体拘束その他の行動制限が一時的なものであること
>
> **■身体拘束禁止の対象となる具体的な行為**
> 1. 脱衣やおむつはずしをしないように、つなぎ服（介護衣）を着せる
> 2. 点滴・経管栄養などのチューブを抜かないように、四肢をひもで縛る
> 3. 点滴・経管栄養などのチューブを抜かないように、また皮膚をかきむしらないように、手指の機能を制限するミトン型の手袋を着ける
> 4. 自分で降りられないように、ベッドを柵で囲む
> 5. 転落しないように、ベッドに体幹や四肢をひもなどで縛る
> 6. 徘徊しないように、車いす、ベッドに体幹や四肢をひもなどで縛る
> 7. 他人の迷惑行為を防ぐために、ベッドに体幹や四肢をひもなどで縛る
> 8. 車いすからずり落ちたり、立ち上がったりしないように、Y字型抑制帯や腰ベルト、車いすテーブルを付ける
> 9. 立ち上がる能力のある人の立ち上がりを妨げるようないすを使用する
> 10. 行動を落ち着かせるために、向精神薬を過剰に服用させる
> 11. 自分の意思で開けることができない居室等に隔離する

com/map.html）。

　2003（平成15）年4月より、介護保険施設に対し、介護相談員の派遣などに協力するよう努力義務規定を設けるなど、推進に向けて努力が続けられているが、全国の自治体の約30％の取り組みに留まっている。

　なお、2010年度は老人保健健康増進等事業の「介護相談員派遣等事業への理解の促進および制度の普及を行う事業」として介護相談員派遣等事業を実施している市町村を対象とした実態調査および調査結果の分析を基にした効果の検証、介護相談員・行政・事業者等の連携の実態などの先進的な取り組みを全国に周知するなど介護相談員等派遣等事業の啓発が行われている。

2．認知症高齢者の権利擁護

　記憶障害やその他の認知機能の障害を主症状とする認知症高齢者は、権利侵害を受けていても表出するすべをもちにくく、権利侵害が周囲に認知されず放置さ

れることがある。認知症高齢者の権利を守る取り組みとして、日常生活自立支援事業（旧称、地域福祉権利擁護事業）と成年後見制度がある。

1）日常生活自立支援事業（旧称 地域福祉権利擁護事業　図8－1）

日常生活自立支援事業は、1999（平成11）年10月に地域福祉権利擁護事業として開始され、2000（平成12）年6月の社会福祉事業法改正により福祉サービス利用援助事業として法定化された事業である。認知症高齢者、知的障害者、精神障害者など判断能力が不十分な人が自立した地域生活を送れるよう福祉サービスの利用援助を行うことにより、権利擁護を行うことを目的とした事業である。2002（平成14）年度からは入院患者および施設入所者も利用できる事業となった。

基幹的な市区町村社会福祉協議会に配置される専門員が、利用者の参加を得て作成する「支援計画」に基づき、実施主体が本人と利用契約を締結し、個々の契約内容に基づいた援助を生活支援員が行う。具体的な福祉サービスの利用援助としては、情報提供、助言をはじめとして、手続きの援助（申込み手続き同行・代行、契約締結）、福祉サービス利用料の支払いなどを行い、必要に応じて苦情解決制度の利用援助を行う。また、日常的な金銭管理を援助している。

専門員、生活支援員として社会福祉士、精神保健福祉士などが活躍している。実施主体は、都道府県社会福祉協議会、指定都市社会福祉協議会、市区町村社会福祉協議会である。利用料は、実施主体が定める利用料を利用者が負担する必要がある。

2）成年後見制度

成年後見制度とは、認知症や知的障害、精神障害のために判断能力が不十分な人を不利益から守るため、2000（平成12）年4月から施行されている制度である。一定の手続きで保護者（後見人）を選任し、財産管理や身上監護（介護サービスや住む場所の確保など）を行っている。

成年後見制度を利用するためには、家庭裁判所に申し立てをする必要がある。申し立てを行うことができる者（申立権者）は、本人、配偶者、四親等以内の親族、検察官、任意後見人、任意後見監督人、市町村長である。家庭裁判所の調査官が調査し、必要に応じて家事審判官が直接事情を尋ねるなどの審判手続きを行い、本人の判断能力が審査される。成年後見制度は、本人の判断能力の程度に応じて、補助、保佐、後見の3つの類型に区分されている（表8－1）。

この制度の利用を促進するため、成年後見制度利用支援事業として、市町村が主体となり、①成年後見制度利用促進のための広報・普及活動や、②身寄りのない認知症高齢者の成年後見制度の利用にかかる経費に対する助成が行われている。

なお、本人が契約締結に必要な判断能力がある間に、将来判断能力が失われたときに備え、自分で後見人を選んで必要な法律行為を行ってもらうことを契約し

図8-1 日常生活自立支援事業の実施方法

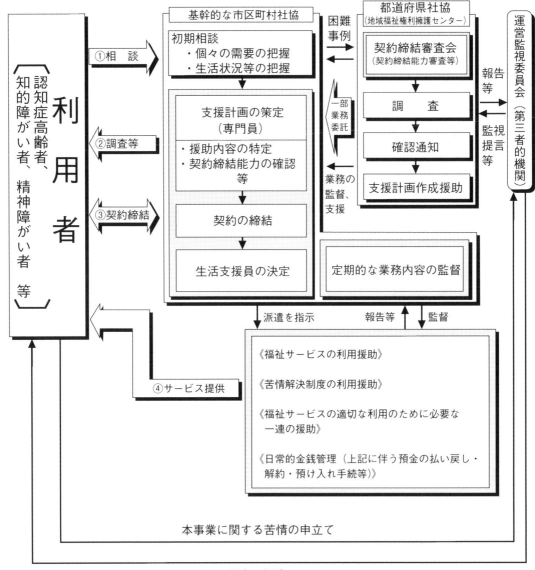

出典）厚生労働省ウェブサイトより。

ておく制度として任意後見制度がある。

　成年後見制度を補完する事業として、日常生活自立支援事業（福祉サービス利用援助事業）がある。成年後見人らが遠隔地に在住しているなど、日常的に本人を支援することが難しい場合などに、福祉サービスの利用相談や日常的金銭管理、日常的に使用する通帳・印鑑預かりサービスなどを行い、在宅生活を支援している。

表8-1 補助・保佐・後見の3類型の概要

		補助開始の審判	保佐開始の審判	後見開始の審判
要件	対象者	精神上の障害（認知症・知的障害・精神障害等）により事理を弁識する能力が不十分な者	精神上の障害により事理を弁識する能力が著しく不十分な者	精神上の障害により事理を弁識する能力を欠く状況に在る者
開始の手続	申立権者	本人、配偶者、四親等内の親族、検察官等 任意後見受任者、任意後見人、任意後見監督人 （注）福祉関係の行政機関については、整備法で規定		
	本人の同意	必 要	不 要	不 要
機関の名称	本 人	被補助人	被保佐人	成年被後見人
	保護者	補助人	保佐人	成年後見人
	監督人	補助監督人	保佐監督人	成年後見監督人
同意権・取消権	付与の対象	申立ての範囲内で家庭裁判所が定める「特定の法律行為」	民法12条1項各号所定の行為	日常生活に関する行為以外の行為
	付与の手続	補助開始の審判 ＋同意権付与の審判 ＋本人の同意	保佐開始の審判	後見開始の審判
	取消権者	本人・補助人	本人・保佐人	本人・成年後見人
代理権	付与の対象	申立ての範囲内で家庭裁判所が定める「特定の法律行為」	同 左	財産に関するすべての法律行為
	付与の手続	補助開始の審判 ＋代理権付与の審判 ＋本人の同意	保佐開始の審判 ＋代理権付与の審判 ＋本人の同意	後見開始の審判
	本人の同意	必 要	必 要	不 要
責務	身上配慮義務	本人の心身の状態及び生活の状況に配慮する義務	同 左	同 左

出典）法務省ウェブサイトより。

3．サービスの質の確保と権利擁護

1）福祉サービスの第三者評価

　サービスを利用している高齢者の尊厳ある生活を保障するために、サービスの質の確保が重要である。サービスの質の確保や向上のためには人材の養成・確保は欠かせないが、サービスの内容を客観的に評価し、サービスの改善をはかることも重要である。客観的なサービスの質を評価するための仕組みとして、第三者評価事業が考えられた。

　第三者評価事業とは、事業者の提供するサービスの質を当事者（事業者および利用者）以外の公正・中立な第三者機関が、専門的かつ客観的な立場から評価する

事業のことである。その目的は、個々の事業者が事業運営における具体的な問題点を把握し、サービスの質の向上に結びつけるとともに、利用者の適切なサービス選択に資するための情報を提供することである。

社会福祉基礎構造改革の一環として、福祉サービスの質の向上と利用者の選択に貢献できるように、福祉分野では第三者評価事業が導入された。2001（平成13）年5月15日付け「福祉サービスの第三者評価事業の実施要領について（指針）」（旧通知）をはじめ、児童福祉施設、障害者・児施設サービスそれぞれの通知に基づき実施されるようになってきた。福祉サービスの第三者評価事業のさらなる普及・定着をはかるため、2004（平成16）年5月7日各都道府県知事に福祉サービスの共通の基準ガイドラインとして、「福祉サービス第三者評価事業に関する指針について」が通知され、福祉サービス第三者評価事業の推進体制や福祉サービスの第三者評価基準ガイドラインが示された。

また、2005（平成17）年6月29日に「介護保険法等の一部を改正する法律」が公布され、介護保険サービス事業者にサービス情報の公表が義務づけられた。インターネット（http://www.kaigokensaku.jp）で閲覧することができる。

2）施設入所者の権利擁護 ── 施設サービスの質の確保の取り組み

高齢者は施設に入所することで権利を行使できない状況に遭遇することがある。選挙に投票する機会が保障されないことがある。自分の意思に基づいて行動し、自分の時間を自分らしく使うことも制限されがちである。尊厳をもって援助を受けることができない場合もあり、不適切なケア、施設内虐待の報告も少なくない。2005（平成17）年11月に成立した高齢者虐待防止法では、養介護施設従事者（第7章で詳述）による虐待として施設内虐待についても明記された。さらに、入所中に面会に来た家族から虐待を受ける場合や他の入所高齢者からの虐待、実習生や見学者・ボランティア等による虐待などさまざまな権利侵害に遭遇することがある。

表8-2[(2)]に示すように、介護保険施設における権利擁護の仕組みは、個人のレベルの取り組みから行政のシステムまで、利用者自身の取り組みも含めると5つの側面が考えられる。例えば、施設に入所している高齢者が施設の処遇に対して苦情がある場合、施設の苦情受付担当者（苦情解決責任者）に伝え、その説明に納得できない場合は、施設に第三者委員が導入されていれば、第三者委員に申し立てることができる。その説明に納得できなければ、都道府県社会福祉協議会に設置されている運営適正化委員会への申し立てを行うことができる。介護保険サービスであれば、国民健康保険団体連合会へ申し立てることもできる。

なお、第三者委員制度は福祉サービスに限るため、医療法人の介護老人保健施設や介護療養型医療施設には第三者委員の導入は行われない。

表8-2　介護保険施設における権利擁護の取り組み

1．利用者の発信： 利用者の主体的権利の獲得・行使	・個人としての意思表明 ・利用者の会・自治会を組織・加入 ・苦情申し立て・意見箱への投稿　など
2．利用者家族の発信： 家族としての権利と責任	・家族としての代弁 ・家族会の組織・加入 ・意見箱等への投稿　など
3．施設・事業者の取り組み 施設の権利擁護システムづくり	・利用者懇談会の設置 ・地域との交流・情報誌の発行 ・意見箱の設置や相談窓口の設置 ・施設オンブズパーソンの導入 ・福祉施設（苦情解決）第三者委員の導入 ・福祉サービス第三者評価事業等による施設情報の公開 ・高齢者虐待防止委員会（身体拘束防止も含む）の設置 ・身体拘束防止マニュアル、高齢者虐待防止マニュアルの整備 ・認知症高齢者ケアマニュアルの整備や研修 ・人権研修　など
4．市民としての取り組み	・施設運営委員会への参加 ・福祉施設（苦情解決）第三者委員としての参加 ・福祉サービス第三者評価事業への参加 ・介護相談員派遣事業への参加 ・施設オンブズパーソンとして参加 ・ボランティア活動者として施設へ参加　など
5．行政の取り組み	・権利擁護センター等の設置 ・成年後見制度・日常生活自立支援事業等の推進 ・権利擁護に関する研修 ・介護相談員派遣事業 ・福祉サービス第三者評価事業の推進 ・運営適正化委員会の設置 ・国民健康保険団体連合会による苦情解決　など

出典）牧里毎治監修『社協の醍醐味』筒井書房p.115を一部改変

4．尊厳のある高齢期を保障する専門職の役割と課題

権利擁護ための制度やシステムを中心に論述してきたが、ここでは専門職としての役割と課題を整理しておく。

1）高齢者自身へのエンパワメント

要援護高齢者はパワーをなくす機会が多く、その結果として権利侵害を受けることが多い。高齢者自身が権利侵害に対して発言し、権利侵害を予防していくためには、高齢者自身が主体的に生活し行動する力をもつことが必要である。専門職は高齢者に対してエンパワメントを基本にした援助を行うことが課題である。

2）権利擁護のための家族支援と協働活動

要援護高齢者の権利擁護のために家族もその一翼を担っている。しかし、家族は高齢者にとって援助者にもなるが、権利侵害者にもなる。高齢者の一番身近に

いて高齢者の理解者であり、高齢者が一番信頼したい人である家族が、介護負担の結果として権利侵害者になってしまう場合がある。家族を権利侵害者にしないためにも、専門職として家族の介護負担に対する心理的支援やサービスの提供など、家族に対する支援も忘れてはならない。

また、高齢者が第三者から権利侵害を受けている場合など、家族と協働してその解決にあたる必要がある。

3）専門職の人権意識の高揚

「表8-2　介護保険施設における権利擁護の取り組み」のように整理すると、権利擁護は個人のレベルから行政の責任までいくつかの取り組みが準備されているといえる。しかし、現実に高齢者の権利侵害がなくならない。今後も、それぞれの立場で権利擁護に対する取り組みを継続あるいは強化する必要がある。それは一人ひとりの人権意識の高揚から始まる。専門職の責任は大きい。

専門職はそれぞれの職業倫理にのっとり活動を行っている。しかし、プライバシーに対する配慮の欠如や不適切なケアなど、専門職が時に、権利侵害者の立場に立っていることもある。相談援助業務の中で、時々、立ち止まり、自分自身を振り返ること、すなわち専門職一人ひとりの人権意識の高揚という側面での振り返りが必要である。一人の人間として、市民として、人権意識を高揚させることが一人ひとりに与えられた課題である。

ただ、職員が利用者から暴力を受けるなどの事例も報告され、職員の人権を守る仕組みづくりも重要な課題であることを忘れてはならない。

第3節　高齢者虐待とその防止

1．高齢者虐待の防止、および高齢者の養護者に対する支援等に関する法律

2005（平成17）年11月に「高齢者虐待の防止、および高齢者の養護者に対する支援等に関する法律」（略称：高齢者虐待防止法）が成立し、2006年4月に施行された。この法律の制定により、高齢者虐待の内容が定義され、虐待防止における国および地方公共団体の責任と役割が明確にされた。高齢者虐待に対し通報制度が規定され、高齢者虐待の問題は単に家庭内の問題ではなく、社会的に取り組んでいかなければならない重要な問題であることが改めて認識されることになった。

高齢者虐待防止法は、①高齢者虐待の定義、②市町村を中心とした体制の構築、③個別問題への対応、④虐待の防止、⑤養介護施設従事者等による高齢者虐待の防止、⑥高齢者の保護に資する関連施策の6つの柱で構成され、その狙いは、高齢者虐待は高齢者の尊厳を損なうものであることを明確にすること、高齢者虐待

の早期発見・早期対応に向けた体制を整えること、高齢者虐待の発生を予防・防止する仕組みを整えることの3点とされる[3]。

　高齢者虐待防止法で定められている市町村の役割は、高齢者虐待に係る窓口を設置し、相談通報を受け付け、事実確認を行い、必要に応じて高齢者の保護を行うこと、また、虐待に専門的に従事する職員を配置し、関係機関と連携・協力し、高齢者虐待に対応できる体制を構築することである。都道府県の役割は、養護者による高齢者虐待については、「①市町村が行う措置の実施に関し、市町村間の連絡調整、市町村に対する情報の提供その他の必要な援助、②市町村に対して必要な助言」、養介護施設従事者等による高齢者虐待については、「①高齢者虐待の防止および高齢者の保護を図るための老人福祉法又は介護保険法に規定する権限の適切な行使（第24条）、②養介護施設従事者等による高齢者虐待の状況、対応措置等の公表（第25条）」、国の役割は、「①高齢者虐待の事例分析を行い、虐待への適切な対応方法や養護の方法その他必要な事項についての調査研究、②成年後見制度の周知および利用に係る経済的負担の軽減のための措置等を講じ、成年後見制度が広く利用されるようにする」とされている。

高齢者虐待防止法で定められている市町村の役割
(1) 養護者による高齢者虐待について
　　①高齢者や養護者に対する相談、指導、助言（第6条）
　　②通報を受けた場合、速やかな高齢者の安全確認、通報等に係る事実確認、高齢者虐待対応協力者と対応について協議（第9条第1項）
　　③老人福祉法に規定する措置、およびそのための居室の確保、成年後見制度利用開始に関する審判の請求（第9条第2項、第10条）
　　④立入調査の実施（第11条）
　　⑤立入調査の際の警察署長に対する援助要請（第12条）
　　⑥老人福祉法に規定する措置がとられた高齢者に対する養護者の面会の制限（第13条）
　　⑦養護者に対する負担軽減のための相談、指導および助言、その他必要な措置（第14条）
　　⑧専門的に従事する職員の確保（第15条）
　　⑨関係機関、民間団体等との連携協力体制の整備（第16条）
　　⑩対応窓口、高齢者虐待対応協力者の名称の周知（第18条）

(2) 養介護施設従事者等による高齢者虐待について
　　①対応窓口の周知（第21条第5項、第18条）
　　②通報を受けた場合の事実確認等
　　③養介護施設従事者等による高齢者虐待に係る事項の都道府県への報告（第

22条）
　　　④高齢者虐待の防止及び高齢者の保護を図るための老人福祉法又は介護保険法に規定する権限の適切な行使（第24条）

(3) 財産上の不当取引による被害の防止（第27条）
　　①養護者、親族又は養介護施設従事者等以外の第三者による財産上の不当取引の被害に関する相談の受付、関係部局・機関の紹介
　　②財産上の不当取引の被害を受け、又は受けるおそれのある高齢者に係る審判の請求

2．高齢者虐待の実態

1）虐待の定義

　高齢者虐待防止法では、高齢者虐待を「養護者による高齢者虐待および養介護施設従事者等による高齢者虐待をいう」と定義している。高齢者虐待は「高齢者が他者からの不適切な扱いにより権利利益を侵害される状況や生命、健康、生活が損なわれるような状態に置かれること」ととらえられ、身体的虐待、介護・世話の放棄・放任、心理的虐待、性的虐待、経済的虐待の5つが定義されている（表8-3）。

2）養介護者からの虐待
(1) 虐待件数

　厚生労働省の「高齢者虐待の防止、高齢者の養護者に対する支援等に関する法律に基づく対応状況等に関する調査」によれば、養護者からの虐待に関わる相談通報件数は、2006年度の1万8,390件から2013年度の2万5,310件へと推移している。2013年度、事実確認が行われた結果、虐待だと判断された事例は1万5,731件で相談通報事例の62％、虐待ではないと判断された事例は4,648件で相談通報事例の18

表8-3　高齢者虐待防止法で定められている虐待の種別

身体的虐待	高齢者の身体に外傷が生じ、又は生じるおそれのある暴行
介護・世話の放棄・放任	高齢者を衰弱させるような著しい減食又は長時間の放置、養護者以外の同居人による虐待行為の放置など、養護を著しく怠ること
心理的虐待	高齢者に対する著しい暴言又は著しく拒絶的な対応その他の高齢者に著しい心理的外傷を与える言動
性的虐待	高齢者にわいせつな行為をすること又は高齢者をしてわいせつな行為をさせる
経済的虐待	養護者または高齢者の親族が当該高齢者の財産を不当に処分すること、その他当該高齢者から不当に財産上の利益を得る

％であった。虐待の種別（複数回答）は、身体的虐待が65％、介護等放棄が22％、心理的虐待が42％、経済的虐待が22％、性的虐待が１％であった。

　虐待への対応として、高齢者と養護者を分離し特別養護老人ホームへの入所等を行った事例は、虐待と判断された事例の34％を占めた。虐待等による死亡例は21件（21人）あり、その内訳は、「養護者による被養護者の殺人」が12件、「養護者の介護放棄等による被養護者の致死」が６件、「養護者の虐待（介護放棄を除く）による被養護者の致死」が２件、「心中」が１件であった。

(2) 相談通報者

　相談通報者は、介護支援専門員が最も多く、相談通報件数の31％を占める。介護保険事業所職員は６％、民生委員は４％、近隣・知人からは５％、被虐待高齢者本人からの届出は９％、虐待者自身からの相談は２％である。

(3) 被虐待高齢者と養護者

　被虐待高齢者の性別は、男性が22％、女性が78％、年齢は65〜74歳が26％、75〜79歳が22％、80〜84歳が24％、85〜89歳は18％で、75歳以上が全体の74％を占めた。認知症の日常生活自立度Ⅱ以上が70％である一方、認知症がない被虐待高齢者は11％であった。介護保険の認定を68％が受けているが、27％は介護保険の申請を行っていない。この結果から、認知症の高齢の女性が虐待を受けやすいことが推測される。

　世帯構成では、未婚の子供と同居世帯は33％、配偶者と離別・死別した子と同居世帯11％、子夫婦と同居世帯は17％、高齢の夫婦のみの世帯は20％、単身世帯は８％、その他の世帯が12％である。虐待者は、息子の占める割合が最も高く41％である。夫の占める割合は19％であるが増加傾向にある（図８−２、８−３）。息子の配偶者が占める割合は６％であり、2006年度の1,503件から2013年度の992件へと減少し、全体の中で占める割合も低下傾向にある。虐待者の年齢は、50〜59歳が一番多く25％、次に40〜49歳が22％、60〜69歳が17％、70〜79歳が14％、80歳以上が９％を占める。

　近年は、未婚の子と同居世帯における息子からの虐待と、夫婦二人世帯での夫からの虐待が注目されており、それらの虐待の防止に向けた対策をとっていく必要があるだろう。

(4) 成年後見制度の利用状況

　成年後見制度の利用は、2006年度の125人から2012年度の713件（手続き中を合わせれば1,134件）に増加し、市町村長申立の件数も101人から666人に増えている。日常生活自立支援事業の利用は371人であった。ちなみに、経済的虐待の件数は2013年度は3,486件であり、この数字と比較すると、成年後見制度の利用が増えて

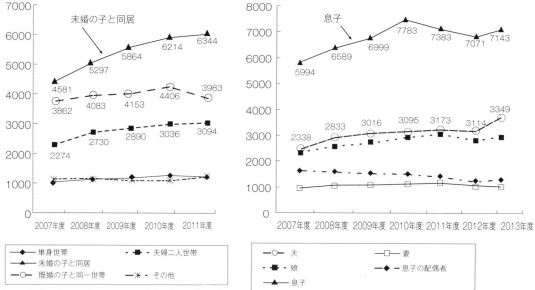

図8-2 虐待事例の世帯状況
図8-3 虐待者との続柄

※2012年度は世帯構成の分類が変更されたため比較せず
出典）図8-2、8-3ともに、厚生労働省ウェブサイト

いることがわかる。

3）養介護施設従事者等からの虐待

施設の従事者による虐待については、法律施行以前からいくつかの研究報告があったが、実態は明確ではなかった。2006年度の法律の施行以降、養介護施設従事者等による虐待の数が報告されるようになった。概要を示しながら、虐待防止について考えていきたい。

なお、養介護施設従事者等とは「養介護施設」または「養介護事業」の業務に従事する人であり、老人福祉サービスや介護保険サービスに関わる人々が該当する。法律に規定された用語の定義は表8-4のとおりである。

表8-4 高齢者虐待防止法で規定される養介護施設従事者等

	養介護施設	養介護事業	養介護施設従事者等
老人福祉法による規定	・老人福祉施設 ・有料老人ホーム	・老人居宅生活支援事業	「養介護施設」又は「養介護事業」の業務に従事する者
介護保険法による規定	・介護老人福祉施設 ・介護老人保健施設 ・介護療養型医療施設 ・地域密着型介護老人福祉施設 ・地域包括支援センター	・居宅サービス事業 ・地域密着型サービス事業 ・居宅介護支援事業 ・介護予防サービス事業 ・地域密着型介護予防サービス事業 ・介護予防支援事業	

表8-5 相談・通報件数、虐待判断件数の経年変化

	養介護施設従事者等によるもの			養護者によるもの		
	相談・通報件数	虐待だと判断した件数	虐待の事実が認められなかった件数	相談・通報件数	虐待だと判断した件数	虐待ではないと判断された件数
2013年度	962件	214件	392件	25,310件	15,731件	4,912件
2012年度	736件	155件	299件	23,843件	15,202件	4,122件
2011年度	687件	151件	301件	25,636件	16,599件	4,360件
2010年度	506件	96件	222件	25,315件	16,668件	4,227件

※相談通報件数の中には、虐待かどうかの判断がつかなかった事例等も含まれる。
・平成18～21年度高齢者虐待の防止、高齢者の養護者による支援等に関する法律に基づく対応状況等に関する調査結果より
出典）厚生労働省ウェブサイト

(1) 虐待種別と虐待件数

2013年度の虐待の種別は、身体的虐待が64％、心理的虐待が33％、性的虐待が4％、介護放棄が17％、経済的虐待が8％となっている。

養介護施設従事者等に関わる相談通報件数は、2006年度の273件から2013年度の962件へとおよぼ3.5倍に増加し、虐待と判断した件数も増加している（表8-5）。

(2) 施設の概況

2013年度に市町村および都道府県が虐待の事実があると判断した事例は221事例あり、その内訳は次のとおりであった。施設の種別は、特別養護老人ホームが69件、認知症対応型共同生活介護が34件、介護老人保健施設が26件、有料老人ホームが26件などであった。経年変化は表8-6のとおりである。

表8-6 養介護施設・事業所の種別の経年変化　　上段：実数　下段：％

	特別養護老人ホーム	介護老人保健施設	介護療養型医療施設	認知症対応型共同生活介護	有料老人ホーム	居宅介護	小規模多機能型居宅介護	軽費老人ホーム	養護老人ホーム	短期入所介護	訪問入浴・訪問介護等	通所介護等	特定施設入居者生活介護	居宅介護支援等	その他	合計
2013年度	69 31.2	26 11.8	3 1.4	34 15.4	26 11.8	7 3.2	0 0.0	0 0.0	7 3.2	11 5.0	16 7.2	12 5.4	2 0.9	8 3.6		221 100.0
2012年度	46 29.7	14 9.0	2 1.3	41 26.5	11 7.1	2 1.3	0 0.0	2 1.3	7 4.5	3 1.9	8 5.2	10 6.5	2 1.3	7 4.5		155 100.0
2011年度	45 30.0	17 11.3	1 0.7	36 24.0	18 12.0	7 4.7	0 0.0	1 0.7	9 6.0	7 4.7	5 3.3	4 2.7	0 0.0	－ 		150 100.0
2010年度	28 29.2	17 17.7	1 1.0	21 21.9	8 8.3	1 1.0	0 0.0	4 4.2	4 4.2	3 3.1	5 5.2	4 4.2	－ 	－ 		96 100.0

出典）厚生労働省ウェブサイト

表8-7 相談・通報者内訳（複数回答）の経年変化　　　上段：実数　下段：％

	本人による届出	家族・親族	養介護施設職員	養介護施設元職員	医療機関従事者	介護支援専門員	国民健康保険連合会	都道府県からの連絡	警察	その他	不明	合計
2013年度	24 2.1	221 19.2	403 34.9	116 10.1	15 1.3	60 5.2	3 0.3	27 2.3	16 1.4	181 15.7	88 7.6	1154 -
2012年度	18 2.1	177 20.5	258 29.9	103 11.9	19 2.2	29 3.4	5 0.6	38 4.4	7 0.8	140 16.2	68 7.9	862 -
2011年度	18 2.6	187 27.2	209 30.4	102 14.8	6 0.9	23 3.3	5 0.7	34 4.9	9 1.3	87 12.7	61 8.9	741 -
2010年度	24 4.7	132 26.1	176 34.8	68 3.4	5 1.0	23 4.5	3 0.6	26 5.1	7 1.4	58 11.5	51 10.1	573 -

出典）厚生労働省ウェブサイト

(3) 相談通報と養護施設従事者等による虐待を防止するために

2013年度の相談通報者は、家族・親族が19％、当該施設職員が35％、当該施設元職員が10％などであった（表8-7）。

相談・通報者の内訳をみると、家族・親族からが徐々に増加しているが、当該施設職員および元職員を合わせた数は2013年度では45％になっている。

「施設・事業所における高齢者虐待防止に関する調査研究事業」では施設職員の2～3割が、同僚が虐待するのを見聞きしたことがあると回答している。施設内の虐待防止の取り組みが急がれる。施設内で虐待行為を見聞きしたり、自分がしそうになったりしたときに相談できる体制が、施設の中に整備されることが重要である。施設において高齢者虐待防止委員会（身体拘束防止委員会を含む）の設置や施設内の高齢者虐待防止マニュアルの作成、認知症高齢者ケアの質の向上に向けた取り組みが必要である。

また、表8-2「介護保険施設における権利擁護の取り組み」でも示したように、施設オンブズパーソンをはじめとして、福祉施設における第三者委員の活躍や介護保険相談員の派遣事業やボランティアの施設内での活躍等、施設外部からの権利擁護の取り組みを導入しながら未然に防ぐためのシステムづくりをより強固にすることが必要である。

(4) 養介護施設従事者等への指導

2013年度の市町村による指導は、「施設等に対する指導」が171件、「改善計画提出依頼」が149件、「従事者への注意・指導」が95件であった。介護保険法または老人福祉法の規定による権限の行使を行ったものは「報告徴収、質問、立入検査」が118件、「改善勧告」が23件、「改善命令」が1件であった。「指定の効力停止」が5件、「指定取り消し」が2件であった。当該施設等における改善措置としては、市町村または都道府県への「改善計画の提出」が154件、「勧告・命令等

への対応」が27件、その他8件であった。

3．養護者による高齢者虐待への対応

1）虐待対応機関

　高齢者虐待防止法における一義的な責任主体は市町村であるが、市町村は虐待対応の事務の一部（①相談、指導および助言、②通報または届出の受理、③高齢者の安全の確認、通報または届出に関わる事実確認のための措置、④養護者の負担軽減のための措置）を地域包括支援センターに委託することができる。また、介護保険法における地域支援事業の中の権利擁護事業の一つとして「高齢者虐待への対応」が位置づけられており、地域包括支援センターは、市町村の虐待対応担当課とともに虐待対応の中核機関として、高齢者虐待の相談通報の受理や対応を担っている。また、介護保険事業所、保健センター、医療機関等で構成される保健医療福祉サービス介入ネットワークを構築し、高齢者虐待事例への対応をチームとして検討し、具体的な支援が実施されている。専門的な対応が必要とされる場合には、法律関係者などの専門機関・専門職、精神保健分野の専門機関等で構成される関係専門機関介入支援ネットワークが構築されるが、市町村によってはその構築が進んでいないところもあり、ネットワークの充実が課題となっている。

2）高齢者虐待の早期発見

　虐待は放置すれば深刻化することが知られており早期対応が大切であるが、虐待は顕在化しにくい傾向がある。虐待が顕在化しにくい要因として、外部からは見えにくい「家庭」という環境で行われる行為であること、虐待を受けている高齢者自身が虐待を家庭内の個人的なこととしてとらえ、虐待を表に出すことに抵抗を感じることなどがあげられている。虐待を早期に発見し対応するためには、周囲の気づきが重要となる。虐待の兆候として、「①低栄養や外傷があるにもかかわらず、医療機関に行かず、医師にみせたがらない、②つじつまの合わない外傷ややけど、骨折などがある、③姿を見かけていた高齢者が急に家に閉じこもり、姿を見せない。前よりも無口・抑うつ状態が強く、不自然な孤立感や受け身の姿勢が目立つ、④家族構成が不自然である。同居家族人の態度に不自然な被害者意識がある、⑤高齢者と同居家族との間に相互作用的な葛藤が感じられる」などがあげられている。

　高齢者と関わる機会の多い介護保険事業所の職員や医療関係者などは、虐待の兆候に気を配り、虐待を早期に発見していくことが当然に求められるが、地域社会から孤立しがちな高齢者や家族に対して、民生委員や近隣住民が関心をもちながら、温かいまなざしで見守りを続けることで虐待の防止につながったり、虐待の早期発見がなされ、問題が深刻化する前に対応ができ、解決がはかられる場合

も多い。この意味で、民生委員や地域住民、社会福祉協議会などを中心とした虐待の早期発見・見守りネットワークの役割も大きい。

3）虐待事例への支援プロセス

高齢者虐待事例への支援プロセスは、虐待の発見、支援方針の決定と初期介入、継続的支援とモニタリング、虐待ケースとしての終結の段階に分けることができる。

（1）虐待ケースの発見

虐待が疑われる事例や相談事例の中から「虐待事例」を適切に拾いあげる必要がある。事例を複数の職員でチェックする仕組みづくりや、高齢者虐待発見チェックリストや緊急保護アセスメントシートなどの利用は、虐待ケースの発見に役立つだろう。また、事例を検討するための会議を開催し、複数の職員および専門職により、多様な視点でケースを検証することも大切である。

（2）支援方針の決定と初期介入

事実関係を適切に把握し、本人の状況や取り巻く環境を適切にアセスメントし、支援方針会議を開催して支援方法の決定が行われる。支援方針は文章化され、虐待対応チームで共有化される。アセスメントでは、虐待におけるリスクの把握（緊急性の判断）、情報のずれが起きていないかの確認、虐待の立証・確認と根拠の明確化、高齢者・家族の意向の把握、カンファレンスによる情報の共有などが重要になる。

（3）継続的支援とモニタリング

支援方針に基づき適切な支援が実施されているか、支援の結果として虐待の状況が改善されているかを確認する必要がある。支援状況を確認するモニタリングの方法は、高齢者本人および養護者からの情報収集（面談／電話など）、介護支援専門員（ケアマネジャー）などの専門職からの情報収集、民生委員など地域住民からの聞き取りなどがある。モニタリングでは、ケアマネジャーなど支援者から情報を得るだけでなく、高齢者本人や養護者ともできる限り面談を実施し、状況の確認を行うことが大切である。

（4）虐待ケースとしての終結

終結にあたっては、虐待の状況は改善されているのか、再発のリスク、今後の支援体制の内容は十分かなどを吟味し、虐待ケースとしての関わりを終了し、通常の支援体制へ引き継いでもよいかを検討する。再発した場合に、フォローアップできる体制を整えておくことが特に重要である。

4）高齢者虐待防止に向けた基本的な視点と養護者支援

高齢者虐待に対応する上での基本的な視点として以下のことが挙げられる。

第1に、高齢者と養護者を支援することである。虐待が生じている場合には、虐待者を加害者としてとらえてしまいがちだが、過度な介護負担によりストレスを抱えるなど虐待者が支援を必要としている場合も多くみられる。虐待を防止するためには、虐待の要因がどこにあり、その家族が抱えている問題は何かを理解し、高齢者と虐待者の両方を支援する必要がある。養護者支援（虐待をする側にいる人たちへの支援）として、「①家族の介護負担を軽減する、②介護ストレスを軽減する、③他の家族からの介護協力を求める、④経済的安定をはかる、⑤医療や心理ケアの提供をはかる、⑥人間関係の回復をはかる、⑦介護技術や認知症についての正しい知識の習得を支援する、⑧家族会への参加を勧める」などが大切である。

第2に、一人で抱え込まないことである。これは、家族、支援者に共通する課題である。虐待を発見した支援者が自らの努力だけで問題を解決しようと試みている間に、対応が後手に回り、虐待が深刻化してしまうことがある。高齢者虐待はさまざまな要因が複雑に絡みあっていることが多く、チームで協力しながら迅速に対応することが基本となる。

第3に、虐待を未然に防ぐことである。そのためには介護保険サービスの利用を促進することや、認知症を理解する取り組みを進めるとともに、高齢者虐待防止に向けた啓発活動などを実施する必要がある。高齢者と養護者を支える地域づくりが重要である。

4．高齢者虐待の対応力強化に向けて

高齢者虐待の対応力を強化していくためには、3つの視点が重要となる。第1に、個別事例の支援内容を確認し、個別事例への虐待の対応能力を強化すること、第2に、対応したすべての虐待事例を適切に管理し、対応の遅れや支援のもれを防ぐこと、第3に、高齢者虐待防止体制を構築し、対応力を高めることである。

1）個別事例への対応力の強化

個別事例への対応力を強化させていくためには、個々の事例が支援プロセスに沿ってしっかりと対応されているかどうか評価する必要がある。虐待事例を適切に拾い上げ、支援対象として位置づけているか、虐待の事実確認は迅速に適切な方法で行われたのか、支援方針会議を迅速に適切なメンバーで開催したか、虐待のリスクは適切に判断され、初期対応は適切だったか、虐待の要因を適切に判断した上で支援方針を決定できたかどうか、モニタリングは適切に行われ、介入の効果を確認できているかなどを、支援の経過に沿って確認し、個別事例への支援

図8-4 高齢者虐待対応事例の状況の確認と共通課題の抽出

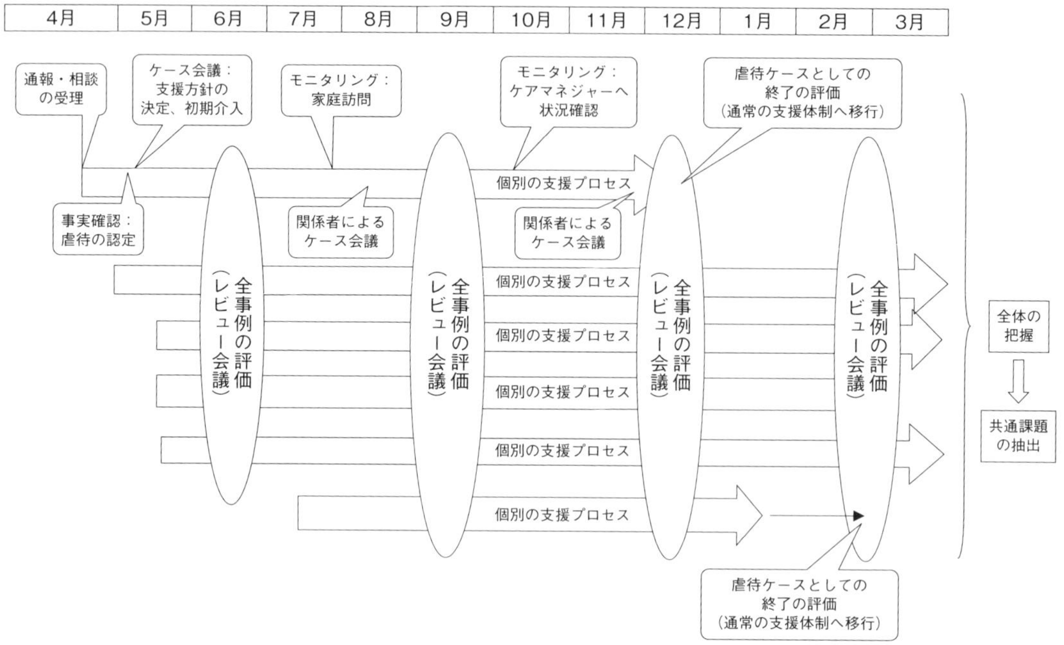

出典）水上然、黒田研二「市町村における高齢者虐待を防止体制を強化するための評価モデルの開発」『社会問題研究60』(139)、63-66、2011年

をより質の高いものにしていく必要がある。

2) 高齢者虐待対応事例の状況の確認と共通課題の抽出（図8-4）

高齢者虐待対応においては、ケースの全体を管理していくことも重要である。常に変化があり、何らかの対応を迫られるケースについてはケースの状況が把握され、支援経過がフォローアップされているが、変化の少ないケースについては経過の把握が遅れがちになる傾向がある。担当者の交代などにより支援の輪から抜け落ちてしまう危険性もある。それらを防ぐために全事例の経過を定期的に確認したい。ある時点で対応しつつある、もしくはある一定の期間に対応した全事例の評価会議（レビュー会議）を開催し、チームで状況を確認することにより、支援のもれを防ぐとともに、虐待事例に共通する課題や、対応する上での課題を抽出することが可能となる。

3) 虐待防止体制の強化

虐待防止体制を強化していくためには、虐待の現状と課題を抽出することが重要となる。そのプロセスを表したものが図8-5である。まず、個々の事例の支援内容を検討し、個別事例レベルでの対応力を強化する。次に、レビュー会議（全事例の評価）を開催し、事例の振り返りと確認を行い、虐待事例に共通する課題や地域の課題を抽出する。それらをもとに虐待対応機関は虐待対応の総括を行い、

図8-5　虐待防止に向けた地域づくり

出典）黒田研二「高齢者虐待防止における評価体制の構築を目指して」2010年

　虐待の傾向や対応の課題を報告書にまとめるとともに、地域ケア会議や高齢者虐待防止ネットワーク会議などに虐待の傾向や対応の課題を提起し、地域課題として取り組むべき事項を検討する。それを虐待防止に向けた地域づくりにつなげ、また、制度施策の充実をはかり、虐待防止体制を強化していく。

【引用文献】
（1）吉岡充・田中とも江編著『縛らない看護』医学書院、1999年。
（2）牧里毎治監修『社協の醍醐味』筒井書房、2010年。
（3）榎本健太郎「高齢者虐待防止法の経緯とねらい——改正介護保険法などとの関連をふまえて」『保健の科学49』(1)、11-15、2007年。

【参考文献】
（1）認知症介護研究・研修　仙台・東京・大府センター「施設・事業所における高齢者虐待防止の支援に関する調査研究事業」調査報告書、平成20年3月。
（2）東淀川区地域福祉アクションプラン推進委員会「高齢者介護施設職員の『虐待』についての意識調査」報告書、2007年。
（3）東淀川区施設内高齢者虐待防止研究会「東淀川区版　高齢者虐待防止施設内マニュアル」報告書、2009年。
（4）高齢者虐待防止研究会編『高齢者虐待に挑む——発見、介入、予防の視点』中央法規出版、2004年。
（5）黒田研二「高齢者虐待防止における評価体制の構築を目指して」（平成21年度大阪府委託研究「市町村高齢者虐待防止対策につながる方策の検討および支援方法の開発」報告書）2009年。
（6）大阪府健康福祉部高齢介護室『高齢者虐待防止に向けた体制整備のための手引き』2005年。
（7）大阪市社会福祉研修・情報センター『高齢者虐待防止と対応のためのハンドブック』2005年。

（8）厚生労働省老健局『市町村・都道府県における高齢者虐待への対応と養護者支援について』2006年。
（9）山本克司著『福祉に携わる人のための人権読本』法律文化社、2009年。

第9章 諸外国にみる高齢者福祉の新しい動向

第1節 比較福祉国家研究の視点から
　　　──スウェーデン、ドイツ、アメリカ

　比較福祉国家研究の第一人者であるG・エスピン-アンデルセンは、著書 *The Three Worlds of Welfare Capitalism*（1990）（岡沢・宮本監訳『福祉資本主義の三つの世界──比較福祉国家の理論と動態』）の中で、福祉国家の制度と発展形態が多様であることを考えると、福祉国家モデルは一つではないことを示した。このことは、社会保障支出の規模を中心に議論してきた従来の福祉国家研究に対する問題提起となった。

　エスピン-アンデルセンは、福祉国家を支える政治システム、政治文化、歴史などの分析を通じて、福祉国家の3類型を提示した。この分類によれば、アメリカ、カナダ、オーストラリアなどは「自由主義的福祉国家レジーム」に、オーストリア、フランス、ドイツ、イタリアなどは「保守主義的福祉国家レジーム」に、スウェーデン、デンマークなど北欧諸国は「社会民主主義的福祉国家レジーム」に分類される。

　「自由主義的福祉国家レジーム」に分類される国々では、社会保障給付の対象は低所得者に限定され、給付の水準は最低限のものとなる。個人主義の理念のもと、私的に福祉を購入するという市場主義であり、ミーンズテスト（資産調査）による残余的（経済的困窮者に限定した）給付が基本となっている。

　この対極にあるのが、「社会民主主義的福祉国家レジーム」である。強力で包括的な社会権が保障されたこのグループに属する国々では、福祉サービスはミーンズテストを必要としない普遍的給付であり、連帯の原理に基づく完全雇用を社会の目標としている。また、社会民主党による政権運営が政策に大きな影響をもたらしてきた。

　前述の2つの福祉国家レジームでは公費を主たる福祉財源としているのに対し、ヨーロッパ大陸を中心に、社会保険を財源とした社会保障を行う国々がある。これが「保守主義的福祉国家レジーム」の国々であり、社会保険原理を基礎とした社会保障制度をもつ。これらの国々では諸権利が労働市場への参加と結びついている。また、福祉供給は家族や地域コミュニティによるものが理想とされる傾向

にあり、福祉政策はキリスト教政党による政権やカトリシズムによる影響を受けている。

アメリカ、スウェーデン、ドイツの社会保障給付の規模を比較すると、表9－1のようになる。この表からは、スウェーデンは「高福祉高負担」であり、アメリカは「低福祉低負担」、ドイツはその両者の中間に位置することがわかる。

しかし福祉政策の比較研究では、社会保障給付の規模だけでなく、それぞれの国の社会保障がどのような原理原則に基づき、どのような理念のもとで、どのような方法で社会保障政策を実施しているかが重要となる。

本章では、諸外国における高齢者福祉の新しい動向をみる上で、「社会民主主

表9－1　OECD諸国における租税・社会保障負担、社会保障給付費および高齢化率（2007）

	租税・社会保障負担の対GDP比（％）	順位	社会保障給付費の対GDP比（％）	順位	高齢化率（％）	順位
デンマーク	48.7	1	26.1	5	15.5	15
スウェーデン	**48.3**	**2**	**27.3**	**2**	**17.4**	**5**
ベルギー	43.9	3	26.3	4	17.1	7
ノルウェー	43.6	4	20.8	12	14.6	16
イタリア	43.5	5	24.9	7	20.0	2
フランス	43.5	6	28.4	1	16.5	10
フィンランド	43.0	7	24.9	7	16.5	10
オーストリア	42.3	8	26.4	3	17.0	8
アイスランド	40.9	9	14.6	26	11.5	26
ハンガリー	39.5	10	23.1	8	16.1	13
オランダ	37.5	11	20.1	15	14.6	16
チェコ	37.4	12	18.8	17	14.5	18
スペイン	37.2	13	21.6	11	16.6	9
ルクセンブルク	36.5	14	20.6	13	14.0	19
ポルトガル	36.4	15	22.5	9	17.3	6
ドイツ	**36.2**	**16**	**25.2**	**6**	**19.9**	**3**
イギリス	36.1	17	20.5	14	16.0	14
ニュージーランド	35.7	18	18.4	20	12.5	24
ポーランド	34.9	19	20.0	16	13.4	20
カナダ	33.7	20	16.9	21	13.4	20
ギリシャ	32.0	21	21.3	10	18.6	4
アイルランド	30.8	22	16.3	22	10.8	27
オーストラリア	30.8	23	16.0	24	13.2	22
スロバキア	29.4	24	15.7	25	11.9	25
スイス	28.9	25	18.5	19	16.3	12
アメリカ	**28.3**	**26**	**16.2**	**23**	**12.6**	**23**
日本	**28.3**	**27**	**18.7**	**18**	**21.5**	**1**
韓国	26.5	28	7.5	29	9.9	28
トルコ	23.7	29	10.5	28	6.0	29
メキシコ	18.0	30	7.2	30	5.5	30
OECD諸国平均	35.8%		19.3%		14.2%	

出典）OECD (2009) Revenue Statistics 1965-2008.
　　　OECD (2010) OECD Social Expenditure Database (SOCX). http://www.oecd.org/els/social/depenses
　　　OECD (2010) OECD Factbook 2010: Economic, environmental and social statistics- Elderly Population.
※波線は平均の位置を示す。

義的福祉国家レジーム」の代表国としてスウェーデン、「保守主義的福祉国家レジーム」の代表国としてドイツ、「自由主義的福祉国家レジーム」の代表国としてアメリカを取り上げて、比較福祉国家研究の視点から、それぞれの国がもつ介護保障システムとサービス供給の現状を紹介し、整理していきたい。また、近年これらの国々が共通に抱える課題として、介護サービスの質の確保に向けた取り組みを紹介する。

第2節　スウェーデンの高齢者介護

1．スウェーデンの介護保障
　　──税財源を基盤とする普遍的・包括的な福祉

1）スウェーデンの介護システムの概要

　スウェーデンの人口は964万人、高齢化率は19％である（2013年）。スウェーデンの社会サービスは、ほぼすべて公費で賄われている。租税負担率（対GDP比）は50％（2009年）と世界的にみても高い水準である。この税財源を基盤として、高齢者介護をはじめ福祉全般のサービスが、普遍的また包括的に給付される点がスウェーデンの大きな特徴といえる。つまり、支援を必要とする国民すべてを対象として、必要とする介護やケアが幅広く提供されることとなっている。また、コミューンとよばれる全国に290ある基礎自治体（日本の市町村に相当）を核とするシステムで介護が保障される点も、スウェーデンの重要な特徴である。

　今日、介護が必要となった高齢者は、自立支援・自己決定の原則のもと公的なサポートを受けて一人暮らしができる。高齢者や障害者も社会一般の生活水準で普通に暮らすことが、権利として保障されているのである。子どもは18歳になれば親元を離れて自立するため、高齢者の子どもとの同居率は極めて低い。また、スウェーデンは女性の就労率が高い共働き社会であり、直接的な介護は基本的に行政責任で行われる。しかし、近親者（主として配偶者）は主に精神的支えとして大きな役割を果たしている。遠くに住む子どもも電話で頻繁に親とコンタクトを取っている。

2）基礎自治体を核とする介護システム

　スウェーデンにおける社会福祉の基本法は「社会サービス法」（1982年施行、2002年新法施行）である。高齢者、障害者、児童、薬物・アルコール依存症者などに対する福祉全般のサービスを規定し、全国統一の枠組みを定める法律である。1章1条で、「公的社会サービスは、民主主義と連帯の原則のもと、国民の経済的また社会的保障、生活条件の平等、社会生活への積極的参加の促進のために提供されなければならない……」と理念が掲げられる。また2章1条は、「各コ

図9-1 コミューンの分野別支出内訳（2012）

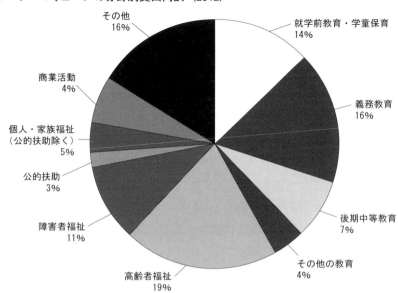

出典）Kostnader och intäkter för kommunerna 2012, Sveriges Kommuner och Landsting

ミューンは、地域内の住民が必要な援助を受けられるようその最終責任を負う」とコミューンの責任を明記している。

　高齢者介護システムにおける行政の役割分担は、国（政府）が理念や政策の策定、県が初期医療以外の保健医療を担当し、コミューンが高齢者に関わるそれ以外のサービスのほとんどを担当するかたちである。1992年のエーデル改革（高齢者医療福祉改革）で、かつて県にあたる広域自治体（ランスティング）の管轄だった訪問看護や長期療養もコミューンの管轄に移された。介護システムの実際的な運営、たとえば利用者料金の決定などはすべて各コミューンが行う。介護サービスのメニューや量も、各コミューンのニーズ判定員によるアセスメントで決定される。

　コミューンの中心的な役割は社会福祉と教育であり、それはコミューンの支出内訳（高齢者福祉19％、障害者福祉11％、個人・家族福祉5％、公的扶助3％）においても明らかである（2012年）（図9-1）。なお、コミューンの収入は、地方税67％（ほとんどが個人所得税）、国からの補助金18％、利用料金等6％、その他10％の構成（2012年）であり、財源をみてもコミューンの役割が大きいことがわかる。

3）スウェーデンの高齢者介護サービス

　高齢者介護サービスは、「在宅サービス」と「介護付き特別住宅」の大きく2つに分けられる。

　〇在宅サービス

　在宅サービスの柱はホームヘルプサービスである。ホームヘルプは、2012年時

図9－2　月あたりの利用時間別にみたホームヘルプ利用者の割合（2012年）（%）

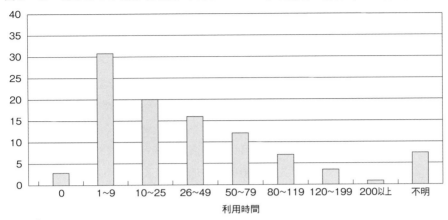

出典）Äldre –vård och omsorg den 1 oktober 2012, Socialstyrelsen

点で65歳以上の高齢者の９％（約16万４千人）が利用している。80歳以上に限れば利用率は24％であった。認定を受けた人のホームヘルプ利用時間（月あたり）は、１～９時間が31％、10～25時間が20％、26～49時間が16％と続き、１％弱だが200時間以上の利用者もいた（図9－2）。１日に複数回、ごく短時間の訪問を受ける場合も多い。

　ほかにも、訪問看護サービスをはじめ、多様なサービスが在宅生活を支えている。夜間は、ナイトパトロールという専属チームがホームヘルプと訪問看護に対応する。腕時計型などの緊急通報アラームをもつことも一般的である。また、移送サービスに力を入れているのも北欧諸国の特徴であり、公共交通機関が利用できない人は、バス料金程度の自己負担でコミューンから業務委託を受けたタクシー等を利用できる。ショートステイはリハビリや同居家族の負担軽減のため利用されており、デイサービスではリハビリや余暇活動が行われる。また、補助器具センターでは、車いすをはじめ多種多様な補助器具が、本人にあうように調整され無料で提供される。必要に応じて、住宅改修手当も支給される。主な在宅サービスの利用人数は、表9－2の通りである。

表9－2　主な在宅サービスの利用者数（2012年）

	65歳～ 人数（人）	80歳～ 人数（人）	65歳以上人口 に占める割合（%）
ホームヘルプ	163,600	118,700	9
緊急アラーム	163,200	125,400	9
デイサービス	10,700	6,900	0.6
ショートステイ	10,300	6,500	0.6
移送サービス	255,900	180,500	－

注）・移送サービスは、サービス利用の認定者数。
出典）Äldre –vård och omsorg den 1 Oktober 2012, Socialstyrelsen (2013) 及びFärdtjänst och riksfärdtjänst 2012, trafikanalys(2013)より吉岡作成

各種サービスの利用者負担はコミューンにより異なるが、所得に応じた応能負担であり、負担上限額（約２万６千円）および最低所得保障額が設定されている。収入から介護サービス利用料を差し引く場合でも、本人の手元に残されるのが「最低所得保障額」で、通常生活経費（食事、被服、日用品、医療、新聞、余暇や旅行等。独居在宅で約７万５千円）と住居実費の合計額である（金額は2013年）。
　比較的元気な高齢者は、「介護付き特別住宅」内のカフェテリアに行き、しっかりとした昼食を安価で楽しみつつ、近隣の高齢者と交流する姿もみられる。高齢者・介護者の集いの会も、近年増えており交流の場となっている。高齢者団体によるイベントやサークル活動へ積極的に参加する高齢者も多い。

○介護付き特別住宅

　通常の自宅ではなく、いわゆる施設に相当するのが「介護付き特別住宅」（サービスハウス、グループホームなどの総称）である。2012年の入居率は、65歳以上の高齢者の５％（約８万７千人）、80歳以上では14％であった。各入居者の専有部分は、１～２部屋と簡易キッチン、トイレ・シャワーを備える間取りがもっとも一般的である。私物の家具や荷物を持って小さなアパートに引っ越してくるような、できる限りの家庭的な環境がつくられている。入居者は、家賃、食費、介護・医療サービス利用料を支払う。近年では、介護付き特別住宅に入居しているのは、かなり介護度の高い高齢者が中心である。年齢があがるほど、入居率は大きく上昇しており、当然ながら在宅の場合のサービス利用率も同様である（図９－３）。介護付き特別住宅の数は減少傾向にあり、廃止された建物がシニア住宅等に改築されている。
　「介護付き特別住宅」と総称はされるが、従来の分類名ごとの説明を以下に簡単に加えることとする。「サービスハウス」とは、軽い介護を必要とする高齢者用のアパートが集まる集合住宅である。ホームヘルプステーション、デイサービスセンター、カフェテリア、美容室などが併設されることが多いが、入居者は基本的に身の回りのことを自分で行う。「老人ホーム」は、より重度の介護を必要

図９－３　年齢層別の「ケア付き特別住宅」および「ホームヘルプ」利用率（2012年）

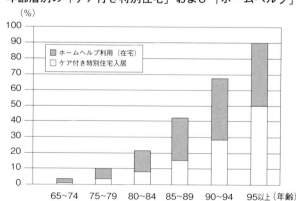

出典）Äldre -vård och omsorg 1 oktober 2012, Socialstyrelsen

とする高齢者が入居する。個室ではあるが、入居者は食堂で一緒に食事をする。「ナーシングホーム」は、より要介護度が高く医療を必要とする高齢者が入居している。「グループホーム」では、認知症高齢者10人前後が共同生活を送る。ケア付き住宅の建物の一部をグループホームとして利用するほか、介護付き特別住宅の特定のフロアを認知症高齢者専用としていることも多い。

　なお、比較的元気な高齢者が、ニーズ判定とは関係なく「シニア住宅」と呼ばれる高齢者用のアパートなどを自由に選んで居住している場合もある。

4）2000年代以降の動向

　コミューンが介護の財源と最終責任を有し、一元的にサービスを供給するのが、スウェーデンの基本的なシステムである。その土台の上で、1990年代頃以降、特に2000年代以降の高齢者介護には新動向も多々みられる。背景はさまざまだが、国内での経済不況や保守中道政権の誕生のほか、EU（スウェーデンは1995年に加盟）の規則や、諸外国の福祉改革も影響を与えている。後期高齢者の増加や、多文化の進行（外国にルーツをもつ人はスウェーデンの人口の19％〈2012年〉）といった人口構造の変化も背景にある。ここでは、新たな動向を3点にまとめて述べる。

　まず、高齢者介護サービスの供給における競争原理の導入である。1990年代以降、競争入札を経た民間委託や、利用者選択制度（利用者が事業者を自由に選択できる仕組み）の実施が進み、民間事業者の間で、またコミューンと民間事業者の間での競争が促されている。ただし今日も、財源と最終責任はコミューンにあり、ニーズ判定もコミューンが行う。実際のサービスの供給部分についてだけ、営利企業や非営利組織も運営主体となりうるかたちである。民間事業者による供給の割合は、毎年上昇している。全国の高齢者介護全体のうち民間による供給は、1990年に4％、2000年に9.5％、2012年に14％であった。この、いわゆる供給多元化は主に都市部で顕著だが、「自由選択法」（2008年）の施行もあり全国に拡大しつつある。

　2点目に、コミューンのニーズ判定が関係しないサービスの増加である。ホームヘルプの民間事業者はふつう、コミューンのニーズ判定と無関係の「追加サービス」（主に、庭の手入れや窓ふきなどの家事が中心）を独自に提供している。これを、通常のニーズ判定によるホームヘルプの利用者が追加的に（判定された時間を超えて）購入する場合もあれば、比較的元気な高齢者が自由に購入する場合もある。2007年には、このような市場における家事援助サービスの購入に対して税控除が認められることになった。

　また、67歳以上の高齢者への「（ニーズ判定不要の）お手伝いサービス」に関する法律が、2006年に定められた。各コミューンの裁量により違いも大きいが、基本的に無料かごく少額で、自宅で困っていることの手伝い（階段にある電球取り替え、地下倉庫の荷物運びなど）に来てもらえるサービスである。利用できるのは短

時間だが、事故やけがの予防が意図されている。

　3点目に、家族介護者への支援の拡大である。スウェーデンでも、家族が全く介護に携わっていないわけではない。特に1990年代終盤以降、介護している家族や近親者（例えば認知症の人と在宅で生活している配偶者）へも支援が必要という認識が高まった。家族介護者への支援は、家族介護の奨励ではなく、家族がともに暮らし続けるために不可欠という視点に立っている。社会サービス法にも家族支援の規定が盛り込まれ、介護者のレスパイトのためのホームヘルプやショートステイ、交流会、研修会などメニューが拡充されている。家族介護者への現金給付制度も以前からあるが、利用は非常に限定的である。

　以上のような動向があるが、アメリカでみられるような完全な市場化が起きているわけではない。限られた財源で、毎年拡大する介護ニーズに対応することはコミューンの大きな試練である。従来の介護サービスだけでは対処しきれない部分に対して、いま新たな対応が模索されているといえよう。

2．質の確保に向けて

　スウェーデンにおける介護サービスの質の保障は、高齢者を取り巻くさまざまな仕組みにより重層的になされている点が特徴的である。そして、事業者が多様化するなかで介護サービスの質をどう担保するかが、今日のスウェーデンにおける大きな課題の一つとなっている。以下、この重層性を4つの側面から整理する。

1）行政の役割：監査と評価、情報公開

　社会サービスが良質でなければならないこと、質は体系的また継続的に発展・保証されなければならないことが法に明記されている。つまり、サービスの質を管理することもコミューンの重要な責務である。コミューンは、ニーズ判定やサービス供給のさまざまな場面で、日常的に質の管理を行っている。当事者は、高齢者ケアの行政措置決定に不服があれば行政訴訟を起こすことが可能である。監査は県（レーン）が担っているが、ストックホルムなど独自に高齢者ケア査察官を設置してきた自治体もある。

　こうした従来の仕組みに加えて、近年新たな取り組みが目立っている。福祉を管轄する社会庁は2000年代後半から、高齢者ケアの比較調査（質、コスト、効果）と情報公開を強力に推進している。2008年には、「高齢者ガイド」というウェブサイトが開設された。このサイトでは、まずサービスのメニュー（ホームヘルプか特別住居）とコミューンを選択した上で、事業者や住宅ごとにさまざまな情報の収集と比較を、簡単に行うことができる。評価分野（利用者の参加度、職員配置数など。表9-3）ごとに情報が表示される。また社会庁は、全国的な利用者アンケートを2008年に初めて実施した。この報告書では、例えばホームヘルプで

表9-3　「高齢者ガイド」におけるサービスの質の評価分野

ホームヘルプ	特別住宅・ショートステイ
1．高齢者自身の参加と影響力 ・全利用者各々へのコンタクトパーソン提供の有無 ・ケアの実施プラン作成に高齢者自身が関わった割合 2．特別なニーズに対する支援 ・特別な事態（高齢者が呼び鈴に答えない、高齢者の状態が急変、高齢者に栄養状態悪化の疑いがある）における、対応責任者の明確化の有無 ・看護師によるホームヘルプ職員への指示についての明確な手順設定の有無	1．職員 平日の入居者一人あたりの職員数（介護職員、看護師、OT、PT）。週末の入居者一人あたりの職員数（看護師）。有資格者の割合（平日、週末） 2．高齢者自身の参加と影響力 全入居者が協議会（活動や食事等を話し合う定期的な場）に参加できる。全ての入居者にコンタクトパーソンが提供される。看護職員と確実にコンタクトがとれる。ケアの実施プラン作成に高齢者自身が関わった割合。 3．食事 推奨されている幅広い時間帯に食事が提供される。 4．活動、トレーニング 全入居者に最低週2回のグループ活動が提供される。住居の近くに運動訓練のための場所がある。全入居者が体力維持向上のためのトレーニングの機会をもつ。 5．医薬品 医薬品に関するチェック・見直しの実施割合

注）Äldreguiden 2013 ウェブサイトより吉岡作成

「たいていは同じ職員が来てくれますか？」という質問への回答など、詳細が公開されている。コミューン・ランスティング全国連合会も2006年以降、各種公的サービスのコストやサービスの質を評価・比較しており、各自治体が学びあい刺激しあうために大規模なレポートを発行している。

地方レベルでも、国レベルと同様の方向性がみられる。コミューンのウェブサイトで事業者に関する情報（多言語に対応できる職員がいるなど）を掲載したり、事業者ごとの利用者数を公表する取り組みが進められている。

このように、今日、介護の質についての徹底的な調査と評価、情報公開が進み定着しつつある。そこで明らかになった事実を基盤として、議論を進めようというスタンスである。ただし、単に形式的な意味で選択肢や情報が整ったのでは意味がないとの批判もある。結局は利用者にどう資することができるのかが、真剣に問われている。

2）当事者団体・家族：参加とアドボカシー

当事者団体は、あらかじめ政策決定過程に参画することで、ケアの質の向上や権利擁護に貢献している。会員40万人のPRO（全国年金生活者連盟）をはじめとする高齢者団体は、普段は余暇活動を中心とした活動を行っているが、大きな政治的影響力をもつ利益団体でもある。ほとんどのコミューンで設置されている高齢者評議会は、2か月に1度程度開かれる。これは、市内の高齢者団体代表と行政代表（社会福祉部長）および議会代表（社会福祉委員会委員長）が出席して、率直に意見を交換する場である。決定権はないが、高齢者施設建築計画といった個別の政策も議論される。介護付き特別住宅内に高齢者団体が事務所を得ている場合もあり、外部の目が入る機会になっている。

介護に携わる家族も団体を結成し、啓発活動を行っている。家族介護者支援は、当事者らの声を契機に大きく進展した分野であり、権利擁護やケアの質の向上において重要な役割を果たしている。

3）オンブズマン：高齢者の代弁者として

スウェーデンはオンブズマン発祥の地であり、その歴史は1809年の「議会オンブズマン」にさかのぼる。中立の立場から、苦情相談をはじめ問題解決に向けた情報提供などを行う役割で、国レベルでは例えば「差別禁止オンブズマン」がある。

1990年代後半には都市部のコミューンで「高齢者オンブズマン」が独自に設置され始め、今日その数は増えつつある。高齢者オンブズマンの顔写真と名前、電話連絡先を掲載したチラシでアピールする等の工夫がされている。そして毎年、報告書やインターネット上で相談の件数や内容を公開している。いずれのオンブズマンも、ボランティアではなく、行政により任命され正式に雇用されている。

4）介護職員：虐待通告義務

1999年より「サーラ条項」という「虐待に関する介護職員の通報義務」に関する条文が、社会サービス法に加えられた。この背景には、民間委託で運営されていたある高齢者施設内で起きた虐待を、副看護師サーラ・ヴェーグナットが内部告発し、国政をも動かす大きな社会問題となったという事件がある（サーラ事件）。弱い立場にある要介護高齢者の人権を守ることができるのは、一番身近な施設職員である。職員は解雇を恐れて発言しにくいが、スウェーデンでは、強い労働組合が内部告発による不当解雇から職員を守る役目を担っている。サーラ条項に強制力はないが、今日のスウェーデンにおける介護分野に広く浸透している。

加えて近年では、介護職員の能力向上のための教育・研修が強調されている。利用者のニーズは高まると同時に多様化も進んでおり、対応できる能力が職員に求められているのである。

3．まとめ

スウェーデンの介護保障の特徴は、主に以下の4点である。

第1に、税財源をもとに自治体の責任で介護サービスの提供が行われ、必要なサービスを受ける個人の権利が法律に明記されている。

第2に、政策決定過程の透明性が高く、介護付き特別住宅も開かれた存在である。さまざまな立場の人が関わりをもつことで、人権擁護や介護サービスの質の管理が日常的に行われている。

第3に、介護が社会化されている。高齢者の家族の役割は主に精神的な支えであり、家族介護者への支援の必要性が認識されている。

第4に、介護サービスの供給における多元化の進行に伴い、さまざまな評価手法と徹底的な情報公開を通じて、介護の質のチェックと向上の取り組みが進めら

れている。

　スウェーデンにおける基本的な介護保障のシステムを保ちつつ、拡大する介護のニーズとコストにいかに対応できるかが、熱く議論されている。現在も介護職員不足が課題であるうえに、今後多くの職員が定年退職を迎え、介護を必要とする世代が増すことになる。諸外国に比べて手厚い人員配置での小規模ケアが行われてきたが、職員不足によりケアの質の確保が困難になるのではとの懸念もある。法令やオンブズマン、当事者団体の力とともに、必要なケア・サービスを確保するための財源と人材が十分にあってはじめて、権利擁護やケアの質の維持が可能となることは、スウェーデンの例からも明らかである。今後、経済の急成長は望めない中で、いかに高齢者介護の量と質をともに確保するのか、さまざまな政策的取り組みと工夫が継続されている。

第3節　ドイツの高齢者介護

1．ドイツの介護保障──社会保険制度による連帯の仕組み

　ドイツの人口は8,200万人で、高齢化率は20.4％である（2008年）。ドイツの社会保障制度は、労使折半の社会保険料を主な財源としている。この点が、公費を財源とする北欧と大きく異なる。国民皆保険・皆年金ではなく、公的制度は民間被用者を中心にカバーする仕組みになっている。ドイツでは、日本のように社会保険に公費を投入していないこともあり、社会保険料は日本よりも高い水準となっている。収入に占める保険料の比率は、年金保険が19.9％、医療保険（全国平均）約14.9％、介護保険1.95％、雇用保険3.0％で、これを労使が折半している（2009年）。

　ドイツの社会保障制度は「補完性の原則」の上に成り立っている。「補完性の原則」とは、社会保障は国民の連帯によって成立するものであり、できるだけ国家の介入を避けようとするという考え方である。そのためドイツにおける社会保障制度では、公費で実施されるものは生活保護や障害者福祉などの限られた分野で、基本的には社会保険制度を中心として成り立っている。

1）ドイツの介護保険制度の概要

　ドイツでは、1994年の「ドイツ介護保険法」により、介護保険制度が段階的に導入された。1995年1月から保険料の徴収が始まり、同年4月から在宅給付、1996年7月から施設給付が開始された。

　2009年現在の介護保険料率は収入の1.95％（労使折半）である。3年ごとに各自治体が策定する介護保険事業計画に基づき保険料を見直す日本のシステムと異なり、ドイツでは2008年までの13年間、介護保険料率が1.7％に据え置かれてきた。

高齢化の進行とともに介護保険財政は厳しくなっているものの、保険料率はほぼ固定されたままで、国庫補助が一切行われていない点もドイツの特徴といえる。
　ドイツにおいて、介護保険によるサービス受給者は約237万人（在宅約163万人、施設約74万人〈2010年〉）である。給付には年齢制限がなく、65歳未満の障害者も介護保険の給付対象となっている。
　ドイツの介護保険制度における保険者は、介護金庫（Pflegekassen）である。この介護金庫は独立した機関であるが、介護保険制度の導入に伴い、医療保険の保険者である8つの疾病金庫（Krankenkassen）に新設された。8つの疾病金庫には、ドイツでもっとも大きな疾病金庫であるAOK（地域疾病金庫）をはじめ、BKK（企業疾病金庫）などがある。ドイツでは国民は基本的にいずれかの疾病金庫に加入しているが、疾病金庫の被保険者は自動的に自分が加入する疾病金庫に設置された介護金庫の被保険者となっている。
　各介護金庫は、メディカルサービス（MDK）を利用して、要介護認定を実施している。MDKは疾病金庫が共同で設置する州レベルの審査組織であるが、MDKに所属する専門職が被保険者に対して要介護度に関する審査を行う。介護金庫はMDKの審査結果に基づいて、要介護度を決定する。要介護度は基本的には3段階に分かれ、介護3は「特に重度のケース」の認定とされるケースも含む。それぞれの給付上限額は表9-4のとおりである。ドイツではこれまで給付額が据え置かれてきたが、2008年の改正により、給付額が増額された。給付額の範囲であれば、サービス利用についての自己負担はない。サービス事業者に支払われる介護報酬は、サービス事業者と介護金庫との交渉により決定される。
　ドイツの介護保険制度の大きな特徴は、在宅給付において「現金給付」（介護手当）か「現物給付」（サービス給付）が選べる点にある。また、現金給付と現物給付を組み合わせて利用することも可能である。図9-4は在宅給付受給者数の給付別推移を示すが、ドイツの在宅給付では103万人もの受給者が現金給付を選ん

表9-4　ドイツの介護保険制度における要介護度別給付上限額（2010年1月現在）

		介護度1	介護度2	介護度3	
					特に重度のケース
施設	施設給付（完全入所介護）	1,023ユーロ	1,279ユーロ	1,510ユーロ	1,825ユーロ
在宅	現物給付（サービス給付）	440ユーロ	1,040ユーロ	1,510ユーロ	1,918ユーロ
	現金給付（介護手当）	225ユーロ	430ユーロ	685ユーロ	
	認定の比率（2009年）	60.8%	30.3%	9.0%	

要介護1：「身体介護、栄養補給および移動の分野に関し、1ないし複数の分野の最低2つの活動について、最低毎日1回の援助を必要とすること。加えて週に何回かの家事援助を必要とすること」
要介護2：「身体介護、栄養補給および移動の分野に関し、異なった時間帯に最低毎日3回の援助を必要とすること。加えて週に何回かの家事援助も必要とすること」
要介護3：「身体介護、栄養補給および移動の分野に関し、夜間も含めて24時間体制の援助を必要とすること。加えて週に何回かの家事援助も必要とすること」
出典）Zahlen und Fakten zur Pflegeversicherung（05/10）（ドイツ連邦保健省ウェブサイト掲載）

図9-4 ドイツにおける在宅給付受給者数の推移（1995-2009）

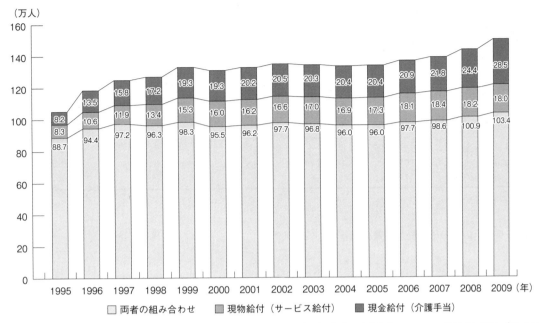

出典）Leistungsempfänger der sozialen Pflegeversicherung im Jahresdurchschnitt nach Leistungsarten 1995 bis 2009.（ドイツ連邦保健省ウェブサイト掲載）

でいる。サービス給付は、2000年以降に少しずつ伸びてきたものの、近年は横ばい状態である。一方で、現金給付とサービス給付を組み合わせる形態を選ぶ人が増える傾向にある。

　現金給付を受けて、在宅で介護をする介護者には労災も適用され、また介護金庫による保険料負担（金額はケースにより異なる）により年金に加入することができる。現金給付は、これまでは無償だった家庭内の介護労働を社会的に評価した点で大きな意味をもつ。

　表9-5は、基本給付以外の給付を示すが、介護者のための代替介護（レスパイトケア）、ショートステイ、デイサービスへの給付、補完給付がある。

　補完給付は、「介護給付補完法」（2002年）によるもので、要介護認定に見守りなどの要素が含まれていないことから認知症が適切に判定されないという批判への対応策として導入された。補完給付は、認知症高齢者等で見守りや常時ケアを必要とする人を介護する人の負担を軽減するために導入された追加給付で、ボランティアによる見守りへの助成、認知症高齢者の給付への上乗せ、要介護者や家族への助言や相談などに使われる。これ以外に、補助器具、住宅改修などの給付がある。

　図9-5は、その他サービスの受給者数の推移を示している。ショートステイ、デイサービス、代替介護の利用者は着実に増加している。介護保険導入当初と比べて、ショートステイの利用者は4,000人から1万7,000人に、デイサービス・ナ

表9-5 ドイツの介護保険制度におけるその他の給付（2010年1月現在）

給　付	内　容	介護度1	介護度2	介護度3
代替介護	在宅介護者が年4週間まで介護を離れて休暇をとれるようにするもの（年額）	225ユーロ（近親者）	430ユーロ（近親者）	685ユーロ（近親者）
		1,510ユーロ（他の人）		
ショートステイ	施設への短期入所（年額/年4週間まで）	1,510ユーロ		
部分介護（デイサービス、ナイトケア）	通所介護、夜間のホームヘルプ（月額）	440ユーロ	1,040ユーロ	1,510ユーロ
補完給付	認知症高齢者等、見守りを必要とするケースにおいて、在宅介護者の負担を軽減する（年額上限）	2,400ユーロ		

出典）Zahlen und Fakten zur Pflegeversicherung（05/10）（ドイツ連邦保健省ウェブサイト掲載）

図9-5 その他の給付受給者数の推移（1995-2009）

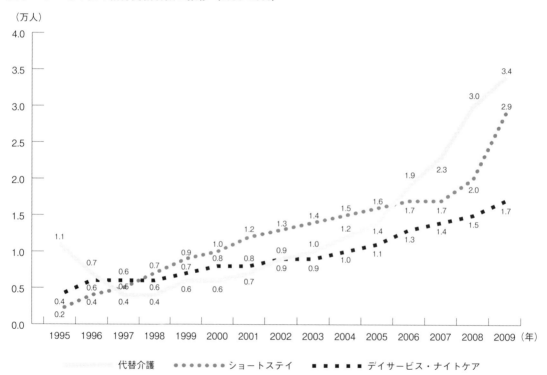

出典）Leistungsempfänger der sozialen Pflegeversicherung im Jahresdurchschnitt nach Leistungsarten 1995 bis 2009.（ドイツ連邦保健省ウェブサイト掲載）

イトケアの利用者は2,000人から2万9,000人に、代替介護の利用者は1万1,000人から3万4,000人に増加した（2009年）。しかし、日本に比べ、在宅サービスの利用者は少ない。

2）ドイツにおける介護サービス供給

ドイツでは介護保険の保険者は介護金庫であり、州単位に設置されている介護

金庫連盟と契約を結んだ事業者が、介護保険指定事業者となる。

　ドイツにおいては伝統的に、福祉6団体が福祉サービスの供給を担ってきた。プロテスタント系の「ディアコニー」、カトリック系の「カリタス」、ユダヤ系の「中央福祉会」、労働組合系の「労働者福祉会」、赤十字、無党派系の「パリテート」が、地域に施設や在宅サービス事務所をもち、福祉サービス供給の中心的な役割を果たしてきた。しかし90年代以降、特に介護保険法が施行されてからは、営利事業者の参入が増加した。

　図9－6はドイツにおける在宅サービス事業者の法人比率を示すが、営利団体の数が59.9％で約6割を占めるようになり、非営利団体（主に福祉6団体）は38.5％と少し減少傾向にある。公的機関による在宅サービスは限られている。在宅サービス事業者の事業所はソーシャルステーションとよばれ、ホームヘルパー派遣を中心に事業を実施しているが、配食サービスなどを行っている場合も多い。

　現金給付を受けている高齢者については、介護金庫から委託を受けたソーシャルステーションから介護職員が3か月に1度の定期訪問を実施している。これは、家族介護者を監視するというのではなく、あくまでも相談や助言を目的にしているという。

　介護保険対象となっている在宅サービス事業者は、全国で1万1,529か所（2007年）で、介護保険導入前の約4,200か所（1992年）に比べて急増した。部分介護（デイサービス、ナイトケア）と完全入所介護の施設数は1万1,029か所（2007年）である。

　図9－7はドイツにおける介護施設サービス事業者の法人比率を示す。介護施設とは介護保険法に基づいて介護金庫と契約を締結している施設を指す。介護施設を運営する事業者は非営利団体（主に福祉6団体）が55.1％を占めている。在宅

図9－6　ドイツにおける在宅サービス事業者の法人別比率

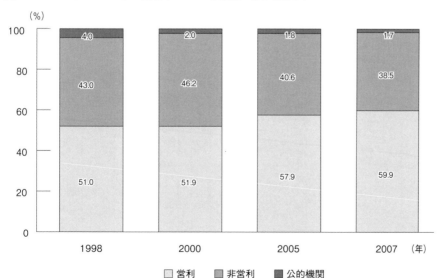

出典）Pflegestatistik 2007.（ドイツ連邦統計局ウェブサイト掲載）

図9－7　ドイツにおける施設サービス事業者の法人別比率

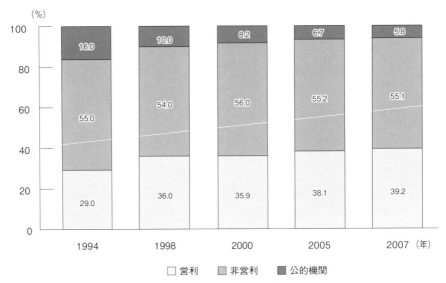

出典）Pflegestatistik 2007.（ドイツ連邦統計局ウェブサイト掲載）

サービス同様に、公的機関の直営施設は減少している。

　図9－8は、ドイツにおける介護保険給付総額の推移を施設給付と在宅給付に分けて示している。2009年の在宅給付総額は98億ユーロ、施設給付総額は96億ユーロとなっており、在宅給付総額が初めて、施設給付総額を追い越したことになる。

図9－8　ドイツにおける介護保険給付総額の推移

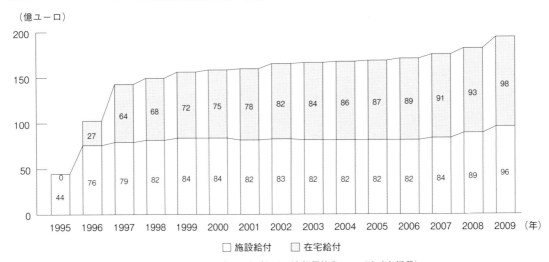

出典）Zahlen und Fakten zur Pflegeversicherung（05/10）（ドイツ連邦保健省ウェブサイト掲載）

2．質の確保に向けて

ドイツでは2002年より「介護の質保証法」が施行された。内容は大きく2つで、第1に、介護保険指定事業者に対して、品質の保証・検査等の導入を義務づけた。介護保険の指定事業者は事業者自身による自己評価システムを導入するとともに、外部評価も実施しなければならない。また、MDKが予告なしで施設へ立ち入ることが認められ、州ホーム監査局が実施する調査にMDKが参加することも可能となった。

第2に、州ホーム監査局との協働である。介護金庫、MDK、州ホーム監査局が協力して、介護サービスの質の確保を行うことが求められている。

また、施設サービス事業者は介護金庫との間で、介護サービスの内容、方法、必要な人員配置などの取り決めを行うが、利用者保護を目的に情報公開も求められている。

「障害者・高齢者のための施設における入居者の権利擁護に関する法律」（ホーム法。1974年制定、2002年改正）は、介護保険の指定事業者かどうかを問わず、施設を規制する法律である。「ホーム法」の改正では、施設入所者の自己決定を保障し、施設の自己責任を強化した。また、入居者の意見を代表する入居者委員会の強化、年1回の監査実施が記されている。

事業者にとりサービス提供に関する自己評価や外部評価をしっかりと実施することが、次年度の介護金庫との間で行われる介護報酬の交渉で大きな意味をもつ。一方、質の管理における州政府と介護金庫の役割については重複するところも多く、地域ごとに効果的で、効率的な方法が検討されている。

3．まとめ

日本との比較においてみられるドイツの介護保障の特徴を、以下の5点にまとめる。

まず第1に、ドイツの介護保障は、社会保険制度を軸とした社会的連帯の制度であり、公費の投入を前提としていない。労使交渉で保険料率が決められ、制度発足以来1.7％という保険料率は固定されてきた（2008年改正により、1.95％に増額）。

第2に、ドイツの介護保険制度は、介護費用についての保険であり、「部分保険」であることが強調されている。施設においても食費や施設設備費分（ハウジングコスト）などは自己負担であり、全体的にみて自己負担部分も大きい。

第3に、介護保険の保険者は8つの疾病金庫に設置される介護金庫であり、要介護認定や介護サービス事業者の指定も介護金庫の責任で行われ、介護報酬も介護金庫と事業者間で決定され、契約が結ばれる。

第4に、要介護者の7割以上が現金給付を選択している。家族介護者は要介護

者を通じて現金給付を受け、労災も適用され、また疾病金庫による保険料負担により年金に加入することができる。

　第5に、ドイツの介護保険制度では、障害者の生活支援における介護サービスの部分について介護保険の給付対象となっている。在宅で生活する障害者のほとんどが現金給付を受けている。

　介護保険による現金給付は、これまで無償だった家庭内の介護労働を社会的に評価したとして、ドイツでは大きく評価された。これは、介護労働を外部化しようとする北欧や日本の方向性と異なる。

　ドイツ連邦憲法裁判所は、介護保険制度において、子どもの養育を介護保険の保険料算定に考慮しないのは、基本法6条1項（婚姻と家族の保護）と3条1項（法の下の平等）に反しているという違憲判決を下した（2001年）。提訴したのは10人の子どもを育てる父親で、子どもを養育していない他の被保険者と同等に介護保険料負担を課されるのは不当だと主張した。社会保険制度は後の世代の存在を前提にしており、被保険者は保険料負担だけでなく、次世代の育成によっても制度を支えている。したがって、子どもを養育している被保険者に対しては、保険料負担の面で調整が要請されると、ドイツ連邦憲法裁判所は判断したのである。

　この違憲判決に基づき、子どものいない23歳以上の被保険者（1940年以前生まれを除く）の本人負担保険料を0.85％から1.1％に引き上げ、労使合わせて1.95％とする法律が成立し（2004年）、2005年1月より施行された。子育てや介護における家族の労力への期待が大きい点は、「保守主義的福祉国家レジーム」のドイツの特徴にみえる。

第4節　アメリカの高齢者介護

1．アメリカの介護保障
　　　──限定された公的保障と私的に購入する介護

　アメリカの総人口は3億700万人、高齢化率は12.9％である（2009年）。最近10年間をみても、高齢化率があまり変動していない点が、他の先進国と異なる。

　アメリカでは基本的に、介護サービスは私的に購入されるものであり、公的保障は極めて限定されている。介護保障としては、医療の一部として行われる介護サービス、たとえばナーシングホームや訪問看護の利用は一定期間のみ、メディケア（高齢者・障害者だけを対象にした公的医療保険。後述）の財源でカバーされる。メディケアは期限が決められており、期限が過ぎれば、介護サービスの利用は完全な自己負担となる。自己負担で資産を使い果たした場合、メディケイド（低所得者を対象とした医療扶助。後述）で介護サービスを利用することになる。

　介護保障における行政の役割をみると、アメリカの行政機関は低所得者向けサー

ビスを除き、介護サービスの生産と供給にはほとんど関与していない。介護サービス供給は基本的に市場に任されており、介護サービス供給に関する公的な事業計画もほとんどない。しかし1990年代以降、オンブズマン制度を始め、サービスの質改善に向けたいくつかの取り組みに力を入れている点は注目されている。

1）アメリカの介護保障の概要──メディケアとメディケイド

(1) メディケア（高齢者・障害者だけを対象とした公的医療保険）

メディケアは、1965年に創設され、65歳以上の高齢者や障害者の医療保障として、社会保障法のもとで運営されている。メディケアの財源は、現役世代による社会保障税、メディケア受給者が支払う保険料と連邦政府の一般会計からの支出で賄われている。現役世代は、事業主と折半の上、給与額の2.9％をメディケア税として負担している（2008年）。

メディケアは、疾病や負傷を対象とした医療保険制度なので、介護サービスへの給付は極めて限定的である。ナーシングホームでの介護サービスがメディケアの対象となる条件は、①継続して3日間以上病院に入院していたこと、②入院治療の対象であった疾病または負傷についての介護であること、③退院後30日以内であること、④医師が専門的な看護やリハビリを必要と認めていることなどの厳格な条件がある。以上のような条件を満たしていれば、退院後100日までのナーシングホーム入所の費用が保障されるが、現実にはナーシングホーム入居者の7割以上が半年以上の滞在となっており、極めて限定的な給付といえる。在宅サービスでは、メディケア指定事業者による訪問看護、訪問リハビリなどがメディケアでカバーされる。メディケアは救急医療を受けた後に回復の見込みがある患者を想定した制度であり、長期療養をカバーしていない（Raffel 1997）という見方もある。

(2) メディケイド（低所得者対象の医療扶助）

メディケイドは、低所得者を対象にした医療扶助制度であり、連邦政府と州政府が共同で運営している。連邦メディケア・メディケイド担当庁（Centers for Medicare and Medicaid Services：CMS）がガイドラインを設定しており、その中で、各州が独自のメディケイド・プログラムを提供している。

メディケイドの受給資格を得るためには所得や資産の調査を受ける。基準は州によって異なるが、カリフォルニア州の場合（2006年）、メディケイドによるナーシングホーム入所者は、本人の所有財産は2,000ドル以下、月35ドルまでの所持金が認められる。配偶者の資産や所得にも制限がある。持ち物についてもルールがあり、家と車は認められるが、結婚指輪等以外の宝石類、株式類の所持は一切認められない。このことは、メディケイドによるナーシングホーム入所者が、基本的に全財産を使い果たしていることを意味する。

メディケイド財政では、訪問看護とナーシングホームへの支出が総支出の約40％を占めており、高齢者看護・介護の分野での支出が増加している。ナーシングホーム入所者は、メディケアの保障期間が終わると、入所費用は自己負担となり、最終的に自己資産を使い果たし、メディケイド対象者となるケースがみられる。

2）アメリカにおける介護サービス供給

アメリカの高齢者住宅・施設は、表9－6のように分類される。

アメリカでは基本的に、高齢者住宅や施設の入所費用は利用者の自己負担である。アメリカの介護サービスは私的に購入することが基本で、その結果、サービス利用は費用負担能力に応じたものになる。ナーシングホームはメディケア・メディケイドの対象になるので、限定された期間、限定された対象者に限り、費用の給付を受けることができる。また、介護付き住宅や在宅サービスにもメディケアやメディケイドを適用する州がみられる。

表9－7（1）によると、ナーシングホームは全米で1万6,100か所あり、そのうち61.5％が営利企業による。教会やNPOが所有するものが全体の30.8％、政府が所有するものが7.7％となっている。ナーシングホームの87.6％がメディケイドおよびメディケア双方の指定を受けている。施設の規模は諸外国に比べて大きく、100～199床の施設が42.5％と最も多いが、200床以上の施設も6.2％存在する。また全体の52.4％の施設がチェーン組織に加盟している。

表9－7（2）によれば、ナーシングホームの平均滞在日数は835日（約2年3か月）、中央値は463日（約1年3か月）となっており、日本と比較しても短いという印象を受ける。メディケアだけの指定を受ける施設では3か月未満の利用者が全体の49.2％で約半数である。これに比べ、メディケイドのみの指定施設や無認可の施設では、やや長い滞在期間となっている。ナーシングホーム入所者のほとんどは約1年間で資産を使い果たしてしまう（Raffel 1997）という指摘があるように、限られた費用保障の期間が滞在期間に大きく影響している様子がうかがえる。

アメリカでは、在宅サービスの一般的な利用者は、サービス事業者と直接契約を結び、基本的には全額自己負担でサービス提供を受ける。表9－8は、あるNPOの在宅サービスのメニュー例である。

低所得者には郡や市が提供する在宅サービスがあり、要介護認定を行った上でサービス給付が受けられる。費用はメディケイドで賄われている。要介護高齢者にとってナーシングホーム以外の選択肢をつくるために、アメリカ政府は在宅サービスの利用拡大に力を入れ始めた。メディケアやメディケイドの条件を緩和して、在宅サービスにも適用しようという動きである。

「メディケイドウェイバー」（Medicaid home and community based service waiver：WAIVER）は、在宅サービスにメディケイドを拡大適用するものである。これは80年代から各州で始められているが、各州の判断でデイサービス、送迎サー

表9-6 アメリカにおける高齢者住宅・施設の分類

分類		名称	費用（月額）	メディケア・メディケイドの給付	特徴
高齢者用アパート		Retirement Community Independent Living Senior Housing 等	1,200～2,000ドル程度	×	自立生活が可能な（＝介護を必要としない）高齢者のためのアパート。施設によっては、食事、趣味・娯楽の活動、移送サービスなども提供される。100世帯程度の建物が一般的。州や連邦政府からの援助を受けている低所得者用のアパートもある。
介護付き住宅	介護付きアパート	Assisted Living 等	2,000～3,000ドル程度	×	介護を必要とする高齢者のための施設。個室か2人部屋で、3食の食事、入浴・トイレ介助などがついている。70～100世帯程度の建物が一般的。車いす利用は原則として認められないが、近年では車いす利用者や認知症高齢者の入居もみられる。
	レジデンシャルケア	Board and Care Residential Care 等	2,000～4,000ドル程度	×	入居者の要介護度は介護付きアパートと同じだが、一軒家を利用している。1単位が6人程なので、施設によっては性別、症状などの入居条件を出していることもある。
ナーシングホーム		Skilled Nursing Facility 等	4,000ドル～	○	看護師や医師が常駐しており、介護だけでなく、リハビリや医療行為が必要な高齢者のための施設。1施設あたり100床程度が一般的。ナーシングホーム入居資格基準に基づき、医師の判断によって入退院や期間が決まる。入居費用は高額だが、100日間まではメディケイドが適用される。
	（認知症専門病棟）	Dementia Unit Alzheimer Unit 等			の高齢者にはメディケイドが適用される。認知症専門病棟には安全上の配慮として監視カメラなどが設置されることもある。
終身介護付き施設		Continuing Care 等	2,000ドル程度（入居時に50万ドル程度が必要）	×	上記の機能がすべて備わっている総合施設。入居時には健康で、経済的に支払能力があることが必要。レストラン、趣味・娯楽活動なども完備。入居時に50万ドル程度の入居金が必要なものがほとんどで、大規模なものが多い。終身介護という点で人気が高い。200～300世帯用のものが多い。

出典）現地調査（2002年）をもとに作成。また州や地域によって、メディケア・メディケイドの給付対象や分類は異なる。

第9章 諸外国にみる高齢者福祉の新しい動向 247

表9-7 (1)　全米におけるナーシングホーム数（法人形態別、認可状況別、規模別）

		施設 (件)	施設 (%)	ベッド（床）	利用者（人）
合計		16,100	100.0	1,730,000	1,492,200
法人形態別	営利法人	9,900	61.5	1,074,200	918,000
	NPO	5,000	30.8	503,600	440,300
	政府系等	1,200	7.7	152,200	133,900
認可の状況	認可有	15,800	98.5	1,708,900	1,475,600
	メディケア指定	700	4.1	33,100	28,100
	メディケイド指定	1,100	6.9	76,200	67,900
	双方の指定	14,100	87.6	1,599,600	1,379,700
施設の規模（ベッド数）	50床未満	2,200	13.9	75,800	62,200
	50～99床	6,000	37.3	454,700	422,600
	100～199床	6,800	42.5	903,100	788,500
	200床以上	1,000	6.2	296,400	218,900
チェーン加盟	チェーンに加盟	8,700	52.4	939,400	812,500
	単独	7,400	45.8	790,600	679,700

出所）"Table 1. Number and percent distribution of nursing homes by selected facility characteristics, according to number of beds, bed per nursing home, current residents, and occupancy rate: United States, 2004". 2004 National Nursing Home Survey, Residents, table 13. Centers for Disease Control and Prevention: CDC. より作成。

ビス、ホームヘルプの費用補償について、メディケイドを財源に行うものである。

「ペイスプログラム」（programs of all inclusive care for the elderly：PACE）は、高齢者向け包括ケアプログラムである。ナーシングホーム入所資格をもつ要介護高齢者が、在宅で生活を送ることができるように、医療と介護サービスをパッケージで提供する。医療にはナーシングホーム入所、緊急医療、手術なども含まれており、事業者への報酬は定額となっている。メディケア・メディケイド対象者が利用者の大多数を占めるが、民間医療保険や自己負担での利用も若干、増えている。「ペイスプログラム」の起源は、サンフランシスコ市内のオンロック地区にあるNPOオンロックシニアヘルスセンターの事業である。オンロック地区は、中国系アメリカ人が多く住む人口密集地域である。70年代終盤頃からすでに、この地域では要介護高齢者がナーシングホームへ入所せずに地域で住み続けられるように、同NPOがデイケアを中心とした在宅サービスの提供を行ってきた。「ペイスプログラム」は約3割の州で、メディケアあるいはメディケイドの特例として実施されていたが（2001年）、2009年発行の連邦議会宛報告書[18]によれば、2008年11月現在では18州で実施されており、少しずつ普及している。

「メディケイドウェイバー」「ペイスプログラム」にみられるように、メディケアやメディケイドの適用範囲を在宅サービスに広げつつ、在宅サービスを拡充し

表9-7 (2) 全米におけるナーシングホーム利用者の平均滞在日数 (2004)

			全利用者数(人)	滞在日数別利用者割合 (%)						滞在日数(平均)	滞在日数(中央値)
				3か月未満	3か月〜6か月未満	6か月〜1年未満	1年〜3年未満	3年〜5年未満	5年以上		
全利用者			1,492,200	20.0	9.8	14.3	30.3	13.6	12.0	835日	463日
法人形態別	営利法人		918,000	21.5	10.2	14.2	29.7	13.3	11.1	788日	431日
	NPO政府系		574,200	17.5	9.1	14.6	31.1	14.2	13.5	911日	515日
認可および指定の有無	認可施設全体		1,475,600	20.1	9.8	14.3	30.3	13.6	11.9	831日	461日
	メディケアのみ指定		28,100	49.2	-	-	17.9	-	-	455日	97日
	メディケイドのみ指定		67,900	11.6	9.7	14.4	31.3	18.1	14.9	1,083日	653日
	双方の指定		1,379,700	19.9	9.9	14.4	30.5	13.5	11.8	826日	461日
無認可無指定			16,600	-	-	14.3	27.3	-	24.6	1,200日	676日

出所)"Table 13. Number and percent distribution of nursing home residents by length of time since admission (in days) and mean and median length of time according to selected facility characteristics: United States, 2004." 2004 National Nursing Home Survey, Residents, table 13). より作成。

表9-8　福祉NPOが提供する在宅サービスの例

介護付き住宅 Residential Care/Respite	定員19人（＋レスパイトケア2人）。入居条件は、介護を必要とする60歳以上の高齢者で、歩行が可能であること。医療を伴わない24時間の介護体制がある。	入所費は、月額1,870～2,530ドル レスパイトケア（ショートステイ）は1日85ドル
デイサービス Adult Social Day Care Service	定員15人。利用者は55歳以上で、要介護認定により必要とされた人。月～金までの朝9時から17時まで、血圧測定などの健康管理と各種レクリエーションが揃っている。	1回7～30ドル
ランチ会食プログラム Congregate Nutrition Program	365日無休で、地域の高齢者に昼食を提供。60歳以上の高齢者とその配偶者、60歳未満の障害者で高齢者と同居している人、60歳未満でもボランティアをしている人等の利用が可能。ランチは1日2回に分けて、350食が用意される。	先着順で、1食1ドル25セント
ランチ宅配プログラム Home Delivered Meals Program	ランチを自宅に届けるサービス。60歳以上で身体的あるいは精神的な理由で、外出ができず、食事の支度ができない人など。	1食1ドル25セント
ホームヘルパーの登録と紹介 Home Care Registry	利用者は60歳以上であり、市内または郡内に住んでいること。家事援助から身体介護までのサービスが可能。	サービス内容により、1時間9～15ドル（ただし、本人とヘルパーの直接契約による）
送迎サービス Transport	市の障害者送迎サービスの利用資格がある人、公共交通機関を1人で利用できない人など。	片道25セント
ソーシャルワーカーによる相談や情報提供	サービス内容は、情報提供と照会、通訳や翻訳、家庭や病院への訪問、病院への付き添い、高齢者の生活に関する相談、高齢者同士の交流会の開催などである。利用者は市・郡内の居住者の高齢者およびその家族となっている。平日の9時から5時までの受付で、無料で利用できる。	無料

※年間予算は150万ドルで、うち80％が政府からの補助金等、20％が寄付や利用者負担による。特に食事サービスは農務省、ソーシャルワーカー等は郡高齢者局を通じて公費補助を受けている。
出典）現地でのヒアリング調査（2001年）等により作成。

ていこうとする動きがある。しかし、メディケイドは低所得者、メディケアは厳格な規定によるナーシングホーム入所資格者のみを対象としており、介護サービスの公費による財政規模が限定されてしまう。そのため、在宅サービスの量的拡大は現実的に難しい面もある。

2．質の確保に向けて

1）公的機関による取り組み——監査と抜き打ち調査

連邦政府の報告では、連邦法や州法を完全に遵守しているナーシングホームは全米平均でも3件に1件程度であるという。メディケイドなどの公的費用が抑制される中で、事業者は人件費削減に努めようとする。その結果、職員数が減らされたり、介護職員のレベルが低下することが、ナーシングホームにおける虐待増

加の要因となっている。介護サービス、特にナーシングホームの質の確保は、連邦政府の高齢者政策の重要方針の一つにも掲げられている。

アメリカでは、各州の医療福祉省が介護サービス事業者の認可、メディケア・メディケイド事業者の指定を行っており、メディケア・メディケイド対象施設の監査で入所者への虐待が発覚した場合、その事業者には罰金が科せられる。法律では、州による監査は1年に最低1回実施されることになっており、入居者などから苦情があった場合は、その場で対応することになっている。しかし、罰金を支払うことを前提に事業計画や予算を立てているナーシングホーム事業者も多く、行政監査や罰金による虐待抑止効果を疑問視する声も多い。

カリフォルニア州のナーシングホームは全米の中でも劣悪な状態にあり、連邦政府会計監査院（GAO）の調査（1998年）では、カリフォルニア州にあるナーシングホームの3分の1に、入居者の生命に危険が及ぶような深刻な問題があることが報告された。連邦議会調査委員会が実施した調査（1999年）でも同様の報告がなされたが、このような状況の中で、カリフォルニア州では、司法長官室がナーシングホームの虐待防止対策を実施するようになった。司法長官室高齢者虐待防止局がナーシングホームの抜き打ち調査も行い、入居者への虐待を行った事業者を刑事事件や民事事件として告発する。不適切な運営状況のナーシングホームに対しては、州法や連邦法に基づく改善勧告を行い、その勧告に従わなければ告訴する。

司法長官室でナーシングホームの入居者虐待を担当する課は三部門に分かれ、①暴力犯罪取り締まり：ナーシングホームで働く看護師、医師、清掃員などの職員が暴力、窃盗、搾取など、入居者に危害を加えているケースを告発する、②ナーシングホームの取り締まり：サービス水準が劣悪な施設を告発する、③「後見人作戦」（Operation Guardian＝ナーシングホームの抜き打ち調査）：連邦政府、州政府、地域の関係機関と連携して、ナーシングホームの抜き打ち調査を行う。

特に「後見人作戦」は注目されており、抜き打ち調査で告発した実例として、ロサンゼルスのナーシングホームで起きた横領事件がある。被害者は、90歳の入居者で、ナチスドイツの強制収容所に収容された経験があり、毎月ドイツ政府から補償金を受け取っていた。ナーシングホーム経営者がこの補償金を横領していたのである。また、入居者の身体にできた褥瘡をみつけ、民事事件として告発した例もある。この褥瘡は重症で、腰の部分に大きな穴があき、骨がみえていた。また、下半身全体にお湯をかけられたような火傷もあった。カリフォルニア州司法長官室では、2000年には50か所のナーシングホームで抜き打ち調査を実施しており、抜き打ち調査を増やしていく方向である。

2）民間団体による取り組み ── 第三者評価、オンブズマン等

ナーシングホームの質を改善するために、NPOの力強い活動がみられるのも

アメリカの特徴である。たとえば、NPOナーシングホーム改革連合（California Advocates for Nursing Home Reform：CANHR）では、州医療福祉省が行ったナーシングホーム監査結果をまとめ、ウェブサイト上で劣悪ナーシングホームを公表している。また同NPOでは、電話相談を受け、ナーシングホームでの虐待問題について訴訟を起こしていく方策などをアドバイスする。州政府や連邦政府に対しても、ナーシングホームの質を改善するためにさまざまな働きかけを行っており、行政機関からも一目置かれている組織である。市民団体は行政のように強制力はもたないが、同NPOはナーシングホームでの虐待問題を社会問題として顕在化させ、メディアの注目を集め、その問題に光をあててきた。その結果、連邦政府や州の高齢者政策に大きな影響を与えている。

医療や介護サービスの第三者評価機関に医療保健機関評価機構（the Joint Commission on Accreditation of Healthcare Organizations：JCAHO）がある。医療・看護・介護の専門家が作成した詳細な評価基準に基づき、教育を受けた調査員が事業評価を行い、各事業者が自らサービスの質の向上に努める手段として利用されている。

JCAHO等の第三者評価機関による評価を医療機関の認可基準とする（みなし指定）州もあることから、全米の医療機関の約82%（2010年）が利用している。しかし、介護サービスの分野では、みなし指定の制度などがないこともあり、ナーシングホーム事業者によるJCAHOの利用率は全米で1000件程度（2010年）にとどまっている。第三者評価機関から高い評価を得ることは、ナーシングホーム事業者にとって民間の保険会社との間で損害賠償保険の契約が結びやすいという利点があるが、評価の受診は義務ではないため、ナーシングホーム事業者の利用率を上げるのは難しいようである。

連邦政府による重要政策の一つに、高齢者介護オンブズマンの設置がある。高齢者介護オンブズマンの設置は連邦法で規定されている一方で、運営などの詳細は各州の州法により定められている。カリフォルニア州の場合、州都サクラメントに州オンブズマン事務所があり、各郡（あるいは市）のオンブズマン事務所を監督する。困難ケースへの対応や州高齢者福祉局との連絡、また現場で活動するボランティアオンブズマン研修プログラムも作成する。州オンブズマンは、大学卒業以上で、福祉分野あるいは司法分野での職業経験、組織マネジメントの経験を有することが条件となる。さらに、過去3年間にわたり州オンブズマンとその家族はナーシングホームなどから金銭的な利益を受けていないことなども条件となる。

カリフォルニア州では、州内57地域（主に郡単位）にオンブズマン事務所が設置されており、NPOが州から委託を受け活動を実施している。オンブズマン事務所で実働するボランティアオンブズマンは6週間（計36時間）の研修を受けることが条件で、研修の修了者は州からボランティアオンブズマンの認証を受け、活動を

行う。オンブズマンは、連邦法、州法により、朝7時から夜10時まで事前予告なしで、いつでもどの施設でも訪問できる。ボランティアオンブズマンの活動は、施設の風通しをよくする上で期待される。

一方で、オンブズマン事務所の活動は連邦政府および州からの助成金で賄われているが、団体独自の収入も必要としており、資金不足は常に課題となっている。また、すべての施設を定期的に訪問できるほどのオンブズマンの数がいないため、州によっては1年に1回の訪問も行えていない施設もある。

3．まとめ

日本との比較において、アメリカの介護保障を以下、6つの特徴にまとめる。

第1に、介護保障の給付が極めて限定されている。また、長期の介護に対応していないので、介護が長期化すると、高齢者が生活困窮者としてメディケイドの対象になることが多い。

第2に、介護サービスは私的に購入する仕組みになっており、介護サービスの利用は費用負担能力に応じたものになる。また、介護サービス供給は民間事業者によって行われており、特にナーシングホームでは営利企業のシェアが大きい。

第3に、ナーシングホームの改善策として、施設でない選択肢を増やすこと、つまり在宅サービスの充実に力を入れ始めている。「メディケイドウェイバー」など、メディケアやメディケイドを在宅サービスに適用する州が増えている。しかし、アメリカの介護保障であるメディケアとメディケイドはもともと給付量や給付対象者が最小限に抑えられていることもあり、サービス利用の拡大にさほど結びついていない。

第4に、アメリカでは、要介護高齢者や介護する家族を、介護サービスの"消費者"ととらえている。そのために、介護サービス市場において消費者保護の立場に立った取り組み、たとえば消費者の権利擁護や情報公開、情報提供などに積極的である。

第5に、介護サービスの質の確保において、ナーシングホームでの虐待の増加は深刻である。州政府の監査などの公的施策にあまり効果がみられない。施設内虐待の問題は、訴訟で解決しようとする傾向がある。

第6に、専門家による第三者評価機関、ナーシングホームの改善を目指す市民運動などのNPOによる取り組みが活発で、特にNPOは介護サービスの質の確保や改善に向けて、一定の役割を担っている。

4．おわりに

　介護サービスの準市場化は、90年代以降に各国に共通にみられる現象である。準市場化の目的の一つは、介護サービス市場において多様な事業者が競争することにより、サービスの質の向上を期待するものである。しかし、その一方では、競争の行き過ぎにより、介護サービスの質が損なわれる危険性も伴う。もともと介護サービスが完全な市場原理で供給されているアメリカを含め、介護サービスの質の確保と向上は各国共通の課題となっている。

　本章で取り上げた3国は、介護サービスの質の確保という共通のテーマをもちながらも、それぞれの国の介護保障の特徴に基づいて、異なる取り組みを行っている点が興味深い。スウェーデンでは、基礎自治体であるコミューンを中心に、重層的な質の管理を行っている。ドイツでは、質の管理に関する法律を新たに定め、介護サービスの質の確保における保険者責任を強化している。アメリカでは、営利企業のサービス供給シェアが極めて大きいが、従来の公的な監査ではもはや効果が期待できず、司法長官室による抜き打ち調査などを導入し、民事訴訟・刑事訴訟による司法的解決に力を入れようとしている。また、民間団体との連携は興味深い。

　日本の介護保障はどの方向に向かっているのだろうか。90年代の日本の介護政策の中核である「高齢者保健福祉推進十か年戦略」（ゴールドプラン）では、中学校区単位の福祉エリアを想定しており、スウェーデンの包括的な地域福祉モデルを連想する。またゴールドプランは、「地方分権の試金石」ともいわれたほどに市町村の役割が強化された点でも、スウェーデンの介護保障のかたちに近い。

　一方、2000年に導入された介護保険制度は、介護サービスの財源調達を社会保険方式としており、この点はドイツから学んでいる。さらに介護保険制度では、営利法人を含む民間事業者の介護サービス市場への参入に期待しており、その意味ではアメリカのシルバービジネス、市場解決路線を彷彿させるものがある。

　比較福祉国家研究では、介護保障を含め、日本がどの福祉国家レジームに属しているのかについては意見が分かれる。高齢化の時期が他の先進諸国に比べて遅く、社会保障制度の整備が後発であった日本では、複数の国の施策を混合しながら、現在の介護保障の仕組みを構築してきたためでもある。日本の介護政策の方向性を点検するとき、また新たな政策を考えるとき、国際比較は重要な示唆を与えてくれる。

　本章では3つの国の介護保障を比較の視点から取り上げたが、その分、制度に関する詳細な情報については不十分である。各国の情報に詳しい文献をさらに参考にしてほしい。

【参考文献・資料】
（1）Esping-Andersen, Gøsta, *The Three Worlds of Welfare Capitalism,* Cambridge, Polity Press, 1990.（岡沢憲芙・宮本太郎監訳『福祉資本主義の三つの世界——比較福祉国家の理論と動態』ミネルヴァ書房、2001年）
（2）Esping-Andersen, Gøsta (ed.), *Welfare States in Transition. National Adaptations in Global Economies,* London, Sage Publications, 1996.
（3）Esping-Andersen, Gøsta, *Social Foundations of Postindustrial Economies,* Oxford, Oxford University Press, 1999.
（4）藤井威『スウェーデン・スペシャルⅠ』新評論、2002年。
（5）藤田伍一・塩野谷祐一編『先進国の社会保障7．アメリカ』東京大学出版会、1999年。
（6）古瀬徹・塩野谷祐一編『先進国の社会保障4．ドイツ』東京大学出版会、1999年。
（7）久塚純一・岡沢憲芙編『世界の福祉——その理念と具体化』早稲田大学出版部、2001年。
（8）伊原和人「第3章アメリカの高齢者介護」（住居広士編『アメリカ社会保障の光と陰——マネジドケアから介護まで』大学教育出版、2000年）
（9）井上誠一『高福祉・高負担国家スウェーデンの分析——21世紀型社会保障のヒント』中央法規出版、2003年。
（10）松本勝明「海外研究　ドイツ介護保険法の施行状況——その評価と今後の課題（上）（中）（下）」（『週間社会保障』No.2156、2001年10月）
（11）丸尾直美・塩野谷祐一編『先進国の社会保障5．スウェーデン』東京大学出版会、1999年。
（12）宮本太郎『福祉国家という戦略』法律文化社、2000年。
（13）本沢巳代子『公的介護保険——ドイツの先例に学ぶ』日本評論社、1996年。
（14）仲村優一・一番ケ瀬康子編『世界の社会福祉①スウェーデン・フィンランド』旬報社、1998年。
（15）仲村優一・一番ケ瀬康子編『世界の社会福祉⑧ドイツ・オランダ』旬報社、2000年。
（16）仲村優一・一番ケ瀬康子編『世界の社会福祉⑨アメリカ・カナダ』旬報社、2000年。
（17）Nätverk för kvalitet, *Nätverk för kvalitet Äldreomsorg i samverkan: Erfarenheter från ett unikt utvecklingsprojekt mellan Karlshamn, Oskarhamn, Växjö och Älvsbyn,* Oskarshamn, Qpress AB, 2000.
（18）O. Leavitt, Michael. Secretary of Health and Human Services. *Interim report to congress. The Quality and cost of the program of all-inclusive care for the elderly (PACE).* 2009.
（19）岡沢憲芙『スウェーデンの挑戦』岩波新書、1994年。
（20）奥村義孝『新スウェーデンの高齢者福祉最前線』筒井書房、2000年。
（21）Raffel, Marshall W. (ed.), *Health care and reform in industrialized countries.* Pennsylvania, The Pennsylvania State University Press, 1997.
（22）斉藤弥生「スウェーデンにおける障害者の権利擁護とオンブズマン」（福祉オンブズマン研究会編『福祉オンブズマン——新しい時代の権利擁護』中央法規出版、2000年）。
（23）斉藤弥生・山井和則「高齢者・障害者福祉」（岡沢憲芙・宮本太郎編『スウェーデンハンドブック第2版』早稲田大学出版部、2004年）。
（24）斉藤弥生「第6章　高齢者の生活を支える」（岡澤憲芙・中間真一『スウェーデン　自律社会を生きる人びと』早稲田大学出版部、2006年）。
（25）SCB, Tabeller över sveriges befolkning 2009, 2010
（26）渋谷博史・渡瀬義男・樋口均編『アメリカの福祉国家システム——市場主義型レジームの理念と構造』東京大学出版会、2003年。
（27）Socialstyrelsen "Öppna jämförelser inom vården och omsorgen om äldre 2008 – verksamhetens kvalitet" 2009
（28）Socialstyrelsen " Äldre- vård och omsorg den 30 juni 2008" 2009
（29）Socialstyrelsen " Lägesrapport 2010" 2010
（30）Socialstyrelsen " Din rätt till vård och omsorg –en vägvisare för äldre" 2010
（31）Socialstyrelsen " Öppna jämförelser av vård och omsorg om äldre 2007-2009" 2010
（32）須田俊孝「ドイツ介護保険の動向」（健康保険組合連合会・社会保障研究室『けんぽれん海外情報』No.63、2004年）。
（33）Sveriges Kommuner och Landsting(=SKL) " Kommunernas kostnader och intäkter" www.skl.se（2010.10.15アクセス）
（34）Sveriges Kommuner och Landsting(=SKL) " Developments in Elderly Policy in Sweden"

2009
(35) Sveriges Kommuner och Landsting ”Öppna jämförelser 2009 –vård och omsorg om äldre" 2009
(36) 高島昌二『スウェーデンの社会福祉』ミネルヴァ書房、2001年。
(37) 財務省「国民負担率の内訳の国際比較」http://www.mof.go.jp/jouhou/syuzei/sirou/020.htm（2010.10.15アクセス）

【参考ウェブサイト】
・コミューン・ランスティング全国連合会（http://www.skl.se）
・高齢者ガイド（Äldreguiden）（http://aldreguiden.socialstyrelsen.se）
・スウェーデン社会庁（http://www.sosialstyrelsen.se）
・スウェーデン統計局（http://www.scb.se）
・財務省（www.mof.go.jp）
・ドイツ連邦保健社会省（http://www.bmgs.bund.de）
・ドイツ連邦統計局（http://www.destatis.de）
・アメリカ合衆国連邦医療保健省（http://www.hhs.gov）
・アメリカ合衆国連邦メディケア・メディケイド担当庁（http://www.cms.hhs.gov）
・アメリカ合衆国連邦高齢者局（http://www.aoa.gov）

第10章 高齢者に対する相談援助活動

　高齢期を生きる人々のさまざまな状況と、それをサポートする専門職の役割を考える。相談援助活動は自宅や施設、病院などさまざまな場面で展開されている。相談援助を担う福祉専門職は福祉事務所のケースワーカー、病院の相談員、地域包括支援センターの社会福祉士、デイサービスや特別養護老人ホーム等の施設の生活相談員、介護支援専門員（ケアマネジャー）、訪問介護員（ホームヘルパー）などがいる。彼らは、医師・歯科医師、薬剤師や看護師・保健師、理学療法士（PT）、作業療法士（OT）などの医療関係者と連携しながら相談援助活動を行っている。そのいくつかの様子を紹介しながら、援助の方法について考えていく。

第1節　相談援助活動とは

1．相談援助活動の前提として
　　　——高齢者に対する援助者としての視点

　相談援助活動を開始するにあたって、高齢者をどのように理解するかが重要である。その理解のための視点について示しておく。

(1) 高齢者を主体的に生きる人ととらえる
　高齢者はどのような状況におかれても自分の存在を確認しながら生きている。家族や周囲の者に依存する存在、弱い存在ととらえられがちであるが、主体的に生きる人ととらえ援助することが大切である。

(2) 変化する可能性のある存在と考える
　高齢者は、今までの考え方に固執しがちであり、身体的には衰退の一途をたどり、よくなることがないと考えられがちである。しかし、適切な援助や環境が提供されると変化する可能性がある。その可能性を信じた援助計画を立てることが必要である。固定的な高齢者観をもっていないか考える必要がある。

(3) 援助する援助される関係に配慮を

援助者よりも、人生の経験を多く積み重ねている人への相談援助活動である。敬意をもって、高齢者が尊厳をもち続けられるように援助を行うよう、心がけることが大切である。

(4) 家族への思いを大切にする

高齢者にとって家や家族に対する思いは、現役世代や若者のそれよりも強いと思われる。家族との関係性を大切にした援助が必要である。

(5) 人生の最終章への援助

高齢期は人生の最終章である。納得した生き方をしたい、人生でし残したことをして死にたいと考えている人もいる。高齢者は死を身近に感じて生きている。その最後の時期を大切に過ごす、納得した生き方を援助することが専門職の課題であろう。つまり、ターミナルケアも視野に入れた援助計画を立てることが必要になる。専門職個人の死生観が問われることにもなる。

(6) 援助専門職としての限界を知る

上記のようなことを理解して援助を行う場合、一人の援助職だけでは実行は困難である。援助者としての自分の能力や役割の限界を理解することが必要である。当事者や家族、あるいは他の専門職と連携・協働することが大切である。

2. 高齢者への相談援助活動の視点

高齢者を援助するために一人ひとりの高齢者を理解し、アセスメントをする必要がある。

まず、①高齢者が育った時代、活動してきた時代を知ること。つまり高齢者が生きてきた時代背景に対する理解が必要である。次に、②その時代の価値観を知ることが大事である。高齢者の価値観は戦前の教育、教育勅語や修身の教育に影響されていることが多い。親、家族を大事にする、物を大切にする、倹約が美徳と考えている。そして、③一人ひとりの高齢者の経験を知ること。現在の高齢者の多くが戦争を体験し、物のない時代を経験している世代であり、我慢することは当たり前と考えている。最後に、④一人ひとりの高齢者の家族への思いを理解することが必要である。

このように高齢者の生きてきた時代背景や生活歴などを把握し、援助に生かすことが必要である。さらに、高齢者への相談援助活動の際に配慮するべき視点は、以下のとおりである。

(1) 思いやニーズを把握する努力をする

高齢者は自分の意見や意思を表明することが少ない。「何かしたいことはないですか」と問うと、家族や周囲の者に遠慮して「何でも結構です」という返事が返ってくる。高齢者の表情や家族からの情報など、さまざまな情報から高齢者自身の思いやニーズを把握する必要がある。

(2) 自己決定を保障する

サービスの選択や援助計画の決定について高齢者自身が決定をすることは少ない。「息子や嫁に聞いてくれ」と決定を他人に委ねる。自分の意見やニーズに基づいて行動するというよりも周囲の意見を気にしたり、家族の意見に従って行動することを習慣にしている高齢者（特に女性）も多い。「家族ではなく、あなたの意見はどうですか」「あなたが決めていいんですよ」などと、言葉を添えながら説明し、自己決定を促し、支援する必要がある。

(3) 自立を意図した援助を

高齢者は依存傾向にあると考えられている。しかし、高齢者自身も依存したいと思っているわけではない。筆者の行った調査では、ホームヘルパーの支援の方法について、「可能な限り自立できるように援助してほしい」と生活介護（家事援助サービス）利用者の約50％が希望していた[1]。高齢者のニーズを的確に把握し、高齢者の今ある機能を維持できるような援助計画、あるいは、潜在的な能力を発見できるようなアセスメントと計画づくりを行うことが重要である。

(4) 尊厳や自己実現に配慮を

マズローのニーズ論では、人間の欲求（ニーズ）を5つに分けて説明し、下位の「生理的欲求」から「安全や保安の欲求」「所属と愛情の欲求」「自尊心の欲求」「自己実現の欲求」へと、上位の欲求に向かうと説明されている。生理的欲求が満たされて、安全や保安の欲求が満たされ、所属や愛情の欲求が満たされると説明される。それらが満たされて、自尊心の欲求や自己実現の欲求が満たされるという。つまり、下位の欲求がある程度充足すると、上位の欲求が現れるといわれる。しかし、加齢に伴う障害や疾病を抱えて暮らす高齢者にとって、それらの下位の欲求を満たすことのみに終始すると、上位の欲求の充足をはかることが困難となる。下位の欲求の充足が困難な場合であっても、尊厳や自己実現の欲求を満たす支援が必要な場合がある。高齢者のニーズを把握し、どのように生きていきたいと考えているのか、高齢者の思いに耳を傾け、その実現に向けた努力が必要である。

(5) 家族と協働する援助活動

　高齢者は、家族を大切にし、家族に迷惑をかけたくないと考えている。しかし、その一方で、介護が必要になったときには、家族にみてもらいたいと考えている。また、サービスの選択などに際しては、本人のサービスのニーズと家族のニーズにずれがある場合もある。援助者は高齢者の思いと家族の思いをすり合わせる役割を担う。本人の思いを大切にしながら、家族と協働する援助活動を展開する必要がある。ただ、介護を担う家族は介護負担を抱え込む場合も多い。協働者であるが、時に家族も援助の対象と考える必要がある。

(6) エンパワメントを意図した援助を

　高齢者は無力感に陥っていることが多いし、また陥りやすい。自信と誇りをもって生きていってよいということを伝えることから援助が始まることさえある。高齢者の今ある力（能力）や潜在的な力（能力）を確認し、その力（能力）を補強するように働きかけ、支援することが大切である。それは、主体的に生きている力（能力）を取り戻したり、補強することにつながる。

(7) 全体化と個別化

　高齢期の特徴や歴史的な背景などを全体として理解しながら、目の前にいる相談者を個別性の高い個人としてとらえ直す努力を怠らないようにする。つまり、全体化と個別化を繰り返しながら、一人の人を理解し援助を行うことが大切である。その結果、一人ひとりの個別援助が展開される。一つとして同じ援助はないと考えておくことが重要である。

3．援助過程

　高齢者との援助過程は出会いから始まり、図10－1のような展開がみられる。出会いから始まる援助過程は、ニーズ把握・アセスメントを経て、援助計画の立案、援助の展開に至る。そして、一定の援助の後にその評価を行う必要がある。評価の結果、ニーズの充足ないし課題が解決されていれば終結になる、あるいは援助の方法に問題がなければ援助の継続が行われる。しかし、新たなニーズや課題の発見により援助計画の変更が行われる場合がある。事例によっては援助過程が何度も繰り返される場合がある。特に、長期にかかわる事例では、定期的にこの援助過程を振り返る必要がある。他者からのアドバイス、スーパービジョンを得ながら援助のスキルアップをはかる必要がある。

図10－1　出会いから始まる援助過程

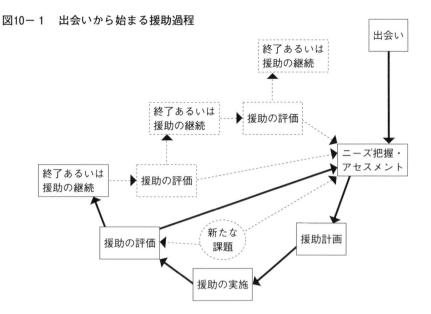

（佐瀬作成）

第2節　相談援助活動の実際

1．要介護高齢者のボランティア参加を支援する

1）事例紹介1：高齢期を生きるボランティア活動

事例：S氏、男性、90歳。要介護3、障害高齢者の日常生活自立度B2、認知症なし、特別養護老人ホーム入所中。

S氏は、妻が10数年前に亡くなった後は、地域で一人暮らしを続けてきた。あるとき自宅内で転倒し、右大腿骨頸部を骨折し、入院・手術後、介護老人保健施設でリハビリテーションを続けたが、車いすの生活になり、自宅での一人暮らしが困難になり、現在は、特別養護老人ホームで生活している。

彼は若いときから民話を集めることを趣味にしており、地域で語り部の会のボランティア活動グループを組織し、小学校などに出向き語り続けてきた。S氏の入所後、地元の小学校からボランティアの要請がボランティアセンターに寄せられた。ボランティアグループのメンバーが相談した結果、S氏が適任であるという結論に達した。

ボランティアコーディネーター（以下、コーディネーター）はS氏とS氏の入所する施設の支援相談員に依頼の連絡を入れた。施設の返事は、「趣旨は了解できるが、外出に対して施設のスタッフは同伴できる余裕がない」という返事であった。また、本人からは「施設に訪ねてきた長女に話したところ、『体が不自由で歳もとっているのに、もうボランティアなんかする必要がない』と頭ごなしに叱られたので、この話は他の人に依頼してほしい」とコーディネーターに連絡があった。

コーディネーターがS氏の意向を確認すると、S氏としては「依頼を受けたい」

と思っていることが確認できた。そこで、コーディネーターは家族に電話連絡し、S氏がボランティアを生きがいにしてきたこと、S氏が今回の依頼を受けることは、S氏にとっても生活の張りになるなど説明・説得を行った。その結果、家族としては同伴できないが、S氏がボランティアの要請を受けることについては了解するという返事が得られた。そこで、コーディネーターはボランティアグループのメンバーに連絡し、同伴できる人がいないか相談した。ボランティアグループからは「メンバーも高齢の方が多く、同伴することはできるが、車いすを押すなどの力のいることは不安である」との返事があった。

ボランティアグループのメンバーの一人が施設から会場まで同伴すること、もう一人、体力のあるボランティアを要請し、車いす介助を依頼することが決まった。そこでコーディネーターは、新たに車いすボランティアを募集し、施設と調整し、当日を迎えることができた。

2）事例にみる援助の視点
―― 権利としてのボランティア参加〈家族の理解、施設の理解〉

この事例については、コーディネーターの高齢期のボランティア活動に対しての考え方、家族の理解、施設の職員の理解、コーディネーターの調整機能が重要なキーワードである。

この事例において、コーディネーターは非常に大きな役割を果たした。まず、施設に入所している高齢者でもボランティアが可能であると考えたことである。「それは無理だろう」と判断してしまうと、この事例は成立しなかった。連絡を受けた家族の反応は特別なものではなく、一般的に多くの人が考えがちなことである。そのことに対して、コーディネーターが説明・説得ができたのは、S氏のニーズを受けとめることができたこと、年齢を区切って物事を考えなかったことである。そして、コーディネーターの役割であるボランティアグループの相談役、需給調整役を果たしたのである。

また、施設の担当者も「入所中の高齢者はボランティアをしてはいけない」とは考えなかったことが重要である。高齢者は施設で生活することによって多くの権利を放棄せざるをえない状況にある。本人も施設のスタッフもそう考えがちである。ボランティアをする権利も同様である。

さらに、「他の人に迷惑をかけてまでボランティアをする必要があるのか」と本人が考えてしまうこともある。しかし、足が不自由になって車いすが必要な生活をしていても、すべての機能が失われたわけではない。S氏の場合、「語る」という能力はそのまま維持されていたのである。その機能を発揮したのが、今回のボランティア活動である。要介護状態になっても、コーディネーターをはじめとする周囲の人々の少しの援助があれば、高齢者の自己実現のニーズが充足されるという事例である。

> **column**
>
> **少し体が不自由になってもボランティア活動を続けたい**
>
> 　2000（平成12）年12月、大阪市シルバーボランティアセンターに登録中の高齢者を対象にしてアンケート調査を実施した結果では、高齢者は腰痛や膝関節痛など、健康に若干の不安をかかえながらも、ボランティア活動を自らの生活の一部としていた。高齢者は、ボランティア活動を生きがいにし、健康づくりに役立つと考え、ボランティア活動を楽しんでいた。「いつまでボランティア活動をしたいですか」という問いに72.3％の人が「体力が続くまで」と回答しているが、20.5％の人が「少し体が弱ってもできることをしたい」と考えていた[2]。
>
> 　2001（平成13）年12月～2002（平成14）年1月に、近畿2府4県のボランティアセンターのコーディネーターに対して調査を行った。その結果、コーディネーターは「体が不自由になってもボランティア活動を続けたい高齢者への援助」として、①体力を使わない活動を紹介する、②自宅でできるもの、あるいは自宅から近い活動を紹介する、③グループ内でフォローするように援助すると回答していた。具体的には、座ってできる活動や手先を使う活動、話し相手などの活動であった[3]。

2．高齢者虐待を未然に防ぐための支援

1）事例紹介2：介護負担による高齢者虐待

　事例：O氏、86歳女性、要介護4、障害高齢者の日常生活自立度B2、認知症高齢者の日常生活自立度Ⅳ（表10－1参照）。脳梗塞の後遺症で右下肢麻痺、言語障害があり、意思を伝えることは困難で、ほとんどベッド上での生活である。おむつを使用しているが、昼間はポータブルトイレを使用している。食事は柔らかく煮込んだものを左手にスプーンをもって何とか食べようとするが、こぼすほうが多く介助が必要である。介護者は長女（54歳独身）で、もともと体は丈夫なほうではなく、仕事をしていたが、母親の介護のために退職し、現在の収入は母親の年金と蓄えだけである。子ども達の中で長女だけが介護を引き受けていたが、腰痛を起こし訪問介護を受け始めた。通所介護（デイサービス）を勧めるが「お金もいるんでしょう」「家族がみるのが当たり前」「母が嫌がると思う」などと拒否している。

　介護生活が始まって約3年になるが、訪問介護員（ホームヘルパー）も介護支援専門員（ケアマネジャー）も、長女から「もうこれ以上は家でみるのは無理だと思う」と何度か訴えられている。ホームヘルパーはそのつど、「もう少し頑張りましょう」と励ましている。ケアマネジャーはデイサービスを勧め、訪問介護の時間を増やすなど援助を行っていた。しかし、デイサービスの利用は拒否され、訪問介護サービスの生活援助がわずかに追加されるくらいであった。

　ケアマネジャーは長女の介護負担感が募っている状態は理解しており、他の家

族と話し合いをして、介護を分担してもらうようにアドバイスをしている。しかし、長女は長男との折り合いが悪く、電話連絡さえとろうとしない。長女は「兄は母をみないで家を出ていった」といい、「兄から『家財産がほしくて介護しているんだろう』といわれた」とホームヘルパーらにもらしたことがある。ケアマネジャーは長女に、長男に対して介護に協力してくれるように自分から話してみるため、長男と連絡をとることを提案しているが断られている。

　サービスを開始して数か月後、ホームヘルパーがおむつを交換する際に右大腿部に青アザをみつけた。長女に話を聞くも「朝、おむつを替えたときはなかった。気がつかなかった」と返事があった。その後も場所は変わるが、何か所か青アザを発見することがあった。また、おむつも交換した気配がなく、背中まで尿がまわる状態で寝かされていることが何度かあった。長女にそのことを聞くと「替えている」「私のやり方でやっている」と話す。ホームヘルパーは長女が会話を避けようとしていると感じるようになっていった。介護上のアドバイスをしようとしても、話を聞いてもらえない状況が続いた。

　ある日、ホームヘルパーが訪問すると、母親は、下半身を露出したまま、新聞紙の上に寝かされて、上から布団が掛けられていた。長女にどうしたのかと問うと「夕べは私がよく眠られなかった。もう少ししたらヘルパーさんが来てくれるだろうと思って、そのままにしておいた。何度替えてもいっしょやし……」とテレビをみている。アルコールの臭いも残っていて、酒を飲んだことがうかがえた。

　夏になり母親の体重減少が目立つようになった。ホームヘルパーが食事の量を聞くが、「だんだん食べなくなってきた。作るよりも残すほうが多くなって、食べさせる気がしなくなった」と話す。水分はとっているかと問うと、枕元の吸い飲みを指さして「用意してるけど、飲まない」と投げやりにいう。数日後の訪問時、本人に呼びかけても反応がほとんどなく、長女に救急車を呼ぶよう説得し、緊急入院となった。入院から2日後に死亡。脱水と誤嚥性肺炎がみられた。

2）事例にみる援助の視点

(1) 身近な問題として考える——誰にでもどこにでも起こる可能性がある

　この事例は、身体的虐待や介護放棄がみられる高齢者虐待の事例である。この事例の母親は、尊厳のある最期を迎えられたとはいえない。無念の死であっただろう。長女は、母親の介護をしたい、介護をしなければならないという思いの間で悩んだであろう。過去の人間関係をひきずって、介護が始まって復讐が始まったという事例ではない。性格的な偏りや精神障害などの混乱による不適切な介護でもない。愛情のあった家族に介護というストレスフルな状態が長期間続いた結果、引き起こされた高齢者虐待である。介護を担う家族の誰にでも起こりうる状態であるともいえる。

(2) 介護者の孤立状況について理解する

長女は、仕事を辞めたことによって、社会的なつながりがなくなっていた。友人や知人が訪ねてくることもない。独身の彼女には、子どもを通じて知り合う同年代の女性たちもいなかったであろうし、地域のつきあいを母親に任せてきており、地域とのつながりも少なかったであろう。家族との関係も希薄になっているのか、兄や妹とも連絡をとろうとしなかった。言葉を話すことのできない母親との生活は、長女の孤立感を深めていったに違いない。

(3) 家族介護優先の価値観について考える

長女は「家族が面倒をみるのは当たり前」といい、介護を抱え込み、家族介護優先の価値観に押しつぶされそうになっている状況が読み取れる。ケアマネジャーが長男と連絡をとるように計画しているが、ケアマネジャーやホームヘルパーの意識の中に「家族がみるべきだ」という価値観が優先されていないだろうか。自問してみることも大切である。

(4) 専門職の役割 ── 共感的理解

他の家族や友人・隣人からは孤立した状態であったが、専門職が彼女の身近にいたにもかかわらず、サポートしきれなかった残念な事例である。専門職であるケアマネジャーやホームヘルパーの援助は適切であったのか。

「もうこれ以上は家でみるのは無理だと思う」と何度か訴えられている。それでもケアマネジャーやホームヘルパーが在宅ケアにこだわったのはなぜなのか。介護保険制度は居宅介護優先である。そのことにケアマネジャーがこだわっていたとすれば、家族や本人のニーズよりも専門家の思いが優先されたことになる。それ以前に、「介護は投げ出したいほど大変……」という長女の思いをきちんと受けとめられたのか。共感的理解や受容が言葉だけになってしまっている。長女の思いを受けとめていれば、施設ケアも視野に入れたケアプランの変更があってもよいはずである。さらに、アルコールを飲まずにはいられない長女の思いや暮らしぶりへの共感的理解は示されただろうか。そして、長女の介護状況や介護放棄の状態から判断して、ケアプランの変更について検討が行われるべきであったと考える。

(5) ケアマネジメントの課題

介護保険制度は居宅支援が原則で動いている制度である。今回の事例のようにケアマネジャーが居宅介護に固執して、家族の「もうだめだ」「施設に入れたい」という声を聞きながらも施設入所を提案することを避けている場合がある。

ケアマネジャーの援助が、サービスの導入・提供中心になり、家族の心のケアにまで目が向いていない場合がある。状況に応じて次々にサービスが導入される

が、家族の介護負担感は解消されていない。介護の負担感を共有してくれる専門家に、ケアマネジャーがなっていないのである。

また、家族の経済状態に対するアセスメントは行えていたかどうか。プライバシーにかかわることであり、容易に知ることはできないが、サービスを拒否している理由に利用料金が負担であった可能性もある。経済的なサポートが必要であったかもしれない。

(6) 家族支援の課題

家族の健康状態への配慮ができていただろうか。介護者自身が健康上の問題を抱えていることも多い。老老介護の場合、介護を担っている配偶者もまた、要介護認定を受けている要援護高齢者であることも珍しくない。

家族による虐待という事実が確認されたとしても、援助者には虐待をしている家族を責める役割はない。意図的に虐待をしている場合でも、虐待をしている自分を責めている場合がある。虐待をしている家族もまた援助が必要な対象者であるという事実を忘れてはならない。そのためにカウンセリング的な支援を行う必要がある。高齢者の支援と、虐待をしている家族の支援という双方への援助を、一人の援助者が担うことは困難である。できれば専門職間で役割を分担することが大切である。

この事例の場合、母親の死後、長女をサポートする専門職は誰もいない。母親を死に追いやったという思いで自分を責めることはないだろうか。長女の悲嘆からの立ち直りのためのグリーフケア（grief care）を担う人がいない。わが国の制度では家族に対するケアは不十分である。高齢者虐待という現象、事実は高齢者の死という幕切れで援助が終了する場合があるが、虐待をした側の人生の再出発を支援する人は存在しない。

3）専門家の気づきから始める高齢者虐待の防止
　　——介護負担への共感的理解と専門的アドバイス

高齢者虐待を未然に防ぐために、1）の事例から学んでおきたい。

(1) 気づき・疑いをそのままにしない

高齢者虐待を疑ったとき、その気づきをそのままにしないことである。虐待を疑った場合の対応は、一人で抱え込まずに、その事例にかかわっている専門職間で事実を確認することが必要である。専門職が虐待の状態を「介護が負担だから、少々のこと（虐待）があってもしかたがない」と放置してはならない。虐待かどうかわからない、「家族の中のことだからあまり深入りしない」という態度で放任することも危険である。どう援助してよいかわからないので、見て見ぬふりをするということも、あってはならない。対応の遅れは生命の危機に直面させるこ

とになる。

(2) 疑問に思った段階で相談する

疑問に思った段階で相談を開始する、早期に地域ケア会議で検討することが必要である。そこで、記録などから事実を確認し、他の専門職の視点やアドバイスを受けることができ、支援ネットワークを広げることができる。いつ地域ケア会議につなげるか迷うときがあるが、迷った時点で実行に移すことが大事である。気になったとき、気づいたときに相談することで、援助開始が早くなる。たとえ、対象者から援助拒否にあったとしても、落ち着いて見守ることができる。処遇困難事例になってからでは遅い。

虐待の事実に早く気づくためには、高齢者からのSOSを見逃さないことが大切である。虐待を受けている高齢者は何らかのサインを出している場合がある。表情やしぐさ、態度などへの注意深い観察が重要である。

(3) 援助の変更依頼・拒否の内容を吟味する

高齢者虐待事例の援助の中で、援助内容の変更依頼があったり、利用サービスが拒否される場合がある。そのとき、援助者はその理由を吟味する必要がある。本人や家族からその理由についてきちんと説明を受けることが大切である。単なるサービスに対する不満からかもしれない。しかし、きちんと理由を説明できない場合に、他人に虐待を知られたくないためであることもある。サービスの拒否や中断の背景に利用料金が払えないという経済的な問題が潜在化している場合もある。

援助中止や拒否された場合は、担当ケアマネジャーから他の専門機関へ支援を依頼するなど、継続して見守るように支援することが大切である。

(4) 家族支援について吟味する——家族の健康・介護負担のアセスメントを

高齢者虐待を未然に防ぐためには、介護負担に対するアセスメントを的確に行うことが大切である。介護保険制度は個人を単位として援助できる仕組みであるが、現実には家族の支援がないと高齢者は生活できない。そのために、家族が介護にどの程度かかわることができるか、アセスメントする必要がある。時間的、経済的、心理的、体力的に介護を担うことが可能であるのか、介護協力者はいるのかなどを把握する必要がある。

「頑張りましょう」と叱咤激励されるのは、時に苦痛になる。自分の頑張りが足りないと指摘を受けているように感じられ、アドバイスも、家族の介護方法を否定していると受けとめられる場合がある。今までの介護を評価し、労をねぎらいながら、信頼関係ができた段階で必要なアドバイスを行うよう計画されるべきである。

家族の介護負担のアセスメントでは、単に家族が介護を担える状態であるのか確認するだけではなく、介護負担の結果、家族が健康状態などの悪化を招いていないか確認する必要がある。つまり、家族を単なる高齢者の介護の担い手としてみるのではなく、援助の対象としても考えておくことが大切である。

　援助者は要援護高齢者を中心にプランを立てるのは当然であるが、家族全体の状況を把握しておくことが大切である。その家庭には要援護高齢者以外にも援助を必要としている家族がいる場合がある。そのときは他の専門職の紹介や、サービスの導入を検討することも必要となる。

(5) 市民とのネットワークを検討する

　虐待のリスク要因は一つではない、複雑に絡み合っている場合が多い。予防的な関わりも容易ではない。長期に関わり見守っていく必要がある場合もある。専門職だけの活動には限界がある。介護の当事者の会である介護者家族の会へ紹介することも必要である。地域としての予防的な取り組み、小地域ネットワーク活動なども社会福祉協議会や地域包括支援センターなどの機関と連携しながら進めていくことが大切である。

3．地域で高齢者を支える支援

1) 事例紹介3：老老介護 ── 高齢者夫婦の二人暮らし

　事例：T.S氏、80歳、女性。86歳の夫（T氏）と二人暮らし。長男・長女とも結婚して別居している。

　「近所の団地に住むTさんの奥さんが最近、物忘れがひどくなっているようだ」と、民生委員から地域包括支援センターに相談が入った。

　先日、買い物の途中で出会ったら、よく行っている郵便局の場所を尋ねられた。スーパーで出会ったときはレジで支払いに手間取っている場面をみた。また、近所の人は「何度も同じ話をさせるな」と、Tさんが大きな声で怒鳴っているのを聞いていたとのことである。

　Tさんの奥さんはもともと病弱であまり近所づきあいは多くない。Tさんは以前、学校の先生をしていて、町内会の役員をしていた時期もあるが、難聴がひどくなり、会議のときに聞き間違いなどが増えてきて、自分で役をおりた。最近はほとんど家から出ないで、夫婦二人きりの生活をしているようだ。老人クラブの会費は払っているが、行事にもほとんど出てこない。

　民生委員は、「どこかのサービスを受けるように勧めているが、地域包括支援センターもTさん夫婦の支援に関わってほしい」と話した。

　後日、民生委員と地域包括支援センターの社会福祉士が訪問した。玄関先でTさんは、社会福祉士の介護保険サービスの説明を立ったままで聞き、今のところ

column

民生委員の活動

・民生委員の職務は次のように規定されている（民生委員法第14条）。
1. 住民の生活状態を必要に応じ適切に把握しておくこと
2. 生活に関する相談に応じ、助言その他の援助を行うこと
3. 福祉サービスを適切に利用するために必要な情報の提供、その他の援助を行うこと
4. 社会福祉事業者と密接に連携し、その事業又は活動を支援すること
5. 福祉事務所その他の関係行政機関の業務に協力すること
6. その他、住民の福祉の増進を図るための活動を行うこと

・活動状況は図のように高齢者に関することが半数を超えている。

〈図：相談・支援の分野〉

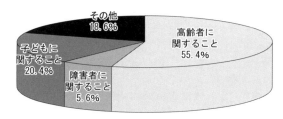

厚生労働省「平成24年度社会福祉行政業務報告」より作成
・出典：厚生労働省のWebサイト http://www.mhlw.go.jp/bunya/seikatsuhogo/minseiiin01/qa03.html　2015.11.8より

利用する意思はないといい、「何か相談があったら、こちらから相談に行きますから」とやんわり訪問を拒否された。社会福祉士は、介護保険サービスの情報が書かれたパンフレットを渡し、「いつでも相談にのりますから声をかけてくださいね」と伝えて帰った。

　その数日後、Tさんの奥さんがスーパーマーケットで買い物をして、帰り道がわからなくなっているところに民生委員が出会い、自宅まで送っていった。秋の終わりの頃であるが、奥さんは、夏物の薄手のワンピース姿であった。自宅まで送っていきながら話をするが、会話にならず、「ええー、まあー」と答えがなかなかみつからない様子であった。自宅まで送り届けると、Tさんは帰りが遅いので迎えに出ようとしていたところであった。Tさんはほっとした表情で民生委員に礼をいい、家の中に入った。

　次の日、Tさんから地域包括支援センターに電話が入った。デイサービスを利用してみようと思うが手続きはどうすればよいかとの相談であった。説明のために再度訪問すると、Tさんもここ数か月体調を崩し寝たり起きたりの状態であり、奥さんが買い物に行かざるをえない状況であったことなどが説明された。風呂も掃除ができず、数か月入っていないといい、室内には衣類が整理できないまま山

積みにされ、清掃も行き届かず汚れが目立っていた。夫婦ともに要介護認定の申請を行い、暫定的に訪問介護サービスを利用することになった。

その後、妻は要介護2、夫は要介護1と認定された。社会福祉士は事業所を紹介し、デイサービスが開始された。

2）事例にみる援助の視点
(1) 見守りの姿勢を示す

夫婦二人暮らしの閉じこもり気味の生活状況や、妻の認知症の出現など、状況から判断して、地域包括支援センターの社会福祉士としては、すぐにでもサービスの利用が開始されるように働きかけたいところである。しかし、夫の訪問の受け入れの様子をみると、突然押しかけてきた社会福祉士や民生委員に対する警戒心がみえる。拒否するのも理解できる。強引にサービスを勧めるのではなく、パンフレットをおいて帰るなど、民生委員とともに見守る姿勢、相談があるときは受けとめるという姿勢を示して帰ったことが、後の相談に結びついていると考えられる。

(2) 地域の人々と協働活動を —— 見守りネットワークの構築へ

高齢者の一人暮らしや夫婦世帯、昼間独居世帯など、見守りが必要な事例は多い。要介護認定を受けながらもサービスの利用を控えている高齢者もいる。また、介護保険サービスを利用しているから安心ということではなく、サービスが導入されていても虐待や家族の介護負担が軽減されない事例もある。隣人や友人をはじめとする地域のサポートが大きな支えになる。民生委員を中心にした見守りネットワークの構築が必要である。

この事例では、民生委員は認知症のT氏の妻を、地域の隣人としてサポートしている。民生委員は地域の福祉活動の中心的な役割を担っており、行政委嘱ボランティアとして多くの役割がある。まちづくりについても多くの活動が期待されている。

しかし、民生委員一人に見守り活動を期待するだけでは問題の解決にはならない。老人クラブの友愛訪問や隣人の見守りや声かけが、夫婦を孤立状況から解放することにつながる。地域包括支援センターが核になり、介護保険サービスの提供事業者も含め、地域の見守りネットワーク会議を開催するなど支援の輪を広げることが大切である（図10-2）。必要に応じて主治医によるアドバイスを得るようにサポートしたり、ショートステイの利用を勧める。また、介護者家族の会など当事者会があれば、T氏は介護に関するさまざまな情報に出会えるし、当事者からのアドバイスや介護の工夫が伝達されるだろう。専門職員と市民との協働活動があって初めて、高齢者の安心できる暮らしが守られる。

図10−2　T氏夫婦を支援するネットワーク

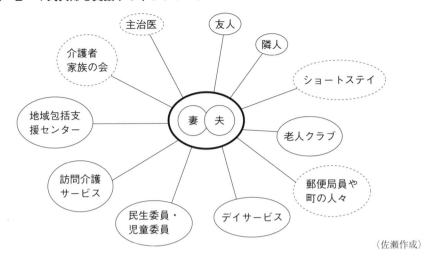

(佐瀬作成)

4．認知症高齢者の地域での暮らしを守る支援

1) 事例紹介4：一人暮らしの認知症高齢者を支える
　　　——日常生活自立支援事業の利用へ

　事例：N氏、82歳、女性、認知症高齢者の日常生活自立度Ⅱ。結婚はしていたが子どもはいない。夫が死亡してから20数年間一人暮らしをしている。結婚以来、夫と二人で理髪店を営んでいたが、70歳の誕生日に店を閉めてからは、町内会の主婦と旅行を楽しむなどして過ごしていた。

　78歳を過ぎたある日、自転車で買い物に出かけて転倒し、大腿骨を骨折。入院し、手術をするために長期に自宅を空けることになり、懇意にしていた近所の主婦に家の掃除や植木の水やりを依頼していた。入院の費用などの経済的な管理は、隣県に住むいとこが行った。退院後は通所リハビリテーション（デイケア）を利用し、また杖歩行のため買い物に出かけることが困難になったため、掃除と買い物を訪問介護サービスに依頼して、在宅生活を続けていた。

　80歳頃から物忘れが始まり、何度も同じ野菜を頼んでは冷蔵庫で腐らせるということが増えてきた。あるとき、「玄関先においてあった大事にしていた植木鉢がなくなった。きっと近所の人がもっていったに違いない」とホームヘルパーに訴えることがあった。ホームヘルパーは「何となく変だな」と思っていると、数日後には「ベッドのところにおいてあった財布を盗まれた」と訴えるので一緒に探すと、仏壇の引き出しから出てくるなど、訴えが頻回になってきた。ホームヘルパーを疑っている口ぶりも増えてきた。N氏は何かあると頼りにしているいとこに電話して訴えるが、隣県から再々訪ねてくることは大変であった。いとこ自身も高齢であり、健康状態もすぐれないなど、負担感をケアマネジャーに訴えた。そこで、ケアマネジャーは日常生活自立支援事業を利用するように勧め、生活支

援員が生活費の管理を行うこととなった。

　日常生活支援事業を利用し始めてからは、財布をどこにおいたのか、印鑑と通帳がなくなったなどの訴えもあるが、ホームヘルパーも落ち着いて対応できるようになり、トラブルになることも少なくなっている。

2）事例にみる援助の視点
(1) 認知症高齢者に対する理解と援助を

　介護保険サービスの利用者に認知症の症状が出現することはまれではない。長生きをすると認知症になる確率も高くなる。援助者は認知症に対する正しい知識と的確な援助技術を有していることが必要である。早期に認知症の症状に気づくのも身近にいる援助者であることが多い。認知症が疑われた場合は一度診断を仰いでおくことが必要である。主治医と相談し、認知症についての検査診断について相談することが大切である。高齢期に物忘れが出現すると、検査もされずに「認知症だ。歳だから仕方がない」と放置されたり、間違った対応をされる場合もある。認知症様の症状を示す疾患も多いので、鑑別診断を受けておく必要がある。その考え方を図10－3に示した。

　たとえ認知症と診断されてもすべての能力が失われたわけではない。「認知症だからもう何をしても仕方がない。説明してもわからないだろう」と思われて、不適切な援助が行われている場合がある。認知症高齢者も多くの機能や能力、感

図10－3　認知症様の症状からの対応と援助

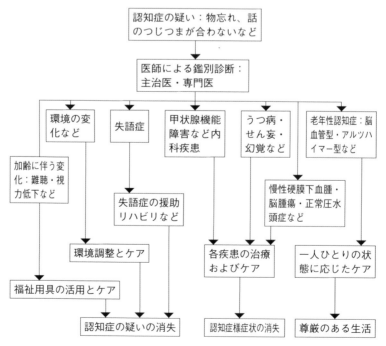

（佐瀬作成）

情のあることが、当事者から語られることも増えてきた[4]。しかし、まだ多くの差別や偏見があることも事実である。専門職は、正しい知識をもって、認知症高齢者の代弁者として、周囲の誤解を解く役割がある。

(2) 日常生活自立支援事業の利用

判断能力が不十分な認知症高齢者や知的障害者、精神障害者の地域生活をサポートする福祉サービス利用のための援助事業である。具体的には、社会福祉協議会が実施主体になっているので、高齢者本人が申請することになる。そこで、本人の契約締結能力を含め、本人の状況調査が行われ、支援計画が作成され、社会福祉協議会と契約が交わされて、通帳預かりサービスなどの援助の提供が行われる。具体的には、生活支援員が福祉サービスの利用手続きや利用料の支払いなど日常的な金銭管理を行う（第8章図8－1「日常生活自立支援事業の実施方法」〈p.210〉参照）。

5．見落とされがちな援助事例──65歳以下の人への援助事例

介護保険の対象を高齢者福祉の対象と考えると65歳以上の人の支援を考えがちであるが、第2号被保険者である40歳以上の要援助者についても考えておきたい。加齢に伴う疾病の場合は介護保険サービスが利用できることもあるが、時に援助が見落とされがちになっている場合がある。ここでは、介護保険の第2号被保険者の脳梗塞後遺症の事例と、アルツハイマー病の事例について考えてみる。

1) 第2号被保険者の場合：脳卒中の後遺症の事例
──医療相談室からの支援

事例：53歳の男性。脳梗塞を発症し、手足に麻痺があり、言語障害が残っている。食事も軟食しか摂取できない。医師より「これ以上のリハビリは効果が期待できない」と退院の意向を告げられる。妻は52歳、専業主婦として大学生と高校生の子ども二人を育ててきた。

退院に向けて医療相談室のソーシャルワーカーの援助が必要な事例である。障害受容への支援、退職を余儀なくされるであろう男性の今後の生活のサポート、地域にある当事者の会の紹介、障害者手帳の手続き、妻の就労支援や子どもたちも含めた家族の支援など、さまざまな支援が必要である。

この事例の場合は、年齢は65歳以下であるが、脳梗塞という加齢に伴う疾病による障害であり、介護保険の第2号被保険者として介護保険サービスが利用できる。今後の生活の見通しについて情報を提供する場合、介護保険サービスの利用方法などの情報提供を忘れてはならない。すぐに自宅に帰らず、在宅生活を行うためのリハビリテーションを、介護老人保健施設で行うこともできる。自宅に

戻った場合も居宅サービスが利用できる。その手続きについて説明するとともに、入院中に要介護認定を受けるよう手続きを開始する必要がある。

　医療相談室のソーシャルワーカーとして注意すべき援助のポイントは、上記のようにさまざまなものが考えられるが、必要なサービスや援助職に、的確につなげることが重要である。特にサービス利用に関しては、若くして介護保険サービスの利用者になることへの抵抗感がある場合が見受けられる。介護保険サービスの利用者の多くが、自分の親世代の人々であり、入所施設にしろ、自宅に戻って通所リハビリテーション（デイケア）を利用したとしても、その集団になじめないということがある。その結果、自宅に閉じこもり傾向になり、リハビリが進まないということにもなる。本人や家族へのていねいな説明とともに、専門職との連携が必須であり、途切れないように援助やサービスの提供を行うことが必要である。

2）若年性認知症の場合 ── 認知症疾患医療センターからの支援

　事例：O氏、56歳、女性、アルツハイマー病。会社員の夫60歳と二人暮らし。夫の仕事の関係で転勤が多く、現在の住居には5年前から暮らすようになった。そのため、周囲には親しく行き来する友人や親せきもいない。長男が結婚して隣の市に居住している。長男の妻は2歳の子どもを抱え、第二子を妊娠中であった。

　物忘れが始まり、夫に同伴されて認知症疾患医療センターに相談のため来院した。夫は、会社の定年まで後3年くらい働きたいと仕事に意欲を燃やしているが、妻をおいて仕事に出られなくなってきた。夫が仕事に出かけるときは、妻が外に出られないように鍵をかけているという。家の中で何をしているか不安で、仕事の途中で様子をみに帰ることもあるという。少し前までは1日のうち何度も職場に電話してきたが、最近では電話がかけられないのか、それはなくなった。少しでもよくならないのか、治してやりたいと来院した。認知症疾患医療センターでCT（コンピュータ断層撮影）検査やMRI検査（MRI = magnetic resonance imaging：磁気共鳴画像診断装置）などの諸検査を実施し、アルツハイマー病と診断された。今後も進行する病気であること、治すための薬はないとの医師からの説明を受けた夫の落胆は目にあまるものがあった。

　夫は、ソーシャルワーカーと今後の生活について相談する時間をもつが、話が耳に入っていない様子であった。1週間後に再度、相談のための来院を勧めた。仕事の関係で予約した日に来られなくなったため、何度か予約を取り直した末に面談ができた。約1か月が経過していた。その間にも妻の介護と仕事の両立が困難であることが明白になりつつあった。妻は要介護の認定を受けて、通所介護（デイサービス）を利用することになったが、高齢者の間に入ってなぜ自分がこの場所にいるのかと訴えることがある。「お年寄りの話し相手に行ってもらっている。ボランティアをしてもらっている」と説明して、何とかデイサービスに通っ

てもらった。デイサービスのない日には、長男の妻に様子をみに来てもらって、夫は仕事を続けた。

しかし妻は、徐々に認知症の症状が進み、服を脱ぐのを忘れて湯船に入ろうとしたりするようになった。長男の嫁が来ても、知らない人だと思うのか家に招き入れないで、玄関で追い返したりすることが増えた。夫は介護と仕事の両立は困難と判断し、退職を決意した。退職して時間はできるが、24時間休むことなく妻のことを考え介護を担う夫のストレスは大変なものがあり、夫のソーシャルサポートを考える必要が生じた。

この間約2年、夫は定期的に認知症疾患医療センターを訪れて、近況報告をして帰るということを続けた。ソーシャルワーカーは地域包括支援センターと連携しながら、地域にある男性介護者家族の会を紹介しようと考えている。

最近では「認知症の人と家族の会」（国際名：日本アルツハイマー病協会）では若年性認知症の家族会が組織されたり、全国各地で家族会が組織され、自分たちの思いを社会に発信しようとする動きがある。

高齢者への援助事例のいくつかを示した。一つの事例に多くの援助者が関わっている。援助によって高齢者や家族のニーズや課題が解決されることも多いが、専門職には限界もあることを自覚しながら援助することが大切である。援助者（自分）の限界を知り、他の専門職や市民、あるいは当事者である高齢者自身に応援を求めながら援助することが大切である。一つひとつの事例に正直に向き合うことから、援助技術のスキルアップが図られる。失敗事例も宝物として学ぶチャンスとしたい。

高齢者福祉では、援助者は一人の個人でありながら、専門職としての立場にも、市民としての立場にも、隣人としての立場にも、家族としての立場にも、あるいは将来は当事者としての立場にも立つことになる。援助者として出会う事例を他人事としないで、自分の中にある当事者性に気づき、その気づきを大切にしながら援助することから援助専門職としての成長が期待できる。

【注および引用文献】
（1）報告書『自立支援の観点から見た家事援助の意義と課題　訪問介護における家事援助サービス利用者の生活実態調査』宝塚訪問介護サービス研究会、2003年、pp.3〜36。
（2）佐瀬美恵子「シルバーボランティア活動の現状と課題」（瀬川一人・佐瀬美恵子編著『粋・いきいきシルバーボランティアのすすめ』シーエム出版、2001年）pp.83〜103。
（3）報告書『高齢期のボランティア活動を促進するボランティアセンター及びコーディネーターの役割』シルバーボランティア研究会、2002年、pp.1〜5、21〜22。
（4）クリスティーン・ボーデン（桧垣陽子訳）『私は誰になっていくの？――アルツハイマー病者からみた世界』クリエイツかもがわ、2003年。オーストラリアの女性で若年性アルツハ

イマー病と診断されたクリスティーン・ボーデン氏が自分の記録を出版したもの（その後、アルツハイマー病ではなく、前頭側頭型認知症と診断される）。当事者が書いたものとして注目されている。2004年10月の京都でのアルツハイマー病国際会議にも参加して当事者の思いを語った。それ以前に書かれたものでは、ダイアナ・フリール・マクゴーウィン（中村洋子訳）『私が壊れる瞬間（とき）――アルツハイマー病患者の手記』DHC出版、1993年がある。日本では、エスポワール出雲クリニックのデイケア「小山のお家」の高齢者の手記が当事者の思いを語ったものとして注目される。

【参考文献】
（1）大國美智子監修『高齢者虐待を未然に防ぐため』朝日新聞厚生文化事業団・高齢者虐待防止研究会、2002年、pp.36～36には「虐待事例を発見したら―その対応」が示されている。佐瀬美恵子「高齢者虐待の連携」（高齢者虐待防止研究会編〈津村智恵子・大谷昭編集代表〉『高齢者虐待に挑む――発見、介入、予防の視点』中央法規出版、2004年）pp.117～126の中でいくつかの事例を示している。
（2）大國美智子・久岡英樹編著『高齢者の権利擁護』ワールドプランニング、2004年、pp.101～131にも地域福祉権利擁護事業のさまざまな事例が紹介されている。

●索　引●

【あ】

アセスメント　34, 63, 65-71, 134, 139, 186, 198, 199, 222, 230, 258-260, 266-268
アメリカ　3, 17, 73, 88, 227-229, 234, 244-248, 251-256
アルツハイマー型認知症　29, 73
アルツハイマー病　29, 30, 33, 98, 128, 273-276
あん摩マッサージ指圧師　188
医師　33, 64, 87-91, 94, 95, 124, 130, 160, 169, 179, 186-189, 193, 221, 245, 247, 251, 257, 273, 274
移送費　159, 160
一部事務組合　105
一次判定　109
一次予防　58, 59
移動用リフト　125, 129, 167
医療計画　41, 141
医療法人　190, 191, 201, 212
医療保健機関評価機構　252
運営適正化委員会　195, 212, 213
エイジズム　203, 204
栄養士　64, 67, 68, 89, 90, 114, 130, 188
エーデル改革　230
エスピン－アンデルセン　227
遠隔記憶　26, 30
援助過程　260, 261
エンディングノート　94
エンドオブライフ・ケア　88, 98
エンパワメント　79, 213, 260
応能負担　40, 161, 232
親と未婚の子のみの世帯　19
オンブズマン　236, 237, 245, 251-253, 255

【か】

介護　3, 11, 14, 17, 18, 23, 24, 28, 29, 31-35, 37, 41, 43-51, 55-71, 74, 75, 78-82, 88-95, 98-102, 105-114, 116-134, 137-141, 145-154, 156-162, 165-168, 170-173, 177-179, 181, 182, 184-193, 195, 196, 198-201, 203-209, 212-223, 225, 229, 230, 232-248, 250-255, 257, 259, 260-275
介護過程　62-66, 71, 98
介護給付　99, 100, 111, 116, 117, 119, 121, 124, 134, 137, 140, 141, 198, 239
介護金庫　238-241, 243
介護計画　63, 65-67, 69, 70, 71
介護サービス計画　64, 111, 184, 198-201
介護サービス情報公表制度　101
介護支援専門員　49, 50, 64, 65, 70, 89, 90, 101, 109-111, 119, 130, 134, 139, 181, 184-186, 189, 198-201, 204, 217, 220, 222, 257, 263
介護者家族の会　195, 196, 268, 270, 275
介護・世話の放棄・放任　216
介護相談員　207, 208, 213
介護相談員等派遣事業　207
介護付き特別住宅　230, 232, 233, 235, 236
介護認定審査会　109, 187
介護の原則　57
介護の質保証法　243
介護福祉士　55-58, 62, 64, 79, 123, 127, 179, 181, 186, 193
介護負担　82, 165, 214, 223, 260, 263, 266, 267, 268, 270
介護報酬　50, 93-95, 99, 100, 114, 116, 126, 238, 243
介護保険給付費　121
介護保険事業計画　45, 50, 101, 118, 132, 140, 141, 153, 192, 237
介護保険審査会　110
介護保険法　3, 31, 37, 41, 43, 45, 47-49, 51, 57, 59, 80, 99-101, 105, 107, 109-112, 114, 122, 123, 125, 131, 132, 137, 141, 145, 146, 148-150, 152-154, 157, 160, 161, 165-167, 177, 184, 191, 193, 212, 215, 216, 218, 221, 225, 237, 241, 255
介護目標　63, 69
介護予防　18, 34, 35, 48, 50, 55, 56, 58, 59, 61, 62, 79, 80, 100, 101, 110-113, 120, 124, 129, 133, 134, 138-141, 148, 149, 152, 193, 218
介護予防ケアマネジメント業務　134, 138
介護予防サービス　61, 110-112, 120, 124, 129, 139, 140, 218
介護予防支援　100, 110, 111, 141, 193, 218
介護予防事業　50, 100, 133, 134, 138, 139, 193
介護予防マネジメント　50
介護療養型医療施設　49, 112, 120, 124, 125, 130, 131, 141, 191, 195, 206, 212, 218, 219
介護老人福祉施設　80, 94, 95, 108-110, 112, 124, 126, 128, 130, 131, 140, 141, 146, 150, 152, 186, 187, 195, 206, 218
介護老人保健施設　41, 45, 49, 95, 112, 124, 125, 130, 131, 157, 186, 187, 191, 195, 206, 212, 218, 219, 261, 273
回復力　26
家族支援　81, 90, 213, 234, 266, 267
カナディアンクラッチ　169
がん　24, 25, 32, 59, 88, 93, 114
簡易生命表　14
簡易浴槽　125, 167
看護師　64, 67, 68, 79, 88, 89, 91, 93-95, 123, 130, 139, 179, 186, 187, 193, 236, 247, 251, 257
患者調査　23
関節拘縮　28, 29, 33
関節疾患　24
関節リウマチ　33
完全生命表　14
管理栄養士　114, 188
緩和ケア　88
記憶力　26, 27, 30, 75
機関委任事務　42, 43
義肢装具士　186, 189
基本的人権　189, 204, 207
記銘力　26, 73
救護法　37, 38
きゅう師　188
競争原理の導入　233
業務独占　179, 186
虚血性心疾患　25
居宅介護（介護予防）サービス計画費

277

113
居宅介護支援　101, 108-111, 124, 139, 140, 184, 195, 199, 218
居宅介護住宅改修費　111, 125, 172
居宅サービス　24, 101, 110, 112, 113, 123-125, 129, 134, 140, 142, 152, 154, 160, 184, 196, 218, 274
居宅療養管理指導　123, 124, 129
筋萎縮性側索硬化症（ALS）　33
緊急プロジェクト　81
近時記憶　26, 30
区分支給限度額　113
区分変更申請　109
グループホーム　31, 45, 49, 79, 82, 124, 126, 128, 148, 149, 152, 232, 233
車いす　69, 125, 129, 166-169, 171, 174, 208, 231, 247, 262
ケアカンファレンス　65, 71, 89, 111, 198, 200, 201
ケアチーム　64, 65, 77, 199
ケアハウス　45, 151, 152
ケアプラン　64, 65, 77, 89, 90, 98, 110, 111, 134, 139, 184, 193, 198, 265
ケアマネジメント　44, 49, 65, 80, 100, 101, 110, 114, 134, 138, 139, 184, 185, 193, 198-201, 265
ケアマネジャー　49, 50, 64, 101, 109, 110, 134, 139, 141, 173, 181, 184, 186, 193, 198, 204, 222, 257, 263-267, 271
経済的虐待　189, 190, 216, 217, 219
警察署　196, 215
軽費老人ホーム　39, 150-152, 219
血管性認知症　29, 30, 33, 73
結晶性知能　26
現金給付　234, 238, 239, 241, 243, 244
健康寿命　58
健康日本２１　58
言語聴覚士　64, 90, 92, 188
見当識障害　30, 73, 74
現物給付　113, 160, 238
権利擁護　47, 82, 87, 101, 134, 139, 193, 195, 203-205, 208, 209, 211-214, 220, 221, 235, 237, 243, 253, 255, 276
権利擁護業務　134, 139
広域連合　105, 159, 162
高額医療・高額介護合算制度　121
高額医療・高額介護合算療養費　162
高額介護合算療養費　159, 161, 162
高額介護サービス費　111, 121, 122, 162
高額介護（予防）サービス費　113
高額療養費　120, 159, 160, 162
後期高齢者　11, 12, 14, 88, 121, 155, 158, 159, 162, 233

後期高齢者医療広域連合　159
後期高齢者医療制度　11, 88, 155, 158, 159
後期高齢者支援金　162
合計特殊出生率　15, 17
高血圧症　25, 27, 28, 59
後縦靱帯骨化症　33
甲状腺機能低下症　29, 30
更新申請　109
交通バリアフリー法　176
行動・心理症状　73
高年齢者等の雇用の安定等に関する法律　22
高齢化社会　11
高齢化率　11, 12, 14, 15, 17, 228, 229, 237, 244
高齢者医療福祉改革　230
高齢社会　11, 12, 20, 35, 43, 44, 46, 99
高齢者介護オンブズマン　252
高齢者介護研究会　48, 55, 98, 203
高齢社会対策基本法　43, 46
高齢社会白書　20, 35, 46
高齢者虐待　87, 139, 189, 193, 203, 205, 212-216, 218-226, 251, 263, 264, 266, 267, 276
高齢者虐待防止法　87, 203, 205, 212, 214-216, 218, 221, 225
高齢者居住安定確保計画　175
高齢者住宅財団　177
高齢者、障害者等の移動等の円滑化の促進に関する法律　176
高齢者住まい法　175, 177
高齢者世帯　20, 21, 177, 196
高齢者総合相談センター　193
高齢者の医療の確保に関する法律　41, 145, 155, 158
高齢者の居住の安定確保に関する法律　22, 165, 175
高齢者のための国連原則　205, 206
高齢者保健福祉推進十か年戦略　43, 44, 254
高齢者保健福祉推進十か年戦略の見直し　44
ゴールドプラン　42-45, 48, 50, 146, 254
ゴールドプラン２１　45, 48, 50
五感　67, 77
国際生活機能分類　63
国保連　116
国民医療費　18, 41
国民健康保険団体連合会　116
国民健康保険法　38, 145
国民生活基礎調査　19, 20, 23, 24, 60
国民生活センター　197
国民年金法　38, 145

骨折・転倒　24
骨粗鬆症　25, 28, 29, 33, 59
個別ケア　49, 56, 57
コミューン　229-236, 254, 256
コミュニケーション　56, 62, 67, 76

【さ】

サービス担当者会議　65, 111, 139, 198
サービス付き高齢者向け住宅　107
サービスハウス　232
サーラ条項　236
財政安定化基金　123
在宅介護支援センター　45, 79, 80, 150, 152, 153, 181, 182, 193
在宅療養支援診療所　92
財団法人テクノエイド協会　165, 166, 170, 173
最低居住水準　21, 22, 174
再評価　66, 71, 139
作業療法士　64, 67, 69, 89, 90, 92, 130, 165, 166, 172, 186-188, 257
サ高住　107
三次予防　58
三世代世帯　11, 19
支援相談員　130, 186, 193, 261
歯科医師　89, 124, 187, 188, 257
歯科衛生士　90, 188
自己決定　57, 59, 63, 229, 243, 259
自己実現　61, 63, 89, 205, 207, 259, 262
歯周病　27
市場原理　254
施設サービス　24, 45, 50, 111, 113, 124, 125, 128, 130, 131, 134, 146, 150, 152, 184, 192, 212, 241-243
施設サービス計画　111, 125, 128, 131, 134, 184
自治事務　42
市町村介護保険事業計画　140, 141, 153
市町村特別給付　111
市町村保健センター　192
市町村老人福祉計画　141, 153
失禁　25
疾病金庫　238, 243, 244
指定サービス事業者　114
児童委員　189
児童福祉法　38, 48, 166, 169, 189
ジニ係数　20, 21
視能訓練士　189
司法書士　190
死亡率　14, 15, 28
社会サービス法　229, 234, 236
社会福祉基礎構造改革　37, 43, 47, 205,

212
社会福祉協議会 41, 98, 122, 181, 185, 195, 196, 209, 212, 222, 268, 273
社会福祉士 55, 58, 64, 68, 79, 139, 152, 179, 180, 181, 183, 186, 193, 209, 257, 268-270
社会福祉士及び介護福祉士法 3, 58, 179, 181
社会福祉事業法 38, 39, 44, 47, 209
社会福祉主事任用資格 183, 186
社会福祉法 47, 122, 141, 153, 183, 185, 190, 192, 193, 195, 201
社会福祉法人 47, 122, 185, 190, 193, 201
社会保障給付費 18, 40, 228
社会保障制度 17, 18, 40, 44, 227, 237, 254
社会民主主義的福祉国家レジーム 227, 228
若年性認知症 81, 82, 274, 275
借家 21, 22, 174, 175
社団法人シルバーサービス振興会 196
自由主義の福祉国家レジーム 227, 229
住所地特例 107
終身建物賃貸借制度 175, 176
自由選択法 233
従属人口指数 12
住宅改修 111, 122, 124, 125, 137, 165, 168, 170-173, 189, 231, 239
住宅改修費の支給制度 171
住宅金融支援機構 176
柔道整復師 189
周辺症状 73-75
終末期 57, 87-89, 91, 92, 94
終末期ケア 87-89, 91, 94
主治医意見書 108, 109, 187
手段的日常生活動作 34
恤救規則 37
出生率 14, 15, 17
主任介護支援専門員 139, 184, 185
受療率 23, 155
循環器系疾患 23, 24
準市場化 254
障害者支援費制度 48
障害者自立支援法 48, 57
障害者総合支援法 166
障害老人の日常生活自立度（寝たきり度）判定基準 31, 32
小規模多機能型居宅介護 50, 80, 124, 126, 128, 129, 146, 148, 149, 152
小地域ネットワーク 19, 268
消費者ホットライン 197

消費生活センター 197
情報収集 65-68, 200, 222
消防署 196
静脈血栓 28, 29
ショートステイ 40, 43, 45, 79, 100, 120, 122, 125, 128, 148, 149, 152, 191, 231, 234, 239, 240, 250, 270
褥瘡 28, 29, 123, 166-168, 251
褥瘡予防用具 166, 167
所得 11, 18, 20, 21, 39, 40, 46, 100, 106, 113, 118, 120-122, 151, 154, 157, 159, 160-162, 175, 227, 230, 232, 244-247, 250
所得再分配 20, 21
初老期における認知症 33, 106
シルバー人材センター 22
シルバーハウジングプロジェクト 177
シルバー１１０番 193
心筋梗塞 28, 59
人口転換 15
人口ピラミッド 15
新ゴールドプラン 43-45
身体拘束 80, 206-208, 213, 220
身体拘束原則禁止 206
身体障害者福祉法 38, 44, 47, 166, 169
身体の虐待 216, 217, 219, 264
心理の虐待 216, 217, 219
スウェーデン 3, 12, 161, 170, 178, 227-230, 233, 234, 236, 237, 254-256
スロープ 125, 167
生活援助員 149, 177
生活課題 57, 63-66, 68-71
生活支援ハウス 149
生活習慣病 25, 34, 58, 59
生活相談員 89, 91, 130, 181, 186, 257
生活保護法 38, 145
生産年齢人口 12
正常圧水頭症 29, 30
精神障害 23, 24, 48, 183, 209, 211, 264, 273
精神薄弱者福祉法 39
精神保健福祉士 79, 183, 209
精神保健福祉士法 183
性の虐待 216, 217, 219
成年後見制度 137, 139, 193, 209, 210, 213, 215, 217
生命表 14, 15
生理的老化 25, 27
脊髄小脳変性症 33
脊柱管狭窄症 33
前期高齢者 12, 14, 155, 158
前頭側頭型認知症 29, 30, 73, 276
前立腺肥大 25

想起力 26
総合相談・支援業務 134
喪失体験 27
相談援助活動 192, 195, 257, 258, 261
相談通報者 217, 220
総量規制 142
早老症 33
ソーシャルステーション 241
措置制度 3, 47, 150, 205

【た】

ターミナルケア 18, 88, 95, 258
ターミナルケア加算 95
第１号被保険者 11, 106, 109, 118, 121
第１次ベビーブーム 12, 15, 48
体位変換器 129, 167
第三者評価 211-213, 251-253
第２号被保険者 32, 106, 109, 118, 119, 273
第２次ベビーブーム 12, 15
多系統萎縮症（シャイ・ドレーガー症候群等） 33
多職種 64, 68, 70, 89, 90, 199, 201
脱水状態 28
短期記憶 26, 35
短期入所生活介護 112, 120, 122-125, 129, 149, 152
短期入所療養看護 125
段差の解消 125, 171, 172, 177
単独世帯 19
地域ケア会議 136
地域支援事業 3, 50, 100, 101, 123, 132, 137, 140, 141, 177, 193, 221
地域福祉権利擁護事業 3, 47, 195, 209, 276
地域包括ケア 106
地域包括ケア研究会報告書 53
地域包括ケアシステム 106
地域包括支援センター 50, 79, 80, 81, 82, 94, 98, 100, 101, 108, 110, 114, 133, 137-139, 153, 181, 185, 187, 193, 201, 218, 221, 257, 268, 269, 270, 275
地域密着型介護予防サービス 111, 124, 129, 140, 218
地域密着型介護老人福祉施設 80, 108-110, 124, 126, 128, 140, 141, 150, 152, 218
地域密着型介護老人福祉施設入所者生活介護 80, 124, 126, 128, 140
地域密着型サービス 3, 50, 80, 100, 101, 113, 124, 126, 129, 140, 218
地域密着型特定施設入居者生活介護 80, 124, 126, 128, 140, 141

索引 ● 279

チーム 56, 64-66, 69, 70, 75, 77, 89, 90, 139, 197-199, 221-224, 231
知的障害者福祉法 39, 44, 47
痴呆 31, 98
中核症状 73-75
長寿医療制度 11, 159
調整交付金 121
聴力 25, 27, 76
通所介護 49, 80, 93, 112, 122-124, 126, 127, 129, 149, 152, 186, 187, 195, 200, 240, 263, 274
通所リハビリテーション 123-125, 129, 187, 188, 191, 271, 274
適応力 26
手すり 77, 125, 167, 170-172, 174, 177
手すりの取り付け 125, 170-172
手続き記憶 30
ドイツ 3, 16, 99, 227-229, 237-244, 251, 254-256
ドイツ介護保険法 237, 255
当事者会 196, 270
糖尿病 28, 29, 33, 59
動脈硬化症 25, 28, 33
特殊寝台 125, 129, 166, 167
特定施設入居者生活介護 80, 124-126, 128, 129, 140, 141, 151, 196
特定疾病 32, 33, 106, 107, 109, 130
特定地域密着型（介護予防）サービス 107
特定非営利活動法人 190, 191
特定福祉用具販売 123-125
特別徴収 101, 106, 118
特別養護老人ホーム 3, 18, 39, 40, 43, 45, 46, 49, 50, 79, 89, 95, 100, 112, 120, 122, 124, 125, 128, 131, 142, 145, 146, 149-153, 161, 186, 187, 217, 219, 257, 261
特別療養費の支給 160
都道府県介護保険事業支援計画 141, 153
都道府県老人福祉計画 141, 153

【な】

ナーシングホーム 233, 244-253
ナイトパトロール 231
ニーズ論 259
二次判定 109
二次予防 58, 59, 193
2015年の高齢者介護 48, 49, 55, 79, 98, 203
日常生活圏域 50, 80, 126, 140
日常生活自立支援事業 195, 205, 209, 210, 213, 217, 271-273

日常生活動作 33, 34, 63, 157
日本アルツハイマー病協会 275
日本型福祉社会 40
入院時食事療養費の支給 160
入院時生活療養費の支給 160
入浴補助用具 125, 167
尿器 125, 167
任意後見制度 210
任意事業 100, 133, 137, 155, 177
認知症 11, 24, 28-33, 45, 48, 49, 50, 55, 57-60, 71-82, 87, 88, 98, 106, 114, 117, 124, 126-129, 137, 140, 146, 148, 149, 152, 167, 194, 196, 203, 208, 209, 211, 213, 217, 219, 220, 223, 225, 233, 234, 239, 240, 247, 261, 263, 270-276
認知症医療疾患センター 274
認知症ケア 71, 74, 79-82, 117
認知症高齢者 3, 31, 32, 45, 48, 49, 55, 77, 79, 126, 128, 137, 167, 196, 203, 208, 209, 213, 220, 233, 239, 240, 247, 263, 271-273
認知症高齢者グループホーム 3, 31, 45, 49, 126, 128
認知症高齢者の日常生活自立度判定基準 31, 32, 49
認知症高齢者徘徊感知機器 167
認知症サポーター 80
認知疾患医療センター 81, 194, 274, 275
認知症初期集中支援チーム 135
認知症対応型共同生活介護 50, 80, 124, 126, 128, 129, 140, 149, 152, 196, 219
認知症対応型通所介護 80, 124, 126, 127, 129, 149, 152
認知症対応型老人共同生活援助事業 148, 149
認知症地域支援推進員 135
ネットワーク 19, 79, 80, 82, 101, 134, 139, 189, 193, 196, 197, 201, 221, 222, 225, 267, 268, 270, 271
年少人口 12
脳血管疾患 24, 25, 28, 32, 33, 106, 128
脳血管障害 28-30, 88
脳梗塞 28, 30, 33, 59, 114, 263, 273
脳卒中 15, 24, 28, 59, 60, 169, 273
脳卒中死亡率 15
脳卒中発作 28

【は】

パーキンソン病 30, 33
ハートビル法 176
廃用症候群 28, 29, 60, 114

バリアフリー法 176
はり師 188
＃８０８０（ハレバレ） 193
比較福祉国家研究 227, 229, 254
被虐待高齢者 217
ピック病 31, 33
一人暮らし高齢者 19, 20
被保険者 24, 32, 101, 105-109, 111-113, 118, 119, 121, 126, 132, 134, 137, 139, 157-162, 238, 244, 273
評価 34, 40, 47, 49, 63, 65-71, 76, 77, 79, 88, 90, 95, 139, 198, 199, 205, 211-213, 223-225, 234-236, 239, 243, 244, 251-253, 255, 260, 267
病的老化 25, 27, 28
夫婦のみの世帯 18, 19, 217
福祉関係八法改正 43, 44, 192
福祉国家 227, 229, 244, 254, 255
福祉サービス利用援助事業 47, 209, 210
福祉事務所 147, 181, 183, 192, 201, 257, 269
福祉住環境コーディネーター 189
福祉見直し論 40
福祉用具 111-113, 122-125, 129, 137, 150, 165-170, 176, 186, 189, 196
福祉用具購入費 111, 113, 122, 125, 150, 165, 167
福祉用具専門相談員 186
福祉用具貸与 112, 123-125, 129, 150, 166, 167, 186, 196
福祉用具の研究開発及び普及の促進に関する法律 169
福祉用具法 165, 169
普通徴収 106, 118
ふれあい・いきいきサロンづくり 19
平均寿命 11, 14-16, 154
平均余命 14, 154
ペイスプログラム 248
閉塞性動脈硬化症 33
便器 125, 167, 170, 171, 172
変形性関節症 33
変形性膝関節症 28
弁護士 189
片麻痺 28, 30, 169
防衛力の低下 26
包括的・継続的ケアマネジメント支援業務 134, 139
包括的支援事業 50, 100, 101, 133, 134, 137, 193
法定受託事務 42
法定代理受領方式 113
訪問介護 45, 50, 65, 79, 80, 89, 98, 112, 122-124, 126, 127, 146, 148, 152, 185,

195, 196, 200, 219, 257, 263, 270, 271, 275
訪問介護員　89, 98, 123, 148, 185, 200, 257, 263
訪問看護　44, 45, 89, 91-93, 95, 112, 123, 124, 129, 157, 159, 160, 187, 191, 230, 231, 244-246
訪問看護ステーション　44, 45, 89, 91, 95, 160, 187, 191
訪問看護療養費の支給　160
訪問入浴介護　112, 123, 124, 129
訪問リハビリテーション　123, 124, 129, 188
ホームヘルプサービス　39, 40, 122, 123, 148, 152, 230
ホーム法　243
補完性の原則　237
保険外併用療養費の支給　160
保健師　79, 114, 139, 152, 186, 187, 193, 199, 257
保健事業　41, 58, 59, 100, 156-158
保険者　24, 32, 41, 59, 100, 101, 105-109, 111-113, 116, 118, 119, 121, 126, 132, 134, 137, 139, 155-162, 192, 238, 240, 243, 244, 254, 273
保健所　148, 186-188, 192, 201
保険料　18, 20, 101, 106, 109, 117-119, 123, 141, 155, 158-160, 162, 237-239, 243-245
歩行器　125, 167, 168, 170
歩行補助つえ　125, 167, 168, 170
母子及び寡婦福祉法　39
母子福祉法　39
保守主義的福祉国家レジーム　227, 229, 244
保持力　26
補装具　32, 165, 166, 169
ホメオスターシス　28
ボランティア　43, 91, 138, 191, 195, 206, 212, 213, 220, 236, 239, 250, 252, 253, 261-263, 270, 274, 275
ボランティアコーディネーター　261
ボランティアセンター　195, 261, 263, 275

【ま】

慢性硬膜下血腫　29, 30
慢性閉塞性肺疾患（COPD）　33
看取り　18, 56, 88-92, 94, 95, 97
見守り　69, 75, 76, 137, 189, 200, 221, 222, 239, 240, 270
民生委員　122, 148, 189, 199, 200, 217, 221, 222, 268-270

名称独占　179, 181, 183
メディカルサービス　238
メディケア　244-251, 253, 256
メディケイド　244-251, 253, 256
メディケイドウェイバー　246, 248, 253
持ち家　21, 22, 174, 176

【や】

夜間対応型訪問介護　50, 80, 124, 126, 127, 148, 152
薬剤師　89, 124, 130, 187, 257
有訴者率　23
誘導居住水準　21, 22, 174
有料老人ホーム　125, 128, 150, 153, 154, 218, 219
ユニット型特養　151
ユニットケア　3, 49, 50, 79, 151
ユニバーサルデザイン　166
養介護施設従事者　212, 214-216, 218-220
要介護認定　48, 49, 101, 107-110, 113, 184, 187, 192, 238, 239, 243, 246, 250, 266, 270, 274
養護者　87, 205, 214-217, 219, 221-223, 226
養護者支援　223, 226
養護老人ホーム　18, 39, 40, 43, 45, 46, 49, 50, 79, 89, 95, 100, 112, 120, 122, 124, 125, 128, 131, 142, 145, 146, 149-153, 161, 186, 187, 217, 219, 257, 261
要支援認定　107
要支援・要介護状態　24, 59
養老施設　37, 38, 145
予備力が低下　26
予防給付　50, 100, 111, 113, 114, 121, 124, 138, 139, 193

【ら】

ライフサポートアドバイザー　177
ライフスタイル　57
ランスティング　230, 235, 256
理学療法士　64, 67, 68, 89, 90, 92, 130, 165, 166, 172, 186-188, 257
流動性知能　26
利用者負担　50, 100, 111, 112, 113, 117, 119, 120, 122, 154, 161, 162, 191, 232, 250
療養通所介護事業　93
療養の給付　159, 160
療養費の支給　159, 160
臨時行政調査会　40
例外3原則　208

レビー小体型認知症　29, 30, 73
老化　11, 25, 26, 27, 28, 33, 34, 106
老人医療費支給制度　15, 39, 40, 146, 156
老人家庭奉仕員　39, 40, 145, 185
老人家庭奉仕員制度　39, 40
老人性色素斑　25
老人短期入所事業　40, 148, 149
老人デイサービス事業　40, 148, 149
老人日常生活用具給付等事業　150
老人福祉計画　44, 101, 141, 153
老人福祉指導主事　183
老人福祉センター　39, 146, 150, 152
老人福祉法　11, 37, 39, 40, 44, 45, 101, 131, 145-148, 150, 152-154, 156, 161, 166, 183, 185, 193, 205, 215, 216, 218
老人訪問看護事業　44
老人保健施設　41, 43, 45, 46, 49, 79, 95, 112, 120, 124, 125, 130, 131, 152, 157, 186, 187, 191, 195, 206, 212, 218, 219, 261, 273
老人保健福祉計画　43, 44, 146
老人保健法　37, 40, 41, 44, 45, 92, 145, 146, 155-158
老年化指数　12
老年人口　12
老年人口割合　11, 12
65歳以上の者のいる世帯　19, 21
ロフストランドクラッチ　169, 170

【A～Z】

ADL　32, 34, 63, 68, 199
BPSD　73, 74
Dr　186
IADL　34, 68, 199
ICF　63, 98
JCAHO　252
NPO　185, 190, 191, 201, 246, 248, 249, 250-253
NPO法人　190, 191, 201
Ns　187
OT　187, 257
PEAP　77, 98
PHN　187
PT　187, 257

執筆者紹介 (執筆順、＊は編者)

＊黒田研二（くろだ　けんじ）……第1章・第2章・第6章（第3節）担当
1950年生まれ。大阪大学医学部卒業。医学博士。精神神経科、老年内科の臨床、大阪大学医学部助教授（公衆衛生学）、大阪府立大学教授を経て、2011年より関西大学人間健康学部教授。高齢者福祉論等を担当。
【主な著書】『高齢者ケアの社会政策学』（共著、中央法規出版、1996年）、『ケアマネジメントと地域生活支援』（編著、中央法規出版、1998年）、『地域で進める介護予防（第2版）』（編著、中央法規出版、2004年）、『学生のための医療概論　第3版増補版』（編著、医学書院、2012年）他。

川井太加子（かわい　たかこ）……第3章（第1節）担当
看護師免許取得後、病院勤務を経て95年に退職。同年桃山学院大学入学、99年卒業（社会福祉士免許取得）。2001年大阪府立看護大学大学院修士課程修了。国際医療福祉大学大学院修了（医療福祉博士）。現在、桃山学院大学社会福祉学科教授。
【主な著書】『実践事例で学ぶ　介護予防ケアマネジメントガイドブック』（共著、中央法規出版、2007年）、『介護の基本Ⅰ、Ⅱ』（編著、中央法規出版、2013年）、『医療的ケア』（編者、メヂカルフレンド社、2014年）、『生活支援技術Ⅰ、Ⅱ』（編者、メヂカルフレンド社、2015年）他。

後藤由美子（ごとう　ゆみこ）……第3章（第2節、第3節）担当
花園大学大学院社会福祉研究科修士課程修了。特別養護老人ホーム介護・相談員。介護福祉士養成教員として大阪体育大学短期大学部非常勤講師、羽衣国際大学人間生活学部准教授等を経て、現在、高知県立大学社会福祉学部准教授。介護の基本、生活支援技術、認知症の理解を担当。
【主な著作】「地域で取り組む第三者評価」（『大阪市社会福祉研究第28号』2005年）、「わが国の介護労働に関する一考察――フィリピン人介護士候補者就労意識調査から」（『羽衣国際大学人間生活学部研究紀要第4巻』2009年）他。

＊佐瀬美恵子（させ　みえこ）……第3章（第4節）・第7章・第8章（第1節、第2節）・第10章担当
大阪府立大学大学院社会福祉学研究科博士前期課程修了。保健所保健師、老人性認知症疾患センターのソーシャルワーカー、介護福祉士養成教員、大阪府立看護大学講師、甲南女子大学看護リハビリテーション学部准教授等を経て、2011年よりNPO法人介護支援の会松原ファミリー理事、桃山学院大学非常勤講師他。
【主な著書】『粋　いきいきシルバーボランティアのすすめ』（編著、シィーム出版、2001年）、『高齢者虐待に挑む〝増補版〟』（共著、中央法規出版、2006年）、『住民参加による認知症デイの10年』（編、エルピス社、2005年）、『社協活動の醍醐味』（共著、筒井書房、2010年）他。

*清水弥生（しみず　やよい）……第4章・第5章担当

1999年大阪府立大学大学院社会福祉学研究科博士後期課程単位取得退学。老人性認知症疾患センターのソーシャルワーカー等を経て、現在、神戸女子大学健康福祉学部社会福祉学科准教授。高齢者に対する支援と介護保険制度、社会保障等を担当。

【主な著書】『社会政策の国際的展開──先進諸国における福祉レジーム』（共訳、晃洋書房、2003年）、「介護保険制度における利用者負担の検討」（『神戸女子大学文学部紀要第38巻』2005年）、「認知症高齢者の自由時間活動―インタビュー調査から―」（『神戸女子大学健康福祉学部紀要第7巻』2015年）他。

馬場昌子（ばば　まさこ）……第6章（第1節、第2節）担当

大阪市立大学生活科学部住居学科卒業、建築計画・住居計画専攻。元関西大学工学部建築学科専任講師、一級建築士。

【主な著書】『福祉医療建築の連携による高齢者・障害者のための住居改善』（編著、学芸出版社、2001年）、『図解住居学6　住まいの管理』（共著〈図解住居学編集委員会編〉、彰国社、2003年）、『介護者のための老人問題実践シリーズ9　老人と住まい』（共著、中央法規出版、1988年）、『台所のはなし』（共著、鹿島出版会、1986年）他。

水上　然（みずがみ　つづる）……第8章（第3節）担当

社会福祉士、精神保健福祉士。精神科診療所、介護老人保健施設でソーシャルカーとして勤務した後、2006年に大阪府立大学大学院社会福祉学研究科に進学し、認知症高齢者の権利擁護、特に高齢者虐待の防止に関する研究を行う。2011年より神戸学院大学総合リハビリテーション学部専任講師、高齢者福祉論、ケアマネジメント論等を担当。博士（社会福祉学）。

斉藤弥生（さいとう　やよい）……第9章（第1節、第3節、第4節）担当

1987年学習院大学法学部を卒業後、スウェーデン・ルンド大学大学院政治学研究科に留学し、地方自治と高齢者政策を研究。1993年より大阪外国語大学地域文化学科（スウェーデン社会研究）助手、講師、助教授、准教授を経て、2013年より大阪大学大学院人間科学研究科教授。

【主な著書】『体験ルポ　日本の高齢者福祉』（共著、岩波新書、1994年）、『スウェーデン発高齢社会と地方分権』（共著、ミネルヴァ書房、1994年）、『図解介護保険のすべて（第2版）』（共著、東洋経済新報社、2005年）、『転ばぬ先の介護ハンドブック』（共著、講談社、2000年）他。

吉岡洋子（よしおか　ようこ）……第9章（第2節）担当

2001年大阪外国語大学卒業。大阪大学大学院人間科学研究科博士前期課程在学中に2002年スウェーデン・ヴェクショー大学看護社会福祉学部留学。大阪大学大学院人間科学研究科博士後期課程修了。現在、頌栄短期大学保育科准教授。

高齢者福祉概説【第5版】

2005年4月15日	第1版第1刷発行
2006年4月15日	第2版第1刷発行
2011年4月15日	第3版第1刷発行
2014年4月15日	第4版第1刷発行
2016年4月15日	第5版第1刷発行
2018年4月10日	第5版第2刷発行

編著者　黒田　研二
　　　　清水　弥生
　　　　佐瀬　美恵子
発行者　大江　道雅
発行所　株式会社　明石書店

〒101-0021　東京都千代田区外神田6-9-5
電　話　03 (5818) 1171
ＦＡＸ　03 (5818) 1174
振　替　00100-7-24505
http://www.akashi.co.jp/

組版／装丁　明石書店デザイン室
印刷／製本　モリモト印刷株式会社

（定価はカバーに表示してあります）　ISBN978-4-7503-4334-1

[JCOPY] 〈(社) 出版者著作権管理機構　委託出版物〉
本書の無断複写は著作権法上での例外を除き禁じられています。複写される場合は、そのつど事前に、(社) 出版者著作権管理機構（電話 03-3513-6969、FAX 03-3513-6979、e-mail: info@jcopy.or.jp）の許諾を得てください。

新版 ソーシャルワーク実践事例集
社会福祉士をめざす人・相談援助に携わる人のために
渋谷哲、山下浩紀編
●2800円

Q&Aでわかる ソーシャルワーク実践
ジレンマを克服し、困難を乗り越える考え方、関わり方
渋谷昌史、星野晴彦
●2200円

在宅高齢者へのソーシャルワーク実践
混合研究法による地域包括支援センターの実践の分析
高瀬幸子
●4600円

中国農村地域における高齢者福祉サービス
小規模多機能ケアの構築に向けて
郭芳
●4500円

フィンランドの高齢者ケア
介護者支援・人材養成の理念とスキル
笹谷春美
●3000円

英国における高齢者ケア政策
質の高いケア・サービス確保と費用負担の課題
井上恒男
●4000円

コミュニティカフェと地域社会
支え合う関係を構築するソーシャルワーク実践
倉持香苗
●4000円

ユーロ危機と欧州福祉レジームの変容
アクティベーションと社会的包摂
福原宏幸、中村健吾、柳原剛司編著
●3600円

子どもソーシャルワークとアドボカシー実践
堀正嗣、栄留里美
●2500円

ソーシャルワークによる精神障害者の就労支援
参加と協働の地域生活支援
御前由美子
●3300円

修復的アプローチとソーシャルワーク
調和的な関係構築への手がかり
山下英三郎
●2800円

フェミニストソーシャルワーク
癒しと回復をもたらす対話、調停、和解のための理論と実践
エリザベス・ベック他編著　林浩康監訳
●6800円

ソーシャルワークと修復的正義
レナ・ドミネリ著　須藤八千代訳
●5000円

中国の弱者層と社会保障
「改革開放」の光と影
埋橋孝文、于洋、徐荣編著
●3800円

福祉国家の日韓比較
「後発国における雇用保障・社会保障
金成垣
●2800円

アジアにおける高齢者の生活保障
持続可能な福祉社会を求めて
金成垣、大泉啓一郎、松江暁子編著
●3200円

〈価格は本体価格です〉

Q&A 生活保護手帳の読み方・使い方
よくわかる生活保護ガイドブック①
全国公的扶助研究会監修　吉永純編著
●1300円

Q&A 生活保護ケースワーク 支援の基本
よくわかる生活保護ガイドブック②
全国公的扶助研究会監修　吉永純・衛藤晃編著
●1300円

間違いだらけの生活保護バッシング
Q&Aでわかる 生活保護の誤解と利用者の実像
生活保護問題対策全国会議編
●1000円

Q&A 生活保護利用ガイド
健康で文化的に生き抜くために
山田壮志郎編著
●1600円

間違いだらけの生活保護「改革」
Q&Aでわかる基準引き下げと法「改正」の問題点
生活保護問題対策全国会議編
●1200円

生活保護「改革」と生存権の保障
基準引下げ、法改正、生活困窮者自立支援法
吉永純
●2800円

改正介護保険実務ガイド
「自治体」事業者・利用者・市民のための対応マニュアル
田中尚輝、奈良環著　市民福祉団体全国協議会監修
●2800円

介護保険と階層化・格差化する高齢者
人は生きてきたようにしか死ねないのか
水野博達
●2700円

介護サービスへのアクセスの問題
介護保険制度における利用者調査・分析
李恩心
●4000円

聴覚障害者へのソーシャルワーク
専門性の構築をめざして
原順子
●2800円

障害者介助の現場から考える生活と労働
ささやかな「介助者学」のこころみ
杉田俊介、瀬山紀子、渡邉琢編著
●2500円

「社会モデル」による新たな障害者介助制度の構築
障害者のエンパワメントを実現するために
橋本眞奈美
●4800円

ポスト障害者自立支援法の福祉政策
生活の自立とケアの自律を求めて
岡部耕典
●2500円

ダイレクト・ソーシャルワーク ハンドブック
対人支援の理論と技術
ディーン・H・ヘプワース、ロナルド・H・ルーニーほか著
武田信子監修　北島英治、澁谷昌史、平野直己、藤林慶子、山野則子監訳
●25000円

ソーシャルワーク
人々をエンパワメントする専門職
ブレンダ・デュボワ、カーラ・K・マイリー著
北島英治監訳　上田洋介訳
●20000円

相談の力
男女共同参画社会と相談員の仕事
須藤八千代、土井良多江子編
●2400円

〈価格は本体価格です〉

福祉現場で役立つ 子どもと親の精神科
近藤直司
医療・保健・福祉・心理専門職のためのアセスメント技術を高めるハンドブック第2版
ケースレポートの方法からケース検討会議の技術まで
●2000円

権利擁護と福祉実践活動
金井剛
概念と制度を問い直す
●2400円

英国の貧困児童家庭の福祉政策
平田厚
"SureStart"の実践と評価
ジェイ・ベルスキー、ジャクリーン・バーンズ、エドワード・メルシュ著 清水隆則監訳
●2600円

沖縄の保育・子育て問題
浅井春夫、吉葉研司編著
子どものいのちと発達を守るための取り組み
●2800円

居住の貧困と「賃貸世代」
小玉徹
国際比較でみる住宅政策
●2300円

ケア専門職養成教育の研究
青木紀編著
看護・介護・保育・福祉 分断から連携へ
●3000円

ソーシャルワークによるICT活用と多職種連携
西内章
支援可能状況への包括・統合的な実践研究
●3800円

高齢者の社会的孤立と地域福祉
斉藤雅茂
計量的アプローチによる測定・評価・予防策
●3600円

養育事典
芹沢俊介、菅原哲男、山口泰弘、野辺公一、箱崎幸恵編
●6800円

福祉・医療における排除の多層性
藤村正之編著
差別と排除の〔いま〕④
●2200円

ホームレス支援における就労と福祉
山田壮志郎
●4800円

生活困窮者への伴走型支援
奥田知志、稲月正、垣田裕介、堤圭史郎
経済的困窮と社会的孤立に対応するトータルサポート
●2800円

最低生活保障と社会扶助基準
山田篤裕、布川日佐史、『貧困研究』編集委員会編
先進8ヶ国における決定方式と参照目標
●3600円

地域包括ケアと生活保障の再編
宮本太郎編著
新しい「支え合い」システムを創る
●2400円

無料低額宿泊所の研究
山田壮志郎
貧困ビジネスから社会福祉事業へ
●4600円

〈価格は本体価格です〉